一个汉朝皇帝的画像

贺龙宾 著

作家出版社

图书在版编目（CIP）数据

一个汉朝皇帝的画像 / 贺龙宾 著. -- 北京：作家出版社，2019.5

ISBN 978-7-5212-0525-1

Ⅰ. ①一… Ⅱ. ①贺… Ⅲ. ①汉景帝（前188-前141）-人物研究 Ⅳ. ①K827=341

中国版本图书馆CIP数据核字（2019）第084244号

一个汉朝皇帝的画像

作　　者：贺龙宾

责任编辑：李　夏

插　　画：老　左

装帧设计：老　左

出版发行：作家出版社有限公司

社　　址：北京农展馆南里10号　　邮　　编：100125

电话传真：86-10-65067186（发行中心及邮购部）

　　　　　86-10-65004079（总编室）

E-mail:zuojia@zuojia.net.cn

http://www.zuojiachubanshe.com

印　　刷：北京中科印刷有限公司

成品尺寸：152×230

字　　数：246千

印　　张：18.5　　　　插页：6

版　　次：2019年7月第1版

印　　次：2019年7月第1次印刷

ISBN 978-7-5212-0525-1

定　　价：49.00元

谨以此书献给我的爱人

感谢你的天真

让这本书成为现实

目录 contents

楔 子

　　汉文帝前元七年，贬居长沙的贾谊应召来到长安。此次回京，距离他上次被贬已经过去了三年时间。长安的政治气候也发生了很大变化，与贾谊势同水火的开国元勋灌婴、周勃二人，一个亡故，一个已经回到绛县封地，不再过问朝事。没有了功臣掣肘的汉文帝大权独揽，而此时的贾谊不过二十八岁，向来都被皇帝所宠信。所以他完全有理由相信，自己大展抱负的时代来临了。

　　此时的汉帝国已建立三十年，干戈止息，黎民乐业，一派政通人和景象。然而在一片祥和的氛围之下，却是无所不在的危机。诸侯王占据东方大片的土地和矿山，匈奴在北方虎视眈眈，一有机会就准备对汉朝咬一口；自由放任的经济政策导致民生渐渐凋敝，贫富分化、强弱兼并的情况时有发生；经过战乱之后好不容易收拾起来的人心又开始涣散，出现了种种令人发指的犯罪现象，并呈愈演愈烈之势。这一切，都让身在长沙国的贾谊忧心忡忡。他一再向皇帝上书，要求早日采取措施，将这些危机扼杀，可是皇帝却迟迟没有下手。他在遗憾之余也渐渐明白，皇帝的位置当时还没有坐稳，尤其是有开国元勋大量在位的情况下，汉文帝也难以有所作为。所以他学会了等待，总算等来了这一天。掌握权柄的功臣元勋已经基本失势，汉文帝召回了流放在外的贾谊，终于可以重修当年的新政了。

贾谊来到长安，仔细观察京中风土的变化，留心各色人物的面貌，从内城到外城，从北阙甲第到城外诸陵，从权贵到贱民各阶层的动态他都不曾放过。三年不见，长安比原来更大更繁华了，街市上人们穿的衣服越来越华丽，似乎人人都趾高气扬。真是一副太平治世的景象啊。可是很快他就陷入了疑惑，怎么那个叫邓通的人在长安有那么大权势，他是什么来头？怎么长安人越来越迷信？怎么还有公然买卖奴隶的行为？三年了，怎么这个社会人心还是一点正气都没有，都想不择手段一步登天？他登门拜访已经身为丞相的老师张苍，张丞相摇头不语；他入市寻找卖卜的司马季主，司马季主笑而不言。酒后与好友宋忠畅谈，宋忠仗着酒劲儿说道："你的四个问题其实是一个问题。"

四个问题是一个问题？贾谊更加疑惑了，待要再问时，宋忠已经装醉不肯说了。

受到召见那一天，贾谊一早就来到未央宫。在小黄门宦官的引领下，贾谊走过弯弯曲曲的回廊，经过高高低低的台阁，来到仙乐飘飘、喧喧闹闹的一座宫殿前。他以为是要直接见陛下，没想到小黄门回禀过之后，又领他离开那里，来到远处的宣室殿。贾谊入殿，凭几而坐，从早上等到中午，从中午等到黄昏，没有一个人过来跟他说话。只有小黄门及时地送来餐食饮水，才不至于饿着他。贾谊好生无聊，索性站起身来，在殿中来回踱步。在等待的时间里，他用心地整理着自己将要对陛下说的话，提炼出要点和警句来：对诸侯王必须遏制，如果不想武力解决可以采用"推恩令"；对匈奴要加强警惕，要多养马，为将来的反攻做好准备；对兼并现象必须予以禁止，尤其应当打击不法豪绅勾结官员鱼肉乡民的行为；对权贵也要好好管教，筛选出一批敢作敢为的新型官员来，放手让他们去做；对贫苦百姓要减轻刑罚，多多救济，这样才能维持社会稳定，收拾涣散的人心……贾谊把该说的话一遍遍在心里回放，确保不会落下任何一个要点，还要做到言简意赅，在最短的时间内讲清楚。

陛下来的时候，已经是夜晚时分。贾谊激动地站起身来迎接汉文帝，三年了，终于见到了！可是不知什么缘故，汉文帝情绪好像很低落的样子。因为是老熟人了，所以不待贾谊询问，汉文帝就主动说起今日之事。原来是乐极生悲，因而有无常之叹。"鬼神是怎么一回事，人死之后究竟是要去到哪里？"汉文帝盯着贾谊的眼睛问道。贾谊于是将自己往日里对神鬼之事的一些看法，酌情讲了讲，试图宽慰汉文帝。他说自己在长沙国的时候，有一天曾有鹏鸟飞入他的屋内。因为鹏鸟长得像猫头鹰，所以向来被认为是不祥之鸟。贾谊发书占卜，得卦辞云："野鸟入室兮，主人将去。"那时候他以为是自己将不久于人世，没想到很快就得到了回京陛见的诏令。可见鬼神之事，多由人事而起。人心悲哀，则见其幽暗；人心欢喜，则见其光明。为人君者，当以社稷为重，黎民为系，不可沉迷于鬼神。汉文帝听得津津有味，将自己多年来的疑惑一一询问，从人生短暂到神仙方术，从五德祥瑞到谶纬预言，从海外奇谈到上古传说，把他能想到的都问到了。到了深夜，汉文帝感叹道："我很久没见到贾生了，自以为已经超过了他，没想到还是差了那么多！"说罢起身，出宫去邓通家夜宿。

贾谊闭眼长叹一声，泪流不止。江山百姓，陛下无一句问及，奈祖宗社稷何，奈天下苍生何！

回到长沙国之后，贾谊难掩心中的悲痛，在著名的《治安策》中，将所有的孤愤一泄而出："窃惟事势，可为痛哭者一，可为流涕者二，可为长太息者六，若其他背理而伤道者，难遍以疏举！"他已经不顾君臣之礼，想用直抒胸臆的方式唤醒君王。可惜他所寄予厚望的汉文帝已经沉迷神仙方术，宠爱佞臣，无心力挽狂澜。所以这道奏章跟往常一样，又是石沉大海。贾谊深受打击却不甘心，又一次次地上表，然后又一次次地失望。几年后，贾谊在无限的忧愤中离开了人世。在他身后，他所害怕的未来正一步步到来，他所热爱的西汉帝国将不可避免地进入一片前途莫测的乌云之中。

往者不可谏兮，来者犹可追。当此危局，后来人能否勇敢地面对现实，迎接挑战？能否战胜集中爆发的各类矛盾，带领危机四伏的帝国走出乌云呢？这便是这本书的由来。

两颗牙齿与一篇不知所云的开始

我要给汉景帝立传，其实是一件很偶然的事情。因为我最感兴趣的是他的儿子汉武帝，其次是汉高祖、汉文帝、汉宣帝。中间这个汉景帝，我总觉得他是汉文帝的后续和汉武帝的前言而已。谁会对没有独特事迹的人感兴趣呢？直到有一天，我突然发现汉景帝时期的七国之乱，是中国历史上最快平定的大规模叛乱，汉景帝在短短三个月的时间内，一举解决了为患汉朝数十年的诸侯王问题。是什么原因让他取得了如此骇人的成就？晁错、周亚夫背后的汉景帝，究竟是个什么样的人呢？

我对这个人的思考越多，越认定他绝非一般的守成之主。心中郁积的想法越多，就越想把他作为一个独立的人、独立的个体拉出来，写一部传记。然而我刚一动笔，就发现自己陷入了巨大的麻烦。

因为我的参考资料实在太少了。司马迁在谈到东方六国历史的时候，曾经大发牢骚，说秦朝一统天下之后，烧了不少的六国史书，弄得他在写作的时候都没有参考书看。秦人自己的档案，也跟野蛮人一般浮皮潦草，连日期都没有。立志要写一部皇皇巨著的司马迁，总不能凭空想象吧？

如今，我也面临着太史公的窘境。在《史记》中，关于汉朝开国以来的历史算是最详细的了。可是对于想详细写写汉景帝的我来说，还是太少了。《孝景本纪》算上标点符号，也才一千六百多字。其内容则如流水账一般，粗略地记载了一下其间发生的大事，而传主本尊则连面都没露。要想写出关于汉景帝本人的传记，就要把其他散落在全书中的文字一一连缀起来。可就连这样的文字，加起来也不多。汉景帝又惜言如金，说话能省则省，于是又加大了研究难度。光一句"食肉不食马肝，不为不知味"，就让一些历史研究者争论了两千年。所以当我真正提笔写起来，才发现自己给自己挖了一个很大的坑。坑里面满是灰尘和沙子，几乎一滴水没有。我这才明白，为什么这么多年来没几个人干我现在干的工作，因为实在是难以下手啊！然而我毕竟有了一定的研究成果，那些想法就任由它在头脑中凉了吗？似乎又不甘心。我不得不硬着头皮，根据有限的材料，像侦探小说家一样深入分析，还原历史。如果能把一个合理而又丰富的汉景帝形象展现出来，也算没白掉进这个坑。

汉景帝名刘启，出生于公元前188年腊月初五，为窦皇后所生。他出生的那一年，是汉惠帝七年，也是这个好人皇帝在世上的最后一年。汉惠帝刘盈虽然贵为天子，却长期不得志，因为他有一个强势的母亲吕后。吕后为人刚毅，辅佐汉高帝刘邦打天下，坐江山。在长期的政治军事生活中，积累了丰厚的政治资本，使得她在刘邦去世之后，成了汉朝事实上的掌权人。汉惠帝其实不是权力欲很旺的人，母亲代为执政，他也没说不可。只是他受不了母亲的残忍，那种超乎他承受能力的残忍。

刘邦曾经宠幸过的妃子，基本上没谁能逃过吕后的毒手。戚夫人在刘邦生前最受宠，因此受到的迫害最严重。在吕后的指示下，戚夫人被砍断手脚，挖去眼睛，熏聋耳朵，灌了哑药，扔到猪圈里，称为"人彘"。吕后把戚夫人迫害成这个样子后，不知出于什么目的，可能是为了让懦弱的儿子变得刚强些，专门派人请汉惠帝去看。而汉惠帝一下子就给吓病了，他不敢相信，母亲发作起来竟然如此没有人性。从此以后，汉惠帝整日沉湎于酒色，再也不能处理朝政。吕后正好借机掌握最高权力，为所欲为，把平素有恩怨的一个个处理掉。一时之间，刘邦的遗孀们人人惴恐，叹自己命苦。

如此危险的情况下，也有幸运儿，其中就有薄姬。薄姬虽然姓薄，可她的命却不薄。正是因为她不受宠爱，少见刘邦，所以被准许带唯一的儿子到外地就国，这便是二十四孝里的代王刘恒。

代王刘恒在国中长大，渐能处理国政。而在长安，一个叫窦漪房的女孩儿以良家子选入汉宫，伺候吕后，被称为窦姬。后来，吕后欲释放一批宫人出宫，并将她们赏赐给诸侯王，窦姬也在其中。窦姬因为自己的家乡清河郡离赵国较近，故而请求负责遣送的宦官，务必将自己的名籍放到去赵国队伍的名簿中。宦官临了却忘了此事，将窦姬安排到了去代国的队伍中。队伍将要出发时，窦姬才得知此事。她哭泣着埋怨宦官，不想去代国。但因有诏书的强制命令在，窦姬才不得不往。从这一点也可以看出，窦氏是一个能主动为自己谋划未来的人，这一点在她以后的人生中一再体现。

受诏去代国的宫女，除了窦姬以外还有四人。然而到达代国之后，代王刘恒唯独宠幸窦姬。窦姬很快便生下一女，取名刘嫖。汉惠帝七年，窦姬生下一男，取名刘启。后又育有一子，名刘武。

按照司马迁的说法，刘启并不是汉文帝长子。汉文帝在窦皇后之前，还有过一个王后，那个王后给代王生了三个儿子。等到窦皇后得幸，那个王后就开始走厄运，自己和三个儿子相继死去。等到汉文帝来到长安继位之时，刘启便成了汉文帝活着的儿子中最长的，是以获得太子之位。

上面这段文字，我们本能地就会感到其中有什么猫腻。司马迁虽然没有直接说其中有什么阴谋，但暗示的功夫已经做得很明显。如果说窦皇后得幸之后，前王后去世是巧合，如果说前王后去世之后她三个儿子去世也是巧合，那这么多的巧合密集发生，是什么？当然，因为资料太少，没有证据，我们也不能硬说其中有什么阴谋。但是如果我们把汉文帝其他皇子全面梳理一下，就会发现这种巧合还在发生。汉文帝继位之时有四个儿子，长子刘启、次子刘武为窦皇后所生，三子刘参、四子刘揖为其余不知名嫔妃所生。刘揖最小也最受宠，受封大国梁国。汉文帝为了培养刘揖，让最著名的学者贾谊给他当师父。刘揖在位十年，每五年朝见一次，每次都让汉文帝极为满意。但刘揖在第二次朝见之后没多久就堕马而死，死时将满十八岁。这样的死因、年纪、去世背景，当然都是巧合。其师父贾谊，在一年后去世，年仅三十二岁，当然还是巧合。三子刘参在文帝时并不得宠，藩国势力也较小，因此在非窦皇后所生皇子中活的时间最长，于汉文帝后元二年去世。所以自汉文帝后元二年开始，他的儿子就剩下两个：长子刘启、次子刘武。又属巧合的是，这两个儿子都是窦皇后所生。

这一切的巧合中，窦皇后都是笑到最后的人，没有人敢觊觎她的禁脔。慎夫人不明白这一点，仗着有汉文帝的宠幸，公然要和窦皇后平起平坐。结果中郎将袁盎毫不客气地将她请到下席，并告诫汉文帝说："陛下这样宠幸慎夫人，不是爱她，而是在害她——陛下独不见'人彘'二字乎？"人彘是汉朝后宫所有人的噩梦，连汉文帝都瘆得慌。慎夫人一下子就明白了自己的处境，不得不有所收敛。可就是这样，慎夫人也没能在专宠之下生出皇子来，最终也不明不白地去世了。

从刘启继位之后，窦氏积极为自己的次子刘武争取继承权一事，我们就可以看出窦氏对那个宝座是多么地感兴趣。一个儿子坐上去还不够，还要两个儿子坐上去。也正是因为太了解自己母亲的心思了，所以刘启才会当着她的面，对兄弟刘武笑着说："千秋万岁后，传位于梁王。"而历史也确实对这个女人给予了最大的恩赐，不仅让她从平民而成为皇后、太后，她本人还成了汉朝寿命最长的贵人之一，一直活到了孙子汉武帝继位，还牢牢掌握着最高权力。她长寿的结果，不仅仅是个人富贵，连她的女儿长公主也是权势滔天，二儿梁王作为大国诸侯，甚至差点抵消掉汉景帝削藩的意义。此外，她还早早找回了失散的母家亲人，培养出了一个庞大的窦氏外戚集团，一直到东汉都名人辈出。

然而，天道忌满。窦皇后得到了一切，双眼却失去了光明。可能，这也是巧合吧。不过，可以确定的是，窦皇后虽然是汉景帝走上前台的重要推手，但因为她势力的扩张，也实实在在地给她的子孙们带来了许多麻烦。尤其是在梁王咄咄逼人的威胁方面，汉景帝不得不施展政治手段，巧妙而又耐心地与之周旋，最终在梁王病逝之后削弱了梁国。这一点，便是汉景帝后期重要的工作内容。

汉惠帝在长期的酒色生活中，过早地掏空了身体，年仅二十二岁便去世了。吕太后干脆直接坐到了前台，临朝称制。代王母子向来低调，又因为山高皇帝远，所以安安稳稳地活到了吕后驾崩。

吕后驾崩之后，汉朝中央大乱。太尉周勃等汉初功臣，联合齐国地区的刘氏子弟诛灭诸吕，匡扶汉室。鹬蚌相争的结果，是代王刘恒作为幸运儿，来到长安继位。汉文帝继位之时，刘启八岁。因此，窦皇后之前的王后和她的三个儿子的死，如果真有什么阴谋的话，也跟他没有关系。

以上这段文字，是我的一个初探。我不是阴谋论者，但是我明白阴谋论挖掘的是人内心最底层的欲望，从主观角度出发揭示世界的本质。如果能结合客观世界的种种证据、背景，阴谋论未必不是一种很好的研究路径。所谓"大胆假设、小心求证"是也，不可轻易否定。然而阴谋论之所以常为人所诟病，问题就出在"小心求证"上做得不够，甚至是完全不做，纯粹就是一种猜想。这怎么可以？所以我在研究汉景帝的时候，为了验证自己的猜想是否合理，往往会竭尽一切力量去寻找证据。《史记》之外，是《汉书》《资治通鉴》，尽可能地去寻找相关的历史学专著、论文，并且搜集了很多相关的考古学报告。为了丰富研究的细节，我也参考了《西京杂记》《汉武故事》《汉武洞冥记》乃至唐宋传奇小说。一直以来我就佩服考古工作者，根据两颗牙齿化石就能描绘出元谋人的样子。我把这么多的内外素材摆到案头，也是为了寻找一个真实而丰富的汉景帝的形象，并且基本达到了目的。

但在写作形式上，我一直吃不准，我写的到底是传记还是什么别的。想来想去，还是觉得不能因形式而限制了内容，索性敞开了写，管它最终是个什么。于是就有了这么一个不知所云的文本，说它是传记也可以，说它是历史学报告也可以，说它是小说也可以。总之，写完之后，就随它去吧。

一次事关国运的君臣问答

古往今来，立储一事往往会引发很多纠纷，甚至闹出大变大乱来。李世民杀兄杀弟，踏着一路的血腥登上皇帝之位；康熙的皇子们个个如狼似虎，九王夺嫡斗得群死群伤；朱棣为了夺嫡，从北京杀到南京，无数生灵涂炭。汉朝也不例外，每当立储之际，都会引发很多事端。汉武帝晚年，因为储君之事，引发了一场震动整个上层社会的巫蛊之乱。卫氏集团遭到血洗，太子、太孙自杀，原有的继承秩序被彻底打破。没有一个成年皇子能如汉武帝所愿，于是索性立少子刘弗陵为太子，导致权臣霍光监国数十年，刘氏江山不绝如缕。直到汉宣帝亲政，这场立储引发的二十年危局才告结束。

所以，立储一事，向来都是帝国最核心最敏感的事情，不容丝毫草率。

汉文帝以藩王身份继承皇位，在很多人看来，是捡了一个大便宜。可是这世界上，没有什么"便宜"是无代价的。即位之初，汉文帝在整个帝国范围内几乎没有任何基础。所以，表面上看他当了皇帝，实际上是登上了一个最危险、最孤立无援的位置。汉文帝不得不对所有人大力拉拢，帮他登基的大臣们当然第一个要重赏，刘氏宗亲们也要抚慰一番，开国以来的功臣勋旧也要予以表彰，对普通百姓则大赦天下，甚至连他的竞争对手也要好好抚恤一下，免得人家再提出什么意见来。

做完这些皆大欢喜的事情之后，精通政治奥秘的汉文帝终于抛出了一个杀招——立太子。

为什么要在即位之初就立太子呢？本来这皇位就相当于捡来的，已经让很多人口有微词，现在又迫不及待地将这一权益，永远在自己这一脉传承下去，不怕别人说他贪婪吗？不怕，因为已经给足了别人好处。之所以急着立太子，自然有其必要性。对于汉文帝来说，立了太子就代表自己的政权有了两代根基，并且会给人以一种"政权已固"的印象，将人们对皇位继承的注意力转移到下一代人身上，从而在自己这一代人当中，断了别人的非分之想。这是一种精妙的政治运作，很难言传。

决定了要立太子之后，在具体操作上，汉文帝几乎是费尽心机。一般来说，皇帝上台之后，想立谁为太子，直接下诏就可以了。只要自己觉得满意，根本就不用跟别人商量，有时候，就算找人商量别人都不一定敢提什么意见。可是汉文帝不一样，他刚刚从藩王的身份跃升为皇帝，龙椅还没坐稳就立太子，难免会有人说闲话。就算没有人敢出来反对，他也要注意下吃相。

于是，在汉文帝的授意之下，由"有司"出面，奏请汉文帝立太子。

汉文帝早就已经写好了剧本，先是推让一番："朕既不德，纵不能博求天下贤圣有德之人而禅天下焉，而曰豫建太子，是重吾不德也。其安之！"天下是天下人的天下，我们当效法尧传舜、舜传禹，把江山交给贤圣有德之人。现在你们不想着去查访圣贤，总想着立太子，这不是陷我于不义吗？"有司"当然知道这不是汉文帝的真实意思，于是就表现出了高度的政治责任感，把太子和江山社稷的稳定联系起来，上奏陛下说："豫建太子，所以重宗庙、社稷，不忘天下也。"现在是帝制时代，已经不是搞禅让制那套玩意儿的时代了，立太子正是为了天下的安危负责啊，我的陛下！

汉文帝当然知道。可是戏才刚刚开始，还要继续演下去，接下来的才是重点。针对"有司"的反驳，汉文帝又下了一道旨意，他不得不做出了"退让"，同意立太子，却又出人意料地写道："楚王，季父也；吴王，兄也；淮南王，弟也，岂不豫哉？今不选举焉，而曰必子，人其以朕为忘贤有德者而专于子，非所以忧天下也！"即便不禅让给外姓的圣贤，我们刘氏内部还有很多有德有才有资历的人在那。楚王、吴王、淮南王，这些叔叔大爷哥哥弟弟的，都是皇位的称职人选，我们可以做一个大选嘛！咱们应该把选举权下放，各地从这几个人当中选出你们认为最适合做太子的人选，汇总到未央宫，看谁得票多谁就是太子。为什么一定要立我的儿子呢？这不是让人家念叨我吗？

政治运作上的奥秘，不管在哪个国家都一样：身为领袖，获得政治利益是其本能的追求，但是注重政治形象也是其不得不做的工作，唯其如此才能获得更多的支持率和合法性。在这一点上，商业人物往往更随意一些，因为商业人物所争夺的是个人财富，不是国家公器，只要不违法尽可以放开地来。

汉文帝本来就是一个藩王，跟别的藩王没什么区别。既然他能当上汉朝皇帝，那别的藩王照样也能，这是当时很多人的想法，所以汉文帝才不得不有这样一问。这句话照样还是一句废话，可是就连这句废话也是精心琢磨之后说的。汉文帝在问话中提到的三个人，其实都不具备继位资格：楚王、吴王都不是刘邦的直系血亲，皇位没他们的份儿；淮南王虽然和汉文帝一样都是刘邦子孙，可是大家都知道这个淮南王是个四肢发达头脑简单的家伙，无贤无德。再者说了，提名太子应当从下一代人中寻找，怎么能从自己这一代甚至是上一代人寻找呢？所以汉文帝根本不会担心他"提名"的这三个人会有被下面的人脑子犯浑之后给接受。真正让汉文帝担心而不敢提名的，则另有其人。

在汉文帝来到长安之前，汉朝皇位的继承人选中，刘襄的呼声最高。刘襄是刘邦长子长孙，袭封齐王。吕后驾崩以后，汉朝中央不稳，吕产、吕禄准备举行政变。刘襄的弟弟刘章当时正好在长安，知道了他们的阴谋之后，秘密通知了刘襄，要他带大兵入关夺取帝位，而刘章等人则为内应。刘襄得到消息后毅然举兵，为天下首倡，成为刘氏诸王中敢于反抗吕氏、匡扶社稷的表率。可以说，正是因为有了刘襄所代表的刘氏宗亲的坚决态度，汉朝中央无论是大臣还是吕氏都不敢心存他念。双方斗来斗去，江山还是回到了刘氏手中。而刘襄也在这一过程中，树立了极高的威信。

汉文帝因其机缘巧合当上了汉朝皇帝之后，最忌惮的伊是刘襄。刘襄论出身、功绩都要高过汉文帝，而且是下一代的翘楚。汉文帝如果提名了刘襄，没准哪个不明事理的人，会真的予以附和。

所以汉文帝干脆就避开刘襄，提名了三个看上去还不错但是肯定又经不住推敲的人。这三个人当时是什么反应，历史上没有记载，正常情况下，三个人都要诚惶诚恐地予以谢绝。

所以，面对汉文帝的"提名"，"有司"则以不可辩驳的语气上奏道："古代殷商、周朝能获得近千年的长治久安，就是因为立嗣以子。高帝平天下为太祖，子孙继嗣世世不绝。如果舍弃您最适于当皇太子的儿子而从其他诸侯和宗室中重新选择，不是高祖的本意。此事不宜再商议。"紧接着，在这封奏疏的末尾，"有司"进一步表明了态度，直接而大胆地提出了他们认为最合适的人选，就是汉文帝的长子刘启："子启最长，纯厚慈仁，请建以为太子。"众所周知，商朝正是父死子继、兄终弟及两种继承制度并存的朝代，而且同样长治久安的夏朝也是两种继承制度并存。"有司"在这里闭着眼睛说商朝之所以长治久安，是因为传子不传兄弟的缘故，就是这样有趣。至于高祖本意，刘邦在选择继承人的时候，确实没有考虑过自己的兄弟，所以楚王可排除，吴王也可以排除。可是既然上升到高祖本意的高度了，那是不是所有的高祖子孙都可以考虑呢？当然这是玩笑话。在这里，如果真的按照"高祖本意"的逻辑下来，汉文帝立太子还非得从自己的儿子当中选择不可。

虽然稍有瑕疵，这几通文字往来，还是原原本本地说清了汉文帝之所以可以，而且必须立自己的儿子为太子的正当理由，算是堵住了天下诸侯和宗室的嘴，达到了汉文帝想要的效果。汉文帝费尽心机地演完以上全套戏份之后，就可以光明正大地立自己的儿子为太子了。而在这一过程当中，汉文帝完全控制住舆论，没有任何人能有一丝一毫的反对。这就是汉文帝的手段。在他当政二十余年的时间里，这样类似的事情一再发生。天大的危机，都能因为他的巧妙运作外加几封公文而顺利化解。南怀瑾在《半壁江山一纸书》一文中曾经说汉文帝是一个非常厉害的皇帝，他字字谦和，可字字锋利如刃。上任九个月后，一个特使、一封信，就能把盘踞南方几十年的南越王赵佗教育得老老实实。到了后来，随着政治水平越发成熟，汉文帝的四两拨千斤的政治手腕渐入化境。面对纵横漠北、屡屡犯边的匈奴人，汉文帝用一封比给赵佗更短的信，只对匈奴的领袖说了几句话，就把一场大战化解于无形。

几次问答之后，汉文帝心满意足地批准了"有司"的上奏。虽然这个人选，是他没有选择的选择。

注：本章楷体字引自《史记·孝文本纪》，完整原文如下：

正月，有司言曰："蚤建太子，所以尊宗庙。请立太子。"上曰："朕既不德，上帝神明未歆享，天下人民未有嗛志。今纵不能博求天下贤圣有德之人而禅天下焉，而曰豫建太子，是重吾不德也。谓天下何？其安之。"有司曰："豫建太子，所以重宗庙社稷，不忘天下也。"上曰："楚王，季父也，春秋高，阅天下之义理多矣，明于国家之大体。吴王于朕，兄也，惠仁以好德。淮南王，弟也，秉德以陪朕。岂为不豫哉！诸侯王宗室昆弟有功臣，多贤及有德义者，若举有德以陪朕之不能终，是社稷之灵，天下之福也。今不选举焉，而曰必子，人其以朕为忘贤有德者而专于子，非所以忧天下也。朕甚不取也。"有司皆固请曰："古者殷周有国，治安皆千于岁，古之有天下者莫长焉，用此道也。立嗣必子，所从来远矣。高帝亲率士大夫，始平天下，建诸侯，为帝者太祖。诸侯王及列侯始受国者皆亦为其国祖。子孙继嗣，世世弗绝，天下之大义也，故高帝设之以抚海内。今释宜建而更选于诸侯及宗室，非高帝之志也。更议不宜。子某最长，纯厚慈仁，请建以为太子。"上乃许之。

汉景帝继位之后，曾高度评价汉文帝：

> 孝文皇帝临天下，通关梁，不异远方。除诽谤，去肉刑，赏赐长老，收恤孤独，以育群生。减嗜欲，不受献，不私其利也。罪人不帑，不诛无罪。除肉刑，出美人，重绝人之世。朕既不敏，不能识。此皆上古之所不及，而孝文皇帝亲行之。德厚侔天地，利泽施四海，靡不获福焉。（引自《史记·孝文本纪》）

作为汉朝官方文献，这份评价是后世评价汉文帝的重要参考，同时也是我们一窥汉景帝本人对待汉文帝态度的重要渠道。这里提到汉文帝，通篇皆是颂扬之词。为了清楚地说明汉文帝的功绩，汉景帝详细列举了汉文帝涉及交通、法制、社会、节俭、民生等方面一系列成就。然而当我们对照司马迁、班固的评价，便会发现一些很明显的区别。汉景帝对汉文帝的评价中，完全没有涉及外交和治理诸侯的成就："南越王尉佗自立为武帝，然上召贵尉佗兄弟，以德报之，佗遂去帝称臣。与匈奴和亲，匈奴背约入盗，然令边备守，不发兵深入，恶烦苦百姓。吴王诈病不朝，就赐几杖。（引自《史记·孝文本纪》）"当然，《史记》不是官方文件，《汉书》去景帝时代更远，写起来都方便。可这都是措辞方面的问题，并非不能写。之所以不写，无非是因为态度有所保留，甚至是完全不认同，这就是所谓的"不写之写"。

汉景帝对汉文帝的态度可见一斑，事实上，两个人的关系也非常值得推敲。

如果说上面提到的诏书还只是关于大政方针上的分歧，那么汉景帝与卫绾之间的一件小事却暴露了这对父子关系的微妙。刘启做太子时，曾召请汉文帝左右近臣宴饮。很多人都去了，只有卫绾装病没去。到汉景帝即位，有一次前往上林苑，命中郎将卫绾作为护卫共乘一车。于是汉景帝问："我做皇太子时召请你，你为什么不肯来?"卫绾回答："真是死罪，我那次确实生病了。"

历来皇帝身边之人不可以交接太子、诸侯、大臣及武将，防的就是内外串联，于皇帝不利。这是政治规矩也是政治原则。而汉景帝在当太子时竟然公然违反这一原则，甚至会对没来的人一直记恨在心，那么身为太子的刘启，那份"欲与天公试比高"的心态，是不是就已经很明显了呢?

这样的例子不多，但是每个都能说明问题。例如对待汉文帝身边的红人邓通，就很值得注意。邓通本人没什么能耐，就是一心一意地伺候汉文帝而已。汉文帝想要让他富贵，于是赐给他一座铜山，他就用严格的标准去铸钱，从不在铸钱时掺杂铅、铁而取巧谋利。因而制作出的邓通钱光泽亮，分量足，厚薄匀，质地纯，并且发行量得到一定的控制。相比之下，吴王刘濞大量发行的劣质钱就相当于伪钞了。上自王公大臣，中至豪商巨贾，下到贩夫走卒，无不喜爱邓通钱。于是邓通本人也就积累了大量的财富，成为全国首屈一指的富豪。等到汉景帝一上台，就把他干掉。处置的方式也特别具有景帝的风格，就是要把他革职抄家，抄到一毛钱不剩，"一簪不得著身"(见《史记·佞幸列传》)。失去全部财富的邓通最后流落街头，潦倒而死。邓通的矿山是国家赐给的，当然也能由国家收回去。可是邓通本人并不是十恶不赦的人，他甚至可以说是个老实人，罪不至死。汉景帝对他的处置当中，明显夹杂着个人怨恨。如此羞辱折磨一个先皇身边的知己一类的人，汉景帝对汉文帝到底什么态度？

反观汉文帝这边，对太子刘启的态度也很值得考问。在汉文帝的绝大部分生命中，几乎找不到任何与刘启在一起的记录。汉文帝几乎对刘启不曾有过任何考察和评价，无论喜欢与不喜欢。除了刘启、刘武因为不守宫中规矩而被张释之扣下的时候，说的那句"教儿子不谨"（见《史记·张释之冯唐列传》）。诚然，在中国，父亲对于成长中的子女往往是一个不在现场的角色。可是你能想象几乎一连数十年不在现场的父亲吗？

如此一来，上面说的刘启召请、结交汉文帝身边的人，就可以理解了。倒不是要搞什么阴谋，实在是因为父子之间太疏远，沟通不畅，十分需要有人能在汉文帝身边帮自己盯着点。

所以，根源还是在汉文帝这边，他似乎不喜欢这个太子。

在"有司"最后一次上奏立太子之前，汉文帝就已经在考虑未来太子的人选了，这是他人生中最重大的决定之一。汉文帝在宫中把儿子们叫到跟前一个个站好：长子刘启、二子刘武、三子刘参、四子刘揖。看起来不多不少，可实际上这四个儿子都太小。长子刘启才八岁，次子刘武生年史书上记载不详，至多七岁。剩下两个儿子也就是三五岁那样，其中他最喜欢的四儿子刘揖估计就是三岁左右。按照汉文帝个人喜好来的话，那肯定是小儿子刘揖。虽然他并不是不喜欢刘启，可太子之位只有一个，作为父亲的，当然是希望由自己最喜欢的儿子来继承自己。然而政治是无情的，它本身的法律容不得任何人不遵守，汉文帝要立太子，同样要考虑政治法则和当时的形势。

向来立太子有三个标准，立长立嫡立贤。立长当然是刘启；立嫡就要有皇后，当时汉文帝没有皇后，可以排除立嫡之说；立贤就可以是刘揖。如果不考虑当时的形势，就会以为立长、立贤这两套标准都可以执行，可实际上当时的情况只能立长，立贤就等于是自己打自己的脸。因为汉文帝本人之所以能继位，打的名号就是"汉高祖在世儿子中最年长的"。如果他现在不立长子立少子，那别人马上就会起来用立贤的标准来反对他本人的皇位。所以要想把自己的政权稳固下去，就要把立长的政治原则贯彻下去，这是一直以来引发争议最少的立储方式。如果汉文帝执意要立贤，那要给出充分的证据来，而现在所有皇子都是几岁大的孩子，能说清谁贤谁不贤？如果想等儿子们长大了再立贤又等不起。正是因为担心现在皇位不稳，所以才需要立太子来稳定自己的政权。如果现在不立，等儿子们长大，那到时候自己还在不在位就不敢说了，所以必须现在、立刻、马上就立，立长子刘启。

可以说，立刘启为太子是汉文帝不得不做出的决定，他想改都难。

除此之外，汉文帝不喜欢刘启还有以下几个原因：

第一，便是历来皇帝不喜太子，即便开始喜欢的，后来也可能不喜欢。

第二，刘启的母亲窦皇后失明后失宠，这很容易连带刘启失宠。

第三，刘启"不肖朕躬"，也就是跟汉文帝性格不像。汉文帝性格谦和优柔，对人宽容，处事练达。刘启性格激烈，容易走极端路线。当然，这也跟汉文帝疏于调教有关。

第四，便是有人进了谗言，这一点没找到直接的证据。

第五，就是其他皇子争宠，上面提到的梁怀王刘揖便是一例。汉文帝于四个儿子当中，最喜欢的便是这个小儿子，甚至把帝国最著名的学者贾谊派给他当师父。要知道贾谊曾在著名的《治安策》中反复叮嘱、详细阐发了培养太子的重要性和具体方法。汉文帝在给刘启组织教师团队的时候，舍此人而不用，而是把他派给了梁怀王。这不禁会让人怀疑，汉文帝到底是在把谁当太子培养？

另外，不知道是不是因为窦皇后的疏忽，刘启身上一点神性也没有。人家薄太后在怀汉文帝刘恒之前，就对刘邦说她梦到了一条苍龙，而窦皇后连一只小强都没有梦到；后来的王皇后在生汉武帝刘彻的时候，说自己梦到了太阳，而窦皇后却连星星都没有梦见。刘启在后来的时间里，一直到长大继位，也是一点神性特征没有，既不是"龙颜而隆准"，也不是"左股有七十二颗黑子"（见《史记·高祖本纪》），等等。他生于深宫之中，长于妇人之手，一点没有打怪变神的意识。要是他能抓条蛇、泥鳅、鸟什么的，再来个陌生人给做个解释，没准也能增加他的神性。可惜，这类奇迹都没有发生在他身上。

终其一生，汉景帝就是个人之子，一个普普通通的皇子。除了最长，没有太特殊的地方。

汉文帝、汉景帝之间关系疏远，造成汉景帝无法获得汉文帝的真传。我们在上一章中分析过，汉文帝在面对重大危机和挑战的时候，往往能举重若轻，一番政治运作就能化险为夷。而汉景帝则没有掌握这一手段，导致他在执政之初，刚猛有余，宽仁不足，往往需要流血才能达到目标。

汉文帝、汉景帝之间关系疏远，也会造成两人之间政治遗产交接得不够详细和清楚。我们知道，汉文帝临终之前，曾经秘密叮嘱汉景帝，"即有缓急，周亚夫真可任将兵"（见《史记·绛侯周勃世家》）。让他在危急关头，知道能倚靠哪位将军。周亚夫在平定七国之乱中的表现，也证明了汉文帝的评价之正确。可是在弥留之际，往往只能就紧要的说，大量的细节问题却来不及交代。据说在克林顿执政的晚期，美国曾经就打击"基地"组织制订了详细的计划，可是等到小布什接手的时候，却全然不知。当然这可能也是克林顿有意不交接清楚，但是我想克林顿身边的核心成员肯定都很清楚，甚至不用交接。

那么，没有汉文帝的言传身教，刘启是怎么成长起来的呢？

谁来培养汉景帝

　　汉文帝在立刘启为太子的同时，就给他打造了三位一体的培养队伍：首先安排了很多年纪相仿的良家子弟为"舍人"，既是秘书又是侍从；其次给他组建了一个导师团队，负责刘启同学的学习；除此之外，还给他特别挑选了一个师父，也就是所谓的"太子太傅"，为刘启的茁壮成长负总责。

　　现在可知的太子舍人有周仁、晁错二人。晁错是晚来的，后面再说。周仁因为医术高明而为汉文帝召见，又因为他性格沉稳而为汉文帝欣赏。他的沉稳是哪一种沉稳呢？历史记载，刘启继位之后，和后宫妃子们嬉戏，周仁作为汉景帝身边老人，所以经常在旁边。鬼知道刘启和妃子们都是怎么玩的，反正场面肯定是那些大儒们看不下去的那种。而周仁就在一边静静地看着，始终不说话。有时候汉景帝问起某个人的长短之处，周仁自己即便知道，也不在刘启面前评价，只是说："皇上自己可观察到。"

　　周医生在刘启身边就是这样小心翼翼，不敢得罪任何人，这就是他的沉稳。

　　导师团队当中，现在可知的，便是张欧、晁错，这个晁错依旧扔后边去。张欧出身功臣世家，他父亲是跟随刘邦打天下的安丘侯张说，在汉初一百四十二功臣中排名第六十九位，属于中等。张欧之所以能被汉文帝看上，是因为他懂一门很厉害的学问——刑名学。刑名学通俗地讲就是要通过严格的考核制度，来实现国家的治理。研究刑名学的人，往往不能容忍他人之过失，甚至会吹毛求疵。而张欧却截然相反，他似乎不是一个纯粹的刑名学信徒。张欧做官任上，崇尚诚恳和善，从不曾惩治别人。下属认为他是长者，也不敢太欺瞒他。上报案件，张欧凡是能退回的就退回；不能退回的，他就为罪人流泪，不忍读文书而把文书封上。司马迁评价张欧，总结起来就是"长者""爱人"。

至于太子太傅，前后共有两个。第一个便是张相如。

张相如是汉高祖开国功臣之一，不过成名比较晚。在汉朝的天下基本上建立了之后，才立了一次像样的大功。因此，他在功臣当中，排名比张欧父亲靠后，列第一百二十二位。在猛将如云、谋臣如雨的开国之初，这种人也就是一个军分区司令员而已。但这未尝不是一件好事，他就因为排名靠后所以成功地躲过新中国成立初的腥风血雨。等到汉文帝继位，挑选自己班底的时候，张相如就脱颖而出，成为新皇的近臣。

张相如的性格，据汉文帝本人评价，是一个绛侯周勃那样的忠厚长者。他因为被汉文帝一再提拔重用，所以担任太子太傅的时间不长，其职位后来就由石奋老先生接替。

石奋的名气就大得多了。这个人在汉朝历史上是个奇迹，他本人一无才学二无功绩，却凭着老好人的性格和超级能活的身体，从汉高祖时期开始，连仕四朝，一直当官到汉景帝晚年才退休。这还不算，他的子孙同样一无才学二无业绩，却因为石奋的原因而满堂荣光，其中一个在汉武帝时期还成为丞相。因为他和他的四个儿子都是二千石的高官，因此石奋也号称"万石君"。

可是这个人却是个彻头彻尾的庸才。他当官的唯一要诀，就是

"恭谨"。不是一般地恭谨，而是无比地恭谨，不光对皇帝恭谨，对任何与皇帝有关的东西都恭谨。更难得的是，石奋老先生将他这种优良品质一直保持了一生，而且是愈老弥坚。经过皇宫门楼时，万石君一定要下车疾走，表示恭敬，见到皇帝的车驾，一定要手扶在车轼上表示致意。这些标准动作，都是贾宝玉深恶痛绝的那种。此外，他还严格要求自己的子孙，恪守朝廷的纲常礼制，不能有丝毫违背。他的子孙辈做小吏，回家看望他，万石君也一定要穿上朝服接见他们，不直呼他们的名字。子孙中有人犯了过错，他不斥责他们，而是坐到侧旁的座位上，对着餐桌不肯吃饭。这样以后其他的子孙们就纷纷责备那个有错误的人，再通过族中长辈求情，本人裸露上身表示认错，并表示坚决改正，才答允他们的请求。已成年的子孙在身边时，即使是闲居在家，他也一定要穿戴整齐，庄严肃穆。皇帝有时赏赐食物送到他家，必定叩头跪拜之后才弯腰低头去吃，如在皇帝面前一样。子孙后代遵从他的教诲，也像他那样去做。万石君一家因孝顺谨慎闻名于各郡国，就连齐鲁二地品行最朴实的儒生们，也都自愧不如。在这里我突然联想到了周亚夫，假如他能学到石奋老先生一星半点的恭谨功夫，断不会有那样的结局。

我们大致就能推断出少年刘启身边都是些什么样的人了。除了短期任职的张相如将军可能还有点血气之外，剩下的无论周仁、张欧，还是石奋，都是一群唯唯诺诺之徒。这些人的气场，跟刘启差得太多，只能跪在太子爷面前叩头而已。尤其是石奋，作为太子太傅，该为刘启的成长负总责，但他的性格决定了他肯定不敢对刘启有任何匡正。这样的成长环境，对他的成长其实非常不利。

有一次梁王刘武来朝，刘启亲自迎接。两个人乘坐一辆车进宫，在经过宫门口的司马门的时候，按规定所有人都要下马下车。可是这哥俩谁都不管，直接坐车进宫。结果这事被掌管宫门警卫的张释之揪住不放，把两个人扣在殿门外不说，还直接告到了汉文帝那里。后来在薄太后的亲自过问之下，刘启和刘武哥俩才重新获得了自由。这件

孤臣泪尽《治安策》

这是汉景帝继位前的背景图画。汉景帝父亲汉文帝号称明君，实际上却有很多荒唐之举，导致在他在位的最后几年，帝国积攒下了很多矛盾和问题。贾谊作为一代大儒，带着对很多家国大事的谋划来见汉文帝，没想到汉文帝对国家大事不感兴趣，反而对鬼神之事问个没完。事后贾谊将满腔孤愤倾泻于奏折《治安策》当中。

事让汉文帝丢尽了颜面。一个无比恭谨的太子太傅，教育出来的皇太子居然犯了如此"不恭谨"的错误，本该引起汉文帝的注意，然而他却没有重视。

如果说上面这件事本身不大，还有张释之借题发挥、沽名钓誉、小题大做的嫌疑的话，那么在刘启砸杀吴王太子刘贤一事上，则充分暴露了刘启教育团队的重大失败。

西汉初年，为了刘氏江山永固，汉高祖刘邦分封同姓子弟为各地诸侯王。诸侯王在地方上，确实起到了拱卫王室的作用。但是时间一长，随着诸侯王的壮大，诸侯王本身却日渐成为中央的潜在威胁，双方之间的猜疑渐深。其中尤其以吴王刘濞为甚。吴王刘濞统辖东南三郡五十三城，兵强马壮，并且国中富有盐铁等资源，是汉朝国内首屈一指的诸侯王，在中央眼中也是第一个隐患。传说在汉高祖封刘濞为王的时候，就为他身上的英雄气概和桀骜不驯的气质而不安，后悔不该封刘濞为王。后来汉朝经历了高祖、惠帝、吕后三朝，刘濞与汉朝中央的关系渐渐疏远，双方都有些担忧。为了促进双方的互信，刘濞把他的太子刘贤派到了长安，要跟汉朝太子刘启交朋友。可正是这次长安之行，要了刘贤的命。刘启、刘贤在一次弈棋游戏中争执起来，双方互不相让，刘启情急之下抄起棋盘砸在了刘贤头上。终究是不懂事的少年人，下手不知轻重，等到他发现刘贤已死时，才知道晚了。

此事影响极坏，汉朝太子在宗室和大臣心中的形象一落千丈。汉文帝对刘启一定很失望甚至愤怒，怎么能做出这样的事情来？那时候是刘启太子之位最危险的时期，战战兢兢，朝不保夕。

关键时刻，还是吴王本人帮了刘启的忙。吴王得知吴太子命丧长安的消息之后大为震惊，拒绝把刘贤送回吴国来安葬。他生气地说道："天下同宗，死长安即葬长安，何必来葬为！"（见《史记·吴王濞列传》）要汉朝把刘贤的尸体重新运回长安安葬。这就等于拒绝和解，向天下人昭示太子和汉朝中央之过错。面对吴王这一放肆行为，汉文帝强忍着心头的怒火，又把刘贤接回来安葬，此时他对刘启的嫌弃也到了顶点。可他毕竟只是个十来岁的孩子，这么小的孩子做出什么事情来，还是要长辈来承担责任，予以解决才是正路。然而吴王揪着此事不放，并且越发不守礼法，一再挑战汉朝的底线。当吴王刘濞称病不朝，彻底断了双方间的沟通之路，并且坏掉了君臣之谊的时候，汉文帝终于忍无可忍，开始调查吴王。这一调查不要紧，获得了大量的证据，原来吴王刘濞在任上做出了很多有违汉朝法令的事情。吴王这边得知汉朝开始调查他，惊恐之余，急忙开始准备谋反之事。汉文帝和吴王的关系一度大为紧张。

在这关键时刻，吴王刘濞终究还是坐不住了，派人到长安问安。汉文帝亲自审问使者，使者老老实实地承认："大王确实没病，只是因为被汉朝派来调查的使者追问急了，害怕陛下处分，才不得不称病。希望陛下能既往不咎。"汉文帝当然早就知道刘濞装病，现在刘濞派人来京妥协，他也就顺势而下。于是他放了吴国使者，赐给四十岁的吴王坐几和手杖，告诉天下：吴王刘濞老了，可以不来长安朝见。吴王刘濞得此消息，如释重负，其叛逆之阴谋，也随之涣然冰释。

经过这样一场巨大的风波之后，汉文帝终于意识到，太子刘启的教育出现了很大的问题。自古严师出高徒，而石奋等人既无才学，在太子面前又如奴仆一般，怎能教育得好太子？

汉文帝站在未央宫殿外的栏杆前，看着远处埋葬着汉高祖刘邦的长陵，陷入了深刻的反思。

再临东宫的大先生

有一天，汉文帝批阅奏章，顺手拿起来一本就读，只见上面写着：

"君王所以地位尊贵显赫，功名传播万代之后，是因为懂得运用术数……"历来文人总强调仁义，而这封奏章劈头就写术数，让汉文帝感到有点意思。所谓术数，这封奏疏中写得很清楚，即"知所以临制臣下而治其众，则群臣畏服矣；知所以听言受事，则不欺蔽矣；知所以安利万民，则海内必从矣；知所以忠孝事上，则臣子之行备矣"。（引自《汉书·袁盎晁错传》）说白了就是管理国家的一门学问，一门帝王学。汉文帝点点头，此奏本说得很精当，于是继续向下翻："这四条，臣自以为是皇太子的当务之急。"

皇太子？汉文帝翻到开头，只见上面写着《言皇太子宜知术数疏》。果然是。

汉文帝坐起身，认真阅读起来。他透过这个奏本的文字感到，上书的人显然是个非常精通术数的人，因此只用以上四句话就给完整概括。汉文帝对此体会颇深：术数可谓统治学、帝王术，是一个成功帝王必须掌握的本领。历史上，很多帝王虽然仁义，就是因为手段不够，所以最后落得个杀身灭国的下场。所以汉文帝才会给刘启安排刑名学学者张欧为导师，希望他能掌握一些统治学。可惜刑名学偏重考核，不够灵活，只能作为一个统治手段，而不能作为纵览全局的方法。并且张欧等人虽然学问不错，但是口才一般，甚至有时候还比较沉默。皇太子常听不进去，渐渐不爱研习学问，而是耽于骑马驾车射猎，心性越发狂躁，所以才会出现砸杀刘贤这样的恶劣事件。

汉文帝因此忧心忡忡，总想给刘启另找个好师父，却总没有合适的人才。这封奏疏却让汉文帝看到了希望。这封奏疏虽然短，但是句句精炼，每一句都说到了点子上。汉文帝命人把他召来，一番晤对之后，汉文帝大喜过望。我大汉还有这样的人才！经左右宫人的提醒，汉文帝这才知道，此人正是前些天平阳侯常常向自己提起的那个人，来自颍川郡的年轻博士——晁错。

几天之后，汉文帝下诏，任命晁错为太子家令，掌管东宫。

晁错出生于汉高祖七年，年少时曾经学习法家思想。汉文帝时期，开始进入政界。这个人有一个优点，就是笔头特别好，写起文章来经常是洋洋洒洒收不住。也就是因为他文章写得好，所以担任了太常掌故。从这一点我们就能看出来，会写文章，历来都是一个了不起的本领。尤其是现在的网络时代，越来越需要一个人具备一定的写作能力，用文字去表达自己；同时这个时代也越来越相信一个人的写作能力，因为文字可以突破现实区域和阶层的限制，把一个人的思想传播到无限远的地方去。这也就是我为什么这些年来，一直不愿放弃写作的原因。我对文字有一种难舍的热爱。

没过多久，晁错的人生迎来了第二个转机，在济南传来了《尚书》的消息。秦始皇焚书时，博士伏生冒着生命危险，暗将《尚书》藏在墙壁之夹层内，由此逃避焚烧之难。汉惠帝四年，除"挟书律"，伏生掘开墙壁，发现尚有二十九篇保存完好。汉文帝即位后，向天下访求能通《尚书》之人，毫无结果。正在这时，伏生壁藏《尚书》并将其传播的事迹传到朝廷，汉文帝非常重视，欲召他进朝，但此时伏生已年逾九十，不能出行。汉文帝不能眼看着这项非物质文化遗产失传，于是下令太常派人去伏生家中授受。而晁错就因为既能说又能写，被选中担任这个独一无二的任务。到了济南，伏生因年迈不能像正常人那样说话，他的话只有其女羲娥才能听懂，只好先由伏生言于其女羲娥，再由羲娥转述给晁错。就这样，晁错终于将伏生胸藏的《尚书》整理记录下来，才使《尚书》得以完整流传。

学成归来之后，晁错成了当时官方唯一一个掌握《尚书》的人。而伏生当时已经九十多岁，没过多久就去世了，于是这一超级 IP 就落到了晁错手里。晁错也因此缘故，被任命为太子舍人，第一次来到刘启府上工作。可是这段时间，晁错虽然升迁了两次，但在太子府上并不十分受重视。因为在太子身边的人几乎个个都有背景，像晁错这样完全靠个人本领进来的没有太多机会。

好在晁错沉得住气，他一边仔细观察太子，一边静心研究学问。同时，他也在不停地为打破个人事业的天花板而寻找机会。不甘平庸的他要走一条所有人都想不到的路，要从最偏僻的地方走出一条坦途来。于是，不知道从什么时候开始，晁错结识了一批具有军方背景的大人物，极力向他们靠拢。碰巧，这些大军头们在晁错身上，发现了他们所需要的一个重要功能——写文。当年贾谊不就是因为能写文，把这干老臣们扫下权力的前台的吗？现在，我们也可以有自己的笔杆子了。于是，双方秘密联合了起来。晁错悄然之间，完成了人生的第三个转变，也是他人生中最重要的一个转变。

精心策划之后，晁错终于抛出了本章开始的那份奏疏。这份奏疏通过特殊的渠道，准确送到了汉文帝的几案上。于是，晁错从此来了一个华丽的大转身，以太子家令的身份重入太子府。

现在，晁错终于可以光明正大地接近太子了，没有任何人能拦得住他。在太子刘启面前，晁错拿出了全部的本领。他现身说法，以亲身经历告诉太子，学习是一件有趣的事情。比如他首先拿出来的《尚书》，就跟一本连环画一样，有大量有趣的故事。里面全是历代圣王的经验教训，非常适合刘启这样的帝制主义接班人学习。而晁老师的解读又是那么精微有趣，刘启听得津津有味。此外，这位晁老师还能用超强的口才解说法家，比那个枯燥讲授刑名学的张欧老师强多了。晁错还告诉刘启，斗争也可以很高级。摔跤打架那是顽童匹夫之斗，不足以提倡。真正的圣人之斗，是要运用出神入化的手段和敌人斗争。作为一国之君，就是要掌握这样的手段，杀人于无形。他本来就能说会道，又暗中观察了太子那么长时间，加之本人学养深厚，所以一张口就获得了刘启的喜爱和信任。这下，汉文帝再也不用担心太子的学习了。这个晁错老师几乎无所不知，哪里不会点哪里。少年刘启很快就安静下来，认认真真跟随晁错先生学习，对他言听计从。所以很快，晁错就被太子家誉为"智囊"。

尝到了上书甜头的晁错开始爆发，他一封又一封地向汉文帝上奏。而他的奏章每次都能精准地出现在汉文帝的案头，成为汉文帝的必读之物。而晁错的上书内容，也悄然发生变化。这个生长于内地、一辈子没有上过战场也不敢上战场的文人，竟然写下了大量的军事方面的奏章。其内容之详细，就跟他就是在边境长大似的。他在奏章中提出，要对匈奴主动出击，不能总是被动挨打，和亲不是长久之计。虽然汉文帝没有采纳他主动出击的建议，但却对晁错下诏褒奖，让晁错出尽风头。

汉文帝前元十五年，文帝令大臣们推举贤良、方正、文学之士。这相当于现在的联名推举，被推举的人往往能得到皇帝的直接宠爱。所有权贵阶层都很珍惜这样的机会，要把选票留给自己人，或者自己的代言人。所以，文帝诏令一下，大小官员纷纷推举，人数达到了一百多人。晁错肯定不会放过这样的机会，于是他也出现在被推举的贤良名单上。推举他的人来头都不小，分别是：平阳侯曹窋、汝阴侯夏侯灶、颖阴侯灌何，还有廷尉宜昌、陇西太守公孙昆邪，清一色的军方背景。文帝亲自出题，就"明于国家大体"等问题进行策问。当时贾谊已死，参加对策的一百多人中，以晁错的回答为最好，深得文帝嘉许。于是晁错由太子家令升为中大夫，成为二千石的高官，距九卿一步之遥。

信心十足的晁错，想抓住时机再进一步，大胆地提出了削诸侯和改革法令的建议。这在当时绝对属于重磅炸弹，可是汉文帝虽然欣赏他的才能，却没有采纳他的建议。晁错在失望之余，把他的内外主张讲给皇太子，意外地获得了太子的赞成。晁错终于安下心来，一心一意地辅佐太子。

我的长安小型婚礼

俟我于著乎而。充耳以素乎而，尚之以琼华乎而。

俟我于庭乎而。充耳以青乎而，尚之以琼莹乎而。

俟我于堂乎而。充耳以黄乎而，尚之以琼英乎而。

——《诗经·国风·齐风·著》

这是一个古老的姓氏。

《风俗通义》记载：栗姓源于风姓，是古栗陆氏之后。栗陆氏在伏羲时被封为"水龙氏"，其职责乃繁滋草木，疏导泉源，堪称水利始祖。伏羲曾和栗陆氏首领有过一番对话："栗陆，子居我水龙之位，主养草木，开道泉源，无或失时，子其勿怠。"栗陆氏回答说："竭力于民，君其念哉！"（引自《古三坟·天皇伏羲氏皇策辞》，此书真伪存疑，暂从真说。）

古代传说中，伏羲氏之后女娲氏即位，共封十二氏为诸侯，均为风姓。其中栗陆氏居于今河南商丘的夏邑县，此为最早的栗氏封地。栗陆氏统治的后期，因其首领刚愎自用，滥杀东里子等贤臣，导致了该政权的崩溃。栗氏政权的崩溃大概与夏朝灭亡同时，当时天下大乱，栗氏部族在中原难以立足，于是陆续向西南迁走。今天中国云南的傈僳族，据说就源自最早的栗氏族人。

商朝建立之后，在夏邑县重建栗氏政权，是为栗氏第二政权。后来周代商，栗氏政权再度灭亡，并且再也没能复国。失去了祖国的栗国人，按照当时的风俗，开始以国为姓氏，流亡天下。

到了战国末期，有一个叫栗腹的年轻人来到了燕国。栗腹出身齐国，曾在齐国的国立大学——稷下学习。当时的齐国腐败无能，对外连吃败仗，差点被北方的燕国灭国。栗腹虽有才学却无用武之地，只好外出追求前程。栗腹在燕国待了十年之后，结识了燕国的大人物剧辛、庞暖，人生开始发迹。当时正好发生了燕惠王被杀事件，栗腹积极支持燕武成王继位，由是得贵于燕国。武成王继位，以栗腹为将军，北击胡人，拓地千里。栗腹也因此登上相国之位，达到了人生巅峰。燕国最后一个国君燕王喜继位，栗腹上书燕王，请求西征赵国。当时的赵国经过长平之战，被秦国坑杀四十余万人，元气大伤。栗腹要燕王抓住这个机会，成大功于一时。燕王果然以栗腹为将，领兵西击赵国。但因为燕国内部意见不一，而赵国上下齐心，再有老将廉颇坐镇，栗腹是以大败，为乱兵所杀。

结合栗腹游宦燕国的背景，和他在燕国掌权之后的外战主张，我们不难发现他的曲线救国意图。正是因为栗腹的存在，燕国才将注意力从齐国移开，转而向北胡、赵国，而齐国自此安枕。

栗腹死后，栗氏再次沉沦。直到八十余年后的汉文帝时期，才有一个美丽的栗氏女子登上舞台。

同栗腹一样，栗姬也是齐国人。因为所去年代不远，基本可以断定，栗姬与栗腹为同族，甚至还可能有血缘关系。虽然栗腹成年之后就离开了齐国，但他的乡音和家人还在。刘邦统一天下之后，曾经下诏全国能说齐国语言的都回到齐国为民，所以栗姬为栗腹的直系后人都有可能。

关于栗姬得宠的经过，因为正史没有记载，所以给了很多人以想象的空间。有一种野史说法，栗姬当年能歌善舞，艳冠京城。一次太子刘启来到民间，邂逅了这位美丽的女子，马上就被吸引住了。两人相恋后，刘启把栗姬带回宫，本欲封她为太子妃，却因为母后窦氏与皇祖母薄氏的原因，只能册栗姬为孺子。而后栗姬生下了儿子，地位如同侧妃，刘启怜惜她，她亦爱着刘启。也有小说以栗姬为主角，想象栗姬得宠前本就在宫中，她通过个人努力才吸引了刘启。甚至有人脑洞大开，想象她跳河打胎来冤枉别人。我不知道他们相遇的具体经过。但是我根据后面两个人相处的方式，可以猜测出两个人感情最初的建立，是刘启主动的结果。两个人之间，是真正的爱，而且是初恋似的爱。

在此之前，刘启已经有了女人。薄太后为了薄氏家族考虑，把一个族中女孩包办给刘启。窦皇后巴不得通过这种方式巩固刘启的太子地位，非常痛快地就同意了。至于汉文帝，他历来是个孝子，自然无有不允。这是太后、皇后、皇帝三个人的决定，跟刘启无关。他没有权力选择。

刘启已经长大，再也不是那个鲁莽的少年了，他已经能够控制自己的情绪和行为。他知道这次联姻对他来说很重要，所以他没有抗拒。可是他一样有自己的感情，尤其是在那样情窦初开的年纪，他比一般人更喜欢美丽的女孩子。可是在太子宫中，是不会出现比太子妃更美丽的女孩子的。他强自隐忍着痛苦和失望，却无法排遣那种无聊，于是出宫散心。身边随从告诉他说，最近京城来了一个戏班子，每天都有演出，火得不得了。其中有个能歌善舞的女子，尤其是万人迷。皇太子一下子就动心了，跟着太子舍人就找了过去。到了那里，已经是人山人海。在万众欢呼声中，一个女孩在众女孩的拥簇下缓缓登场，那场面简直如皇帝驾临。台下的场面越发热烈，人声鼎沸。可是一旦演出开始，尤其是其中那个女神般的女孩开唱之后，所有人都闭上了嘴巴，鸦雀无声。

刘启一下子就被吸引住了。苍天，苍天！这世上竟然还有此等女子！

从此，他每天都追随戏班的演出，每次都争取挤得靠前一些，只为能看女神一眼。终于吸引到了女神的注意。在女孩看来，这个少年虽然穿着朴实无华，却有一种难掩的贵气。虽然他很少像其他人一样欢呼，但她能看得出，他是在竭力掩饰自己的激动。总之，这个少年很特别，有一种神奇的魅力。

这是我做的一个想象，因为不是严肃的历史学论文，所以就放了进来，做假语村言。读《史记》我总有一个感觉，刘启一生如果真的只是爱过一个女人的话，那这个人便是栗姬。

找到真爱的刘启，不顾一切地要把栗姬带到太子宫中去。在这件事上，因为他态度坚决，所以薄太后等人也做了让步。可是栗姬虽然能入宫，却不能有一个盛大的婚礼。汉家礼制和当时的形势都决定了，他们的仪式只能是那种小型而低调的。可就算是这样，刘启还是想方设法要让栗姬满意。此外，他还在汉家规定仪式的基础上，尽量加进一些栗姬家乡齐国的婚礼风俗。在音乐里，特意加进《诗经·齐风》中的那首婚礼歌。这首歌说的是新郎在家门等候新娘的到来，翻译成白话文，便是：

我的郎君恭谨等候在影壁前，冠上洁白丝绦垂在两耳边，缀饰的美玉悬荡在我眼前。

我的郎君恭谨地等候在庭院，冠上青绿丝绦垂在两耳边，晶莹的美玉悬荡在我眼前。

我的郎君恭谨等候在正堂前，冠上明黄丝绦垂在两耳边，精美的玉石悬荡在我眼前。

这首歌从新娘眼中所见来写。新进门的妻子在憧憬与期待中，慌乱而羞涩地抬起美丽的双眸，却只看见丈夫的一个背影。他在迎接她，引导着她一步步走进他们的洞房。十分圆满。

很快，栗姬就给刘启生了一个儿子，这是刘启第一个儿子。栗姬这下心里踏实了。按照先例，刘荣作为长子，将来肯定是要被立为太子的，又将被立为皇帝的。栗姬对那一天，满心期待。

太子刘启一天天长大，此后十余年间，无论是在生理上、心理上，还是在家庭上，都逐渐长成一个成年人。越来越多的人开始关注于他，想知道他的政治理念是什么。可是这位太子虽然喜欢请客，却总是惜言如金，绝口不提自己将来的施政倾向。可是即便不能探知他的政治理念，也有人在想方设法摸清他的行为特点。久而久之，有人就发现了一点，这位太子爷心思深沉得可怕。谁跟他说话，他同意则好，不同意的话就危险了。因为他不是一个心底敞开的人，心里不同意的话，嘴上从来不说。一旦时机成熟了，他就会像对待敌人一样，一下子把人打翻。摸到这一点的人，吓出了一身冷汗。

太子逐渐半公开半私密地接触汉文帝身边的人，汉文帝对此睁一只眼闭一只眼。

——这大汉江山早晚是他的。

汉文帝霸陵伤别

汉文帝前元十六年九月，赵国方士、上大夫新垣平昂然入宫。陛见之时，他用一种从容自信的语气说，有股宝玉之气来到了天子阙下，请陛下多加留意。果然没过几天，就真的有人持一玉杯于阙下上书，要进献汉文帝。汉文帝拿到玉杯，见上面刻着精美的"人主延寿"四个字，顿时龙颜大悦。新垣平又趁机说，太阳在一日之内将会出现两个中午。过了不久，太阳过午以后，向东逆行，果然重又出现一个中午。受到祥瑞鼓励的汉文帝下令改元，以来年为元年，令天下大酺庆贺。

此时的汉文帝不过四十岁，却老态尽显。继位十几年来，汉文帝夙兴夜寐，迅速消耗着精力。倦于日常政务的他，越来越对那些不可思议的方术、祥瑞等事感兴趣。两年之前，丞相张苍与鲁人公孙臣就汉家所属的五行之德发生了争议。前者认为汉家当属水德，后者认为是土德，并且言之凿凿地说，会有相应的祥瑞出现。汉文帝、张苍等人当时对此都没太当回事，笑而置之。谁想到了第二年春天，陇西成纪地区真的出现了祥瑞——一条黄色的土龙。一时满朝轰动，连汉文帝都啧啧称奇。张苍目瞪口呆，推说自己年老多病，再不上朝。公孙臣自此成为汉文帝面前的红人，趁机推行他的改历法、服色等一系列主张，荣宠无比。打这一年开始，汉文帝于怪力乱神之事越来越感兴趣，并亲自下诏布告天下。他频繁地出席种种拜神、祭祀的仪式，每次都非常郑重。为了表达诚意，他还特意大赦天下。看来，是他的虔诚最终感动了上天，因此降下祥瑞来，恩准他延年益寿，做长命天子。

改元之后的汉文帝真的是容光焕发，对方士信任不疑。新垣平则踌躇满志，要策划一个更具轰动性的祥瑞事件。他对皇帝说，当年周鼎失落在泗水之中，如今河水泛滥，通于泗水，合当出宝。他又说他曾望见东北方汾阴地区有金宝气射出，怀疑那是周鼎现世的征兆。汉文帝一听此言，激动地站起来，问道："果有此事？"新垣平回答道："千真万确，此乃万股祥瑞。不过征兆虽然出现，若不争取，宝贝还是不能自己来到人间。当年秦灭六国，九鼎却不知下落。有人说周王室为了避免九鼎被抢，偷偷沉没在泗水彭城一带。于是秦始皇亲自出巡，派人打捞，结果徒劳无功。虽然如此，还是有不少人坚信，九鼎就在此处。要是能得到此华夏至尊神器，则无异于开基立业，功比高祖！"

汉文帝当即批准了新垣平的请求，在汾阴南修了一座庙宇，以求周鼎再现。

正当汉文帝沉浸在"周鼎即将再现"的狂想的时候，突然接到上书，奏章中一一揭发了新垣平在望气、祥瑞等方面的诸多欺诈。汉文帝勃然大怒，将新垣平交由廷尉审讯。新垣平在张释之的严厉审讯下，供认不讳，交代了所有造假欺君的行为。张释之审问明白，依律将之处死。

汉文帝从中醒悟过来，于改正朔、服色、祭祀之事再也不感兴趣了。现在看来，新垣平的方式其实很简单。玉杯不过事先刻好，约好日期，由别人献给汉文帝。来不及做完的周鼎祥瑞，大概也是这样的套路。只有一天两次中午事件，可能真是发生了天文学上的类似现象，被他提前测算出，又作为祥瑞而上报。这些事情基本都是不难猜到真相的，汉文帝之所以相信，就是因为他老了。

从此之后，汉文帝于朝政越发疲倦，有心无力。偏偏在他统治的后期，又是个多事之秋。

首先是国内的灾害。前元十二年冬，黄河在酸枣一带决口，河水向东冲破拦河大堤。决口发生之后，当地郡国发动大批民夫，费时费力才把决口堵上。此后，水旱、疾疫之灾就经常光顾这个国家，导致农民连年歉收。到了后元六年夏天，又是大旱又是蝗灾，农业生产根本无从保证。汉文帝不得不下令免除诸侯国的进贡，开放天子独享的山川林泽给百姓耕种。同时厉行节俭，减少宫中服侍消费，裁撤冗员。还直接发放官仓赈济灾民，同时允许向百姓出卖爵位换取金钱。

为了恢复经济，汉文帝连连下诏，劝课农桑。为此，他早就已经将农业税由十五税一减为三十税一，甚至还曾经一度免去农业税。算赋也由每人每年一百二十钱减至每人每年四十钱。他以身作则，亲自在皇家御田耕作，同时还要求失明的窦皇后亲自采桑，就是想用这种方式向天下提倡农桑。可是天灾似乎总是跟他过不去，让他身心俱疲。在一份诏书中，汉文帝满带疑惑地问道："间者数年不登，又有水旱、疾疫之灾，朕甚忧之。愚而不明，未达其咎：意者朕之政有所失而行有过与？乃天道有不顺，地利或不得，人事多失和，鬼神废不享与？何以致此？将百官之奉养或废，无用之事或多与？何其民食之寡乏也？夫度田非益寡，而计民未加益，以口量地，其于古犹有余，而食之甚不足者，其咎安在？无乃百姓之从事于末以害农者蕃，为酒醪以靡谷者多，六畜之食焉者众与？"（引自《汉书·文帝纪》）

除了经济的困境之外，困扰晚年汉文帝的便是北方的匈奴了。自从汉朝开国以来，匈奴一直就是悬在汉朝头上的一把利剑。汉朝的统治集团们，每每为之寝食难安。到了汉文帝后期，老上单于继位，臻于极盛的匈奴一再南侵。前元十一年，匈奴入寇狄道，这是老上单于继位之后的一次试探性进攻。三年之后，前元十四年，老上单于亲自率领十四万骑兵，入朝那、萧关两地，杀北地都尉印，掳掠人民畜产甚多。这是汉朝开国以来匈奴入侵最严重的一次，其主力入侵至今宁夏的彭阳县。猖狂的匈奴兵一把火烧了秦始皇在此修建的回中宫，其侦察骑兵甚至进探至咸阳城内的甘泉宫附近。汉文帝紧急调集十几万大军，要亲自讨伐匈奴。后来在群臣和皇太后的一再劝阻之下，才以张相如为大将军，成侯董赤、内史栾布为将军，往击匈奴。这次入侵，老上单于在汉朝一直待了几个月才带兵离开。汉军出塞之后无法远击，只好撤回。此后匈奴连年扰汉边，云中、辽东两郡饱受其害。后元二年，汉文帝致书单于，对其晓以利害，才勉强达成了和亲。可到了后元六年，新即位的军臣单于撕毁和约，以六万骑兵入侵汉朝，其烽火由边境一直通于甘泉、长安。汉文帝调集大军，分由六个将军领兵防御。这次军事行动持续了一个多月，才由匈奴撤走而罢兵。被匈奴入侵得如此惨痛，于汉文帝本人何尝不是一种痛彻于心的国恨！唯一值得欣慰的是，他在这期间发现了一个具备巨大潜能的将领。

经济问题、匈奴问题每天都困扰着晚年的汉文帝，消耗着他的身体。而代王刘参的早逝，又给了他心灵一记重创。汉文帝一生有七个儿子，代国时期的王后给他生了三个，窦皇后生了两个，其他不知名嫔妃生了两个。而在登基之前，代国时期王后生的三个儿子就都已经死了。登基之后，前元十一年，他最喜爱的小儿子梁怀王刘揖死于马下，令他痛心不已。到了后元二年，代孝王刘参也死了。那一年匈奴于边境不停骚扰，汉文帝处理国事来不及伤心。可是一旦处理完毕，他就悲从中来。虽说这个儿子不是他所喜欢的儿子，可是毕竟是自己的骨肉。眼下弃他而去，白发人送黑发人，怎能不伤心？想起这个孩子生前的种种孝行，汉文帝泪流满面，于是赐给他一个"代孝王"的谥号。

上面列举的这些，只是汉文帝本人的直观感受。事实上，当时的真实情况比他所感受到的更糟糕，帝国危机从匈奴的侵略到诸侯王的威胁，从贫富分化到强弱兼并，从官场腐败到社会人心的败坏可谓应有尽有，完全不是我们印象中文帝治世的样子。比如对于社会风气这一点，贾谊在《治安策》中就毫不客气地揭露道："今世以侈靡相竞，而上亡制度，弃礼谊，捐廉耻日甚，可谓月异而岁不同矣。"世人追求奢侈，竞相攀比，朝廷却不作为，致使人们抛弃礼义，丢掉廉耻，一天天、一月月、一年年地堕落下去。为了利益无所不为，甚至真能杀害自己的亲生父亲和兄弟。贾谊特意列举了几个例子，让我们一窥文帝治世的真正面目：盗贼敢于割断窗帘门帘进入内室，甚至偷走高祖、惠帝两庙的器具，还竟敢在光天化日之下到大都市抢劫官吏，夺取钱财。有的伪造文书取走官粟近十万石，敛取民赋六百余万钱，乘坐驿车堂而皇之地周游郡国。这些人猖狂到了无以复加的地步，而朝廷大臣只关心 GDP，把郡县地方官员不在规定期限内向朝廷上报统计文书作为重大问题，对于风俗的恶化、世风的败坏却熟视无睹，不引起警觉，反而认为这是合情合理的事。甚至，连汉文帝本人也不考虑这些。

为什么汉文帝晚年会有这么多的问题，很少有人关心过。自古以来，汉文帝在历史上的评价很高，甚至有"封建社会第一明君"之美誉。然而，当我们抵近了之后就会发现，那真是一个繁花盛景掩盖下的内外交困、危机四伏的乱世。所谓治世之名，不过是干柴烈火上睡大觉而已。

贾谊在《治安策》一开始便悲伤地说道："臣窃惟事势，可为痛哭者一，可为流涕者二，可为长太息者六，若其他背理而伤道者，难遍以疏举。"这道奏章之所以有名，是因为它明确无误地指出了汉文帝治下的种种弊政，而汉文帝却几乎一点都没有采纳。他信奉道家的黄老之学，推崇无为而治的理念；他因自己也是藩王继位，从而对诸侯王网开一面；他因好名而宠用了很多吹捧他的近臣，没有人愿意给他讲述人间的真相；他给后人留下了深刻的节俭印象，却宠用了一个邓通，将天量的国家财富赐给了他挥霍；他标榜清静无为，却又热衷打猎；他对匈奴警惕性不高，导致匈奴曾经长驱直入；他以爱民面目示人，却在刑法上名轻实重，"外有轻刑之名，内实杀人"（见《汉书·刑法志》）；他关心民间疾苦，却在敢讲真话的贾谊面前顾左右而言他，"不问苍生问鬼神"。汉文帝在漫长的时间里不作为，却在近臣的吹捧下和太史令的粉饰下，赢得了一个明君的美称。但是所有的谎言都会露出破绽，汉文帝晚年的种种难以掩盖的遗憾和悲伤，与其说是天灾不如说是人祸。正是清静无为、放任自流的经济政策，才导致社会上官商勾结、兼并成风；正是诸侯土占有盐铁等国家战略资源，才导致中央政府国用不足，无法对落后地区进行转移支付，对灾民进行有效的救济；正是贫富分化、流民遍地才导致人心涣散，不甘心死于沟壑的人们宁肯去偷去抢去杀人放火，甚至父子反目兄弟成仇也在所不惜。至于匈奴，更是不可能改掉吃人的本质的。所以，汉文帝晚年的悲哀是不可避免的，少壮不努力，老大徒伤悲。

后元七年是汉文帝在世上的最后一年。经历了那么多悲欢离合的他，渐渐看开一切，开始和刘启进行最后的国政交接。父子二人已经很久没有在一起好好聊过了，因此不免有些隔阂。汉文帝觉得，太子甚至没有邓通等人对自己好，邓通就能给自己吸吮臀部的脓疮，而太子则面露难色。他把国事大要给太子一一讲明，太子极为机敏地边听边记，有不明白的就问他，一直到懂了为止。讲完这些，汉文帝突然想起来一件重要的事情。于是他屏退众人，把刘启叫到近前，给他说了一个人的名字。告诉他，一旦国家有事，这个人就是你用来安邦定国的人。讲完这些，汉文帝就闭上双眼，不再说话。

这年夏天六月，汉文帝于未央宫驾崩，归葬霸陵。遗诏曰："朕闻盖天下万物之萌生，靡不有死。死者天地之理，物之自然者，奚可甚哀。当今之时，世咸嘉生而恶死，厚葬以破业，重服以伤生，吾甚不取。且朕既不德，无以佐百姓；今崩，又使重服久临，以离寒暑之数，哀人之父子，伤长幼之志，损其饮食，绝鬼神之祭祀，以重吾不德也，谓天下何！朕获保宗庙，以眇眇之身托于天下君王之上，二十有余年矣。赖天地之灵，社稷之福，方内安宁，靡有兵革。朕既不敏，常畏过行，以羞先帝之遗德；维年之久长，惧于不终。今乃幸以天年，得复供养于高庙。朕之不明与嘉之，其奚哀悲之有！其令天下吏民，令到出临三日，皆释服。毋禁取妇嫁女祠祀饮酒食肉者。自当给丧事服临者，皆无践。绖带无过三寸，毋布车及兵器，毋发民男女哭临宫殿。宫殿中当临者，皆以旦夕各十五举声，礼毕罢。非旦夕临时，禁毋得擅哭。已下，服大红十五日，小红十四日，纤七日，释服。佗不在令中者，皆以此令比率从事。布告天下，使明知朕意。霸陵山川因其故，毋有所改。归夫人以下至少使。"（注：引自《史记·孝文本纪》）

那年夏天宁静的夜晚

中黄门的宦官把昼漏换成夜漏，便代表宫中进入了夜晚时刻。

刘启现在已经是那个高高在上的存在了，我们应该呼他陛下，提起他来应该称皇帝或者天子、今上。不过我还是习惯直接以"汉景帝"来称呼他，尽管这是他死后才能有的谥号。

汉景帝之前做了二十多年的太子，于宫中事务已经很熟悉了，因此不用什么培训和讲解，很快就能上手。可是真当他拿起高祖用过的三尺剑、惠帝磨过的砚台、吕后读过的书籍、文帝盖过的印章时，他还是有一种时空交汇的恍惚感。未央宫，承载了太多的历史，不由得人不感慨。

想当年汉高祖刘邦以一介布衣，提三尺剑而取天下，成为有史以来起点最低的开国之君。在此之前的开国君主，从夏到秦，都是经历了几辈人甚至十几辈人、几十辈人的努力，才成就大业。而刘邦家族甚至到了刘邦起事之前，还是当地普普通通的人家，一点根基没有。至于个人气质，说破大天来，刘邦跟尧、舜、禹、汤、周文王、周武王、秦始皇也是没有一点相似的地方。人家是既神又圣，而刘邦则是非常生活化的一个人，好酒及色不说，还颇具流氓气质。这样一个人竟然能在八年时间内，把天下换成刘家的，让很多人即使想破脑门也想不通。最后只好相信，这是命。于是关于刘邦的种种传说，自汉朝开国以后，便通过种种途径传播开来。这种神话传说，刘邦家族的祖居之地当然最多。关于刘邦的出生、相貌、体魄，都有了种种神话描述。好事者，为了自圆其说，还把秦始皇东巡天下附会成刘邦天子之气吸引了他的原因。至于刘邦起事时候的那把剑，也有人说是几十年前，刘邦的父亲托一个很神秘的老先生所铸造。那把剑在汉朝开国之后，自然成了第一神器。可是虽然经过了这么多的包装，还是有不少人私下里进行了质疑。而这种质疑，往往就出自和刘邦最熟悉最接近的人。比如樊哙，就曾经对人表示过他的怀疑。不过我想，能这么怀疑的人，最后也不得不接受这些神话。

这是那个时代能做出的，唯一能为最多数人接受的解释。

吕后为了惠帝刘盈能继承刘邦的江山，可谓操碎了心。吕后帮助刘邦打天下，从一个贤惠温柔的女子，变成了一个"刚毅"的女政治家。是无情的战火改变了她。战后，为了能保住儿子的继承权，她不得不费心费力地与丈夫周旋。她用"人彘"来发泄长期积郁的怨恨，也把自己送上了一条充满戾气的断头路。如果她能知道汉朝江山的后世传承跟她母子没有半点血缘关系，该作何感想？

说起汉文帝，简直就是对吕后这种汲汲营营的人的一种巨大讽刺。真是闭门家中坐，福从天上来。诛灭诸吕的功臣们，竟然舍刘襄这位最有可能的诸侯王不用，主动到代国来找上自己。这样的机会，美得多么像是一个梦，一个陷阱啊！难怪他身边有很多人不信，不主张他去。汉文帝入长安继位，在汉朝历史上是一个很大的事件。把汉朝皇位传承从汉惠帝刘盈一系，改为汉文帝刘恒一系不说，还给了很多人以一种隐秘的梦想。地方上的诸侯自然想效法一番，而他们身边的臣子们也不无把主君推上皇位、自己也飞黄腾达的野心。这其中，有汉哀帝这样的成功者，也有燕王刘旦、吴王刘濞这样的失败者，还有刘贺这样先成功后失败的人。而居于中央的文武大臣们，也隐隐感到了自己在其中的重要地位，为将来霍光废立、王莽篡位遥遥埋下了伏笔。凡兴一利必生一弊，这是千百年来的真理。

汉家自高祖以至景帝，几乎每一步路都充满着戏剧性和不可替代性。如果不是刘邦起身创业，刘氏家族可能还是沛县的一个下层平民家庭。到了刘启这一代人，可能都不知道他们的"高祖"刘邦是什么样人，一辈子做过什么样的事业。平民刘启会跟其他同乡一样，起早贪黑地忙生计。一生中也有可能去一趟长安，为曾在万人当中远远地看到一次伟大的皇帝而激动不已，多年之后还跟子孙们提起。当然，多数的时候还是跟当时千千万万个中国人一样，为了一点可怜的收入而终年劳作。如果吕后对汉惠帝没有那么多的强制性，可能惠帝的寿命不会那么短，刘氏江山会在他那一系继续传下去。这样刘恒、刘启就永远只是地方上的一个藩王。同样，没有汉文帝的冒险一搏，就没有他刘启的今天。

此刻，刘启处在这样一个万众瞩目的位子之上，既激动又沉重。肩上责任如此重大，万事不可有一点的马虎。登基伊始便以超高的强度展开了工作，经常熬至深夜。好在汉朝到了这个时候，国家已经基本稳定。文武大臣们也都有了很多治理这个国家的经验，因此能保他安然度过这个危险期。甚至，只要他愿意，他完全可以不用操太多心，完全可以顺着以往的经验将这个国家继续管理下去。

可是对于刘启来说不然。他不想只是列祖列宗生命的延续，他还要成为历史的开创者。对于他来说，一代人有一代人的任务：高祖、吕后的任务是开基立业，创建刘氏江山，汉文帝是要把这个国家稳定发展上去。但是到了汉景帝这一代，国家已经积累了很多亟待解决的问题。首先，汉景帝就对汉文帝姑息纵容诸侯王的态度非常不认可。文帝想通过世代的延替，自然而然地消化掉那些诸侯王。而汉景帝则认为，随着时间的流逝，这些诸侯王非但不能在大汉朝的体内消化，反而会成为结石。想一想周朝的下场吧！它把诸侯王消化了吗？再往上想一想殷商和夏朝，不都是被体内的诸侯王给反噬的吗？时间越久，越是能在地方上坐大，最后把整个国家都拖到了不可收拾的地步。这种历史教训绝对不能重演，这种危险的势头绝对不能再继续发展下去。要用雷霆手段遏制它，要先下手为强！

要把这个国家的杂草除掉，顽石搬走，才能放心地发展，否则每天都要担心有人出来捣乱。因为诸侯王不光人多势众，还占据了大量的盐铁铜等战略资源。他们即山铸钱，煮海为盐，甚至还可以自行造币。他们铸造的钱流通天下，将汉朝发行的钱币挤对得不成样子，严重扰乱了国家的金融秩序。如果对这些情况无动于衷，那么诸侯王就能在经济、金融上影响甚至控制这个国家。到那时候，就不是陷长安于被动这样的问题了，这些诸侯王要地有地，要人有人，要钱有钱，剩下的只差皇位了！——这简直就是可以预见的未来。汉景帝看得很清楚，决不能让这些人得逞！

而且，要把诸侯王削除掉，才能在将来跟匈奴的对抗中无后顾之忧。和亲骗得了别人骗不了自己，骗得了自己骗不了匈奴。开国以来所有的历史都已经说明，未来汉匈之间必有一战，即便汉朝不找匈奴复仇，匈奴也要找上门来。而且匈奴本身就已经用行动说话了，他们从来都视和亲为一只随手就扔的破鞋，他们想什么时候打就什么时候打，根本不用遵守什么约定。只有最呆聋无知的人，才会自欺欺人地认为，汉匈之间可以一直"和平"下去。汉景帝已经暗下决心，要在未来一代人或者两代人的时间内，对匈奴主动出击。为这个国家、这个民族挣得一个真正和平的未来。而要实现这样的目标，首先就得要求上下齐心、阵营巩固，绝不能出现有人在背后捅刀的情况。汉景帝环顾帝国的版图，想象未来汉匈大战之时，最有可能出现的危险在哪里？——诸侯王。只有他们有这样的实力，只有他们有这样的野心，只有他们素来对汉朝廷存有不满，他们是最危险的人。一定要将他们铲除！

汉景帝对汉文帝末年的社会乱象更是洞若观火，他很清楚，治乱之源全在"民生"二字。中国老百姓是世界上最善良的老百姓，能吃饱穿暖谁还会铤而走险做坏事？而要解决民生问题，就需要从政策、吏治等方面着手，由上而下一层层地做工作。难处在于，官商勾结太严重，不痛下杀手很难见效。

汉景帝几乎迫不及待地要大干一场，因此他一上台就加大了对诸侯王的监控力度，寻找机会。可这个新接手的天下毕竟是千头万绪，奏章源源不断地搬运至他的案头，很快就将他淹没了。他埋首其间，认真阅读，权衡再三方做出圣断。只有到了这个时候，他才真正知道做皇帝的难处。不由感叹，当年在太子位上看先皇做事，总觉如何如何。临到自己真的坐上这个宝座，才知道那是何等不易。且将雄心壮志放下，待我真正掌握了这架复杂的国家机器之后，再展开自己的大业。

汉景帝站起身来，环视殿内。他的面色沉郁，内心则踌躇满志：

> 夜如何其？夜未央，庭燎之光。君子至止，鸾声将将。
> 夜如何其？夜未艾，庭燎晰晰。君子至止，鸾声哕哕。
> 夜如何其？夜乡晨，庭燎有辉。君子至止，言观其旂。
>
> ——《诗经·小雅·庭燎》

凝视，先王的剑

干革命，首先要有自己的人。于是，一大批太子宫出来的人得到重用。亦师亦仆的石奋老先生首先被提拔为九卿，好医生周仁由太中大夫而至郎中令，刑名学老师张欧成为廷尉。太子宫中老人一下子出了三个九卿，你说喜人不喜人。周医生应该一辈子也想不明白，他怎么能有今天的地位。

不管怎么解释，以上三个人都是一人得道，鸡犬升天。然而，工作是最好的试金石。时间一长，一些人的才不配位就显示出来了。石奋老先生作为太子身边的首席元老，没有意外的话，其仕途的终点应当是丞相。可是这位元老在自己看着长大的皇帝身边工作，总是感到不自在。当汉景帝靠近他的时候，老人家紧张得不得了，只好发挥他为官的光荣传统，比原来更加恭谨。他的恭谨是人所共知的，原本这也没什么。可是老人家现在的恭谨已经到了虚伪、呆板、迂腐不堪的地步。汉景帝实在是忍无可忍，将他闪电般革职。石奋的九卿生涯很快就结束了，以至在史书上都没有写清楚他的具体职位。

石奋走了，周仁、张欧没动。两个人虽说也没有出色的才华，却在九卿的位置上还是足以胜任的。真正让汉景帝寄予厚望的，乃是那个伟大的智囊晁错。晁错虽然没有被提拔为九卿，但是却比三人更有前途。他被汉景帝任命为内史，也就是关中三辅的行政长官，相当于直隶总督。按照《韩非子》"宰相必起于州部，猛将必发于卒伍"的说法，汉景帝给晁错安排的是一条通向丞相之路的正途。而晁错也不负所望，依然是口若悬河滔滔不绝，真知灼见听得汉景帝连连赞赏，于是言听计从，宠信程度不亚于九卿。汉景帝当然为自己有这样一位股肱之臣而高兴，可是在原"太子党"之外的人看来，却有点不正常了。晁错议论国家大事，为什么不在朝堂之上，而是总采用"单独召见"这种偷偷摸摸的方式呢？君王应当如太阳一般普照大地，而晁错却把这太阳塞进了炉灶里，自己一个人堵在灶口。这种"专擅"的行为越来越多地引起朝中大臣的不满，最终把晁错也推上了被孤立的位置。

至于张相如将军，已经过世很久了，真可惜。

有所进，就有所退；有所提拔，就有所贬斥。汉景帝在任命自己人占据要津的同时，也换掉了一大批前朝老臣。其中首当其冲的便是邓通，此人作为先帝近臣，全靠阿谀得幸。汉景帝毫不客气地罢免了他一切职务，剥夺了他的铸币大权。多亏了长公主极力争取，才暂且留下邓通一条性命，被放回原籍四川为民，看守居住。那一天，邓通于凄风冷雨中上路，回望长安，泪下沾襟。

还记得当年把汉景帝、刘武两兄弟扣在宫门口的张释之吗？汉景帝继位之后，此公惶惶不可终日，便托病在家。他想辞职离开，怕会随即招来更大更重的报复；想进宫当面谢罪，却又不知走什么门路。其实在他过从甚密的人当中，就有一个可以让汉景帝大为尊敬的人，完全可以给他说上两句话的。只不过当时连那个人自己都不知道，自己在陌生的新皇面前竟然如此有面子，张释之就更不知道了。一筹莫展之际，有个姓王的老先生出了一个奇计，帮他解了围。王老先生是位长于黄老之术的隐士，有一次被召进殿中。当时公卿大臣都相聚而立，谁都没有太过在乎这个老先生。老先生立于满朝权贵当中，对人说："吾袜解。"我的袜带子松脱了。果然没人把他的话当回事，于是王老先生回头看张释之说："给我把袜带子系好！"张释之二话不说，跪在地上给他把袜带子系好了。过后有人责问王老先生说："为何偏偏在朝廷上当众侮辱张廷尉？"王老先生说："吾老且贱，自度终亡益于张廷尉。廷尉方天下名臣，吾故聊使结袜，欲以重之。"（引自《史记·张释之冯唐列传》）原来是想通过这种看似羞辱的方式，衬托张释之尊贤敬老不计个人恩怨的好形象。这个故事很快就长了翅膀飞进宫中，入了汉景帝的耳朵。汉景帝一眼就看穿了这种小把戏，谁不知道汉初张良为黄石公"圯下戴履"的故事？可是人家既然已经通过这种方式给自己贴了金，自己要是纠结当年之事，就是连张释之都不如了。所以不久之后，张释之入宫谢罪时，汉景帝原谅了他。总算过关的张释之长出一口气，尽管一年以后，他还是被贬出了京城。

司马迁说，汉景帝贬斥张释之，还是因为记恨当年的仇怨之故。在司马迁的笔下，张释之似乎是一个非常耿直无私的名臣，千百年后广受赞誉。可是通观《张释之传》，张释之身为廷尉，竟为"高庙玉环"这样的小案争个不休。而对于当年周勃入狱这样的大冤案，他非但不争于上，反而对周勃拷打不休，以至于老将军出狱后感慨："吾尝将百万军，安知狱吏之贵也！"（见《史记·绛侯周勃世家》）汉景帝贬斥张释之，本质上是看清了这个人的虚伪。而司马迁赞美张释之，为之立文采甚佳的传记，则免不了个人恩怨在内。凡是景帝、武帝之所冷落贬斥，司马必为之立佳传。而两朝得宠于上者，无论有功无功，几乎都没有文采好的传记，尤其是《卫将军骠骑列传》，文采在《史记》中几乎最差。

汉景帝是不是打击报复，在他对待卫绾一事中就能看出来。卫绾也是出身社会底层，因为杂技耍得好，被汉文帝看中，逐渐升为中郎将。汉景帝还是太子的时候，曾经召汉文帝身边人一起饮酒聚会。这当然是违规操作，可被请的人几乎一个不差地到了，谁也不敢得罪未来的天子。只有这个卫绾，称病没去。等到汉景帝继位，也没有就这事责怪卫绾，卫绾也不像张释之那样心中不安。

有一次，汉景帝驾幸上林苑，把卫绾叫到自己的车上来，一同前去。等到回程的时候，汉景帝才问卫绾："可知你为何能与我同车吗？"卫绾说："我是代国的驾车人，侥幸因功而得到升迁，成为中郎将，不知为何能有今日。"汉景帝挑明了问道："我当太子时召你宴饮，你为什么不肯来？"卫绾知道总有这一日，但他还是坚持当年的答复说："真是死罪，我当时病了不能去。"汉景帝看了出来，卫绾不是那种一捏就碎、一搬就弯的废物，更不是那种见风使舵的小人。在这一点上，卫绾和张释之有本质的区别。如果张释之当年是出于公心，而不是沽名钓誉、邀宠于上的话，汉景帝继位之后，他就不会在没受到斥责之时便心中发虚，乃至作秀玩小把戏，最后还主动入宫谢罪。相比卫绾，张释之的小人形象立即呈现于纸面上。而司马迁下笔为文的任性，也便再明显不过。

汉朝人尚武爱剑，汉朝皇帝常常把剑赐给臣下。于是汉景帝取过一把宝剑，当场赐给卫绾。卫绾却自认为无功于陛下，推辞道："先帝已经赐给我六把剑，荣宠已过。今日陛下再次赐剑，臣不敢再接受。"汉景帝问道："剑，人们常用它交换，难道你还保存到现在？"卫绾肯定地说道："都在。"于是汉景帝派人快马到卫绾家里，将六把剑取来。果然汉文帝赐给他的宝剑一把不差，保存得都很好，甚至不曾佩带过。这件事在汉景帝心中留下了深刻的印象，以至于连司马迁都郑重地写进了书中。

此后汉景帝对卫绾信任有加，特意将他派到河间国当太傅。河间王刘德便是栗姬的第二子，也是汉景帝的第二子。刘德是汉朝历史上有名的贤王，可见卫绾的教育之功。

汉景帝继位后，高层人事调整在总体稳定的前提下，力求优胜劣汰。丞相申屠嘉、御史大夫陶青这样的先朝老臣予以尊重和留用。除此之外，每个人都要重新予以审视，根据其才其德，赋予相应的职位。才智平庸的人，即便是自己身边的老人，也要坚决地予以斥退；

光芒万丈的人，即便性格有缺点，也给他极大的上升空间；祸国殃民的人，即便他再会谄媚，也要坚决拿下；而公忠体国的人，即便曾经跟自己有过恩怨，也都予以重用。两进两退之间，颇有一番新君气象。不过总的说来，景帝身边可用的人才并不多，优秀的更是屈指可数。这其中最关键、最根本的原因，是汉朝开国以来的长期稳定局面，导致社会阶层日渐固化，严重限制了人才的跃升。如果说文臣还有晁错、卫绾等少数几个人才的话，那么武将的职位垄断已经到了极为严重的地步。到了平定七国之乱的时候，汉景帝蓦然发现，自己可以选择的几乎全是元勋的后代。另外一个原因，则跟汉景帝本人的性格相关。汉景帝好文士但不好文辞，尤其瞧不起那些夸夸其谈的人。他要求大臣们"卑之无甚高论"，说话要言简意赅，实干方能兴邦。原本他是要以此激励大臣务实，没想到却给下面造成了一个错误的印象，以为他不重视笔杆子，像邹阳这样有真才实学的文人只好转投梁王。这样的误会，无疑会给汉景帝本人的工作带来极大的挑战。尤其是在晁错死后，很多事情不得不亲力亲为，过快地消耗了身体。

那一段时间，长公主刘嫖时常进宫，反复向他恳求，要他留下一个人的性命。她替他诚恳谢罪，为当年所有的不对而谢罪，希望陛下能饶过他，像饶过一只蚂蚁一样饶过他。她不断地祈求陛下，说既然连张释之这样的人都能原谅，为什么不能原谅这个人。既然陛下想做一番大事业，何必再计较比扣押你要小得多的一些个人恩怨。既然他都已经被贬到了老家，既然他已经成了一介平民，何必再跟他过不去。看在先帝的份上，看在她的份上，就请陛下高抬贵手，放过他吧。

汉景帝冷冷地问道："他是你什么人，你竟这样护着他？"

所有传说都值得探寻

在四川省乐山市沙湾区铜茨乡（又名铜街子），有一座古老的城隍庙遗址。据介绍，这个城隍庙原为"单檐歇山式，穿逗木结构建筑，面阔三间"（见缪永舒《乐山有关邓通的传说和遗址之我见》），是当地很有名的一个建筑。

故老相传，这个小小的城隍庙为纪念汉朝邓通所建。关于邓通，当地还流传着这样两个传说：

第一个传说，是在汉文帝时期。邓通奉皇命铸造半两钱，有一天，他看见一群小孩用钱做毽子踢耍，以为有辱皇命。于是邓通就改变了钱的形式，以防此弊。这种钱也就命名曰"邓通钱"。

第二个传说比较有戏剧性。地方官对邓通"钱布天""财过王者"的情形早就不满，于是便上告邓通对抗皇命，蓄谋另图江山。皇上大怒，派官吏捉拿问斩，邓通星夜逃至老鹰崖（城隍庙附近）。官吏抄其家，并大肆捕杀与邓通相关的人，死者不计其数。邓通得知后，在老鹰崖下手提一铜刀站立气死，官吏又断其头送朝廷请功。事后不久，朝廷得知其真实情况，便下令在邓通死的地方建庙以祀。并且下令，凡因此事牵连受害者，均免入阴曹地府阎王殿受罪，恢复原职，由邓通统管。

这两个故事都跟钱有关，都跟邓通有关，其背景则是西汉初期的货币演变史。

汉初，经过多年战争的破坏，社会经济极端凋敝，货币供应严重不足。货币是经济的血液，然而在纸币尚未发明的年代，货币是用金银铜铸造而成。中央铸钱一是时间上来不及，二是原料不足，因为诸侯王和各地豪强占据了大量的矿山。为了尽快稳定金融，保证社会经济正常运转，作为权宜之计，汉高祖允许诸侯和民间铸钱，开了汉朝允许私铸之先河。于是汉朝的诸侯王、豪强甚至平民百姓，跟挖掘比特币一样，纷纷上山开采铜矿而铸钱。在这种全民开采的景象之下，流动性不足的情况很快得到缓解。然而由于私利的驱使，这种放铸举措的负面作用也很明显。政府一旦放开管理，便出现了大量分量轻而流通广的"荚钱"，像榆钱一样贱的钱。铜钱减轻，必然导致实际购买力下降，其结果便是加剧通货膨胀，物价飞腾，"米至石万钱，马至匹百金"（见《汉书·食货志下》）。放开铸钱起到了适得其反的结果。

高后时，鉴于民间铸钱的弊端百出，便实行了两次钱法改革。高后二年秋七月，行"八铢钱"，文仍"半两"。其货币改革恰与高帝时政策相反，即增加钱的重量，禁止民间私铸。高后六年的改革，重点为减重，改铸"五分钱"，仍由政府垄断铸币权。"五分钱"即为半两的五分之一，重量只有二点四铢左右，这低于八铢钱，较接近或略低于汉初"榆荚钱"，这也是迎合当时社会上轻钱普遍流通的现实。实际上等于承认汉初"荚钱"的合法性，表明"八铢钱"的改革是不成功的。

文帝时，对社会经济采取更加开放与宽容的态度，以鼓励发展生产。在钱法上，鉴于汉初"荚钱"与"五分钱"重量太轻，不能适应流通需要，于是在文帝前元五年进行了一次新的钱法改革，"为钱益多而轻，乃更铸四两钱，其文'半两'"。在铸造权上，汉文帝再一次废除盗铸钱令，允许民间铸钱。汉文帝赏赐邓通矿山，并且给他铸钱的权力，就发生在这样的大背景之下。

邓通是汉文帝时期的宠臣，其发迹颇有一定神秘色彩。有一次，汉文帝做梦想登上天，却怎么也登不上去。正在焦急的时候，突然一个黄头郎出来，把他推了上去。汉文帝回头看了看，记住了这个黄头郎身穿一件横腰的单短衫，衣袋系结在背后。梦醒后文帝前往未央宫西边苍池中的渐台，暗暗寻找梦中推他上天的黄头郎。这样没影儿的事情，还真让汉文帝逮着了。就在那里，他看到一个负责划船的男子衣带从后面穿结，正如梦中所见。于是汉文帝命人把他叫过来，问他的姓名。那人自报曰姓邓名通。汉文帝一下子龙颜大悦："邓"就是"登"啊，邓通就是"登通"啊！邓通一下子就成了汉文帝的宠臣，之后一天比一天地更宠他，前后赏赐邓通十几次，累计有亿万钱之多，官至上大夫。

君王之梦往往都没有那么简单，而是精心策划的结果。一下子把个最底层的人拔高到天子身边，难免会引起一些人的嫉妒和不满，这于被宠幸的人和君王本人都不利。历史上，商王武丁擢升傅说，周文王擢升姜太公，都是采用的这样的手段。然而，傅说、姜太公是什么人，邓通又是什么人？前两者是辅佐君王成就大业的能臣，而邓通却不过是一弄臣而已，值得汉文帝如此神化两人之间的关系吗？可汉文帝不管这些，这位封建社会第一明君，在后期、晚期颇多这样的昏庸之举。

为了让邓通富贵，汉文帝甚至把蜀郡严道的铜山赐给了邓通，并给了他自行开矿铸钱的特权。

关于允许民间私自铸钱的弊端，当时很多有识之士就看得很清楚。贾谊就曾上书汉文帝说，允许民间私自铸钱，等于诱使小民犯罪。因为允许私自铸钱，使得铸钱的人一拥而上。久而久之，铸钱的利润越来越薄，不得不掺杂弄巧，这就触犯了法律。因为铸钱而受到逮捕和处罚的百姓越来越多，老百姓不得不东躲西藏。此外，民间铸钱各自标准不一，有的轻有的重。这就导致货币在跨界流通的时候，

黄头郎挥泪自杀

这是汉景帝继位之后杀的第一个人，邓通。邓通是汉文帝的男宠，生于民间，年少时入宫做黄头郎，掌管宫中行船。一次汉文帝梦到自己要飞上天，却苦于力不足，多亏一个身穿横腰短衫、衣带系结在背后的黄头郎，将他托上去，才实现心愿。汉文帝醒后亲自寻访，将符合梦境的邓通引为近臣，赐给他泼天财富任其挥霍。可以说，邓通是汉文帝一生中的污点之一。汉景帝继位之后，头一件事就是剥夺了他的财富，将他贬为平民，放回老家。汉朝官吏趁机敲诈邓通，将他逼上绝路，最后邓通在悬崖边横刀自杀。

出现了很大的困难，老百姓苦不堪言。我们从开头传说中就可以看到，邓通就随便改变货币的形制，使铸造的货币打上了鲜明的个人印记。再次，造成了社会经济的凋敝。在老百姓看来，还有什么比直接铸钱更容易发财的呢？于是，百姓们谁也不愿意种地了，纷纷上山采铸。于是，大量的土地没人耕种，农业收成越来越少。最终，私人铸钱的种种弊端汇集到一起，使得汉朝百姓流离、流通混乱、农地荒芜，可谓得不偿失。为此，贾谊向汉文帝建言，要想改变这种乱象，国家要做两件事，一是禁止民间私自铸钱，二是坚决收回铜矿山。通过这两个措施，把铸币权彻底掌握在中央手里。

可惜，贾谊的谋国之言，汉文帝并没有听取。汉文帝奉行黄老无为的政策，对于民间铸钱持鼓励的态度。所以他非但不收回民间的铸币权，反而将朝廷手中掌握的矿山也下放到私人手中。而邓通掌握大量优质矿山，得以即山铸钱，成为富比王侯的人。从传说中我们可以看到，邓通对汉文帝是何等感恩戴德。然而，在邓通富贵的背后，却是千百万汉朝百姓的饥寒交迫、流离失所。

到了汉文帝去世，邓通的好日子就到头了，汉景帝一上来就剥夺了邓通的官位和矿山。汉景帝奉行的是外黄内法的治国理念，主张积极地管理这个国家。不管他跟邓通是否有司马迁揣度的所谓心结，汉景帝此举在当时确实是大快人心。想那邓通有何德何能，却可以享此滔天富贵？

关于汉景帝收回铸币权，桑弘羊曾评价说："吴王擅鄣海泽，邓通专西山。山东奸猾，咸聚吴国，秦、雍、汉、蜀因邓氏。吴、邓钱布天下，故有铸钱之禁。"（见《盐铁论·错币第四》）在桑弘羊看来，汉景帝收回邓通的铸币权，是解除了一个巨大威胁。这样的说法虽然很客观，但仍不够具体。汉景帝收回铸币权的好处，乃是贾谊说的"七福"之功：一、民不铸钱，黥罪不积；二、伪钱不蕃，民不相疑；三、采铜铸作者反于耕田；四、铜毕归于上，上挟铜积以御轻重，钱轻则以术敛之，重则以术散之，货物必平；五、以作兵器，以假贵臣，多少有制，用别贵贱；六、以临万货，以调盈虚，以收奇羡，则官富实而末民困；七、制吾弃财，以与匈奴逐争其民，则敌必怀。（见《汉书·食货志下》）总结起来，就是降低因为铸钱引发的犯罪率，稳定民间对于货币市场的信心，促使铸钱者弃末返本，中央从此可以操作货币政策，可以做兵器也可以赏赐群臣，可以调节价格市场，可以同匈奴竞争。而汉景帝也确实是通过收回邓通的铸币权，极大地增强了中央政府的实力和威信，为平定七国之乱，甚至是为汉武帝对匈奴作战，奠定了基础。

《史记》记载，邓通被免职后，在家闲居。过了不久，有人告发邓通私出西南在外铸钱。结合传说来看，邓通回到四川老家之后，为了维持生活，曾经跑到限制活动的区域之外偷偷铸钱。1987年在四川眉山市洪雅县发现的西汉铸钱遗址，以及当地流传的"朝天马"传说便是佐证。这一信息被景帝得知后，派员查究一番，颇有实证。于是成其罪状，将邓通家产全部没收。汉朝官员趁机敲诈邓通，勒索上亿。由于是天字第一号御案，官员们连长公主的面子都不给，一定要把他往死里搜刮，盘剥得河干水尽。长公主百般营救不成，为了接济邓通，不断地赐给他金钱。官员们随即将其充公，让邓通一簪不得著身。长公主只好让人以借的名义，送给他衣服和食物，聊解饥寒。这样一个富过王侯的邓通，最后竟然不名一文，越来越接近于那个"当贫饿死"的预言了。至于邓通的最终结局，传说与正史的记载不尽相同。正史中的邓通，是寄食在别人家里郁郁死去；民间传说中的邓通，提着铜刀站在老鹰崖下，活活气死。无论哪一种结局更接近于真实的历史，邓通的下场都应了茨威格那句名言：

"那时候她还很年轻，不知道所有命运的馈赠，早已冥冥中标好了价格。"

借城隍庙以祭祀邓通的，应该就是长公主吧。邓通和长公主之间也许有什么花边新闻，也许没有，这都不重要。要知道，在长公主这种顶级权贵的脚下，还生活着一个她终生都接触不到的世界。

你一定会忽视这一章

　　将密件敏捷地插入文书袋后，这个健卒便回身上马，从门户大开的王府奔出。此时正值清晨，街道上行人不多，他很快就到达了城门。由于事先准备好了一切通关手续，健卒很快便得以过关。出城之后，他沿着驿路，向西北方向驰去。一路上，除了在沿途驿站换马和简单吃饭之外，他都不敢耽误一点时间。他甚至不敢睡觉，换了马、吃了饭就立刻出发。他争分夺秒，偏偏那几天，日色复杂多变，时而烈日炎炎，汗流浃背；时而大风骤起，尘土飞扬。值得庆幸的是，没有碰见下大雨的天气。要不然道路泥泞，马就真的走不了了。至于个人安全，他甚至都来不及考虑。有一次，遇见一群山贼劫匪，远远地向着他吆喝，他甚至理都不理。幸好那些山贼劫匪识趣，看见他背弓带剑，貌似出身行伍，没有真的靠近他。他就这样马不停蹄，用了五天五夜的时间来到了长安。很快，他带来的那封密奏就呈递到了汉景帝的手中，上面是长沙国丞相利彭祖报来的重大变故：长沙王吴著死了。

　　长沙国是西汉初年非常重要的一个诸侯国。根据汉高祖的诏书约定，该国法定统治范围包括长沙、豫章、象郡、桂林、南海五郡，国土极为广大，绝对是汉朝的南方屏障。虽然因为种种原因，长沙王实际上只领长沙一郡，可谁也不能忽视五代长沙王在南方乃至全国的显赫地位。

第一代长沙王吴芮作为秦朝地方官，就因为"甚得江湖间民心"，在以杀秦吏为时髦的大时代中安如泰山。不仅如此，自从他竖起"番君"的大旗，各地英雄便纷纷投奔。甚至连越王勾践的后裔如闽越王无诸、越东海王骑摇，都领兵来归属。可以说，在那个惊涛骇浪一般的时代，吴芮是同项羽、刘邦、赵佗一样为数不多的，独立而有广泛基础的势力集团，与韩信等高级打工仔有本质不同。

在随后的楚汉争霸中，老于世故的吴芮两面下注，一方面派大将梅鋗辅佐刘邦，另一方面派女婿英布辅佐项羽，因而成为双方都积极争取的对象。项羽在时，封吴芮为衡山王；刘邦称帝，封吴芮为长沙王。英布、梅鋗分别获封王侯，吴芮自己的两个儿子也被封为诸侯。他们与长沙王吴芮一起，形成了汉初强大的长沙王势力集团。这一集团因其独特的地理位置，在汉朝与南越王赵佗的角力过程中发挥了举足轻重的作用，因而更为朝廷看重。虽然因为英布被逼造反，这一势力集团遭到了一定的削弱。可长沙王本人却因为在汉朝剪灭英布的过程中大义灭亲，被汉高祖特意下诏表彰，获得了更高的荣誉。经过几十年的苦心经营，长沙王终于在汉初诸多政治风浪中得以保全，成为汉初唯一硕果仅存的异姓诸侯王。吴芮死后，他的子孙吴臣、吴回、吴右、吴著相袭为长沙王。以吴氏为首的长沙王系的子孙们，在南方开枝散叶，成为上得朝廷美誉、下得当地民心的豪强势力。

这样一方势力当然会受到朝廷的忌惮。自刘邦开始，汉朝中央就不断地加强对它的监视和控制。刘邦击败项羽，腾出手来之后，派心腹大将利苍为长沙国丞相。从此，利苍及其后人开始了对长沙王国长达数十年的深耕。利苍及其后人执政期间，忠实地执行了汉朝与南越王和平共处的政策。虽然在吕后上台期间，长沙国相之职一度落入吕后亲信醴陵侯越手中，跟南越王也一度兵戎相见。然而汉文帝继位之后，随着贾谊出任吴著太傅，长沙国政很快就回到了利苍之子利豨希之手，与南越王也握手言和。此后的二十余年，长沙国政治稳定，经济及文化高度繁荣，屡受世人称赞。

现在，汉朝掌控的长沙王吴著死了，国相利彭祖第一时间将此事告知汉景帝。在得到中央指示之前，对外封锁消息，防止南越王和醴陵侯越残党趁汉景帝初立、长沙政局有变，再兴事端。

此时的刘启虽然已经登上皇位，但因为是年未尽，还没有正式改元。在盘踞南方数十载、几乎长生不老的南越王赵佗看来，就是个娃娃皇帝。他完全有可能趁汉文帝和吴著双双去世这一天赐良机，再度兵临长沙国。如此一来，汉朝在长沙国几十年的经营，都有可能毁于一旦。这绝不是危言耸听，何况历史在此时又安排了更诡异的一幕——长沙王无后。这简直是留给他人干涉的天然的契机。要知道，当年周勃、陈平就是打着汉惠帝无子的旗号，血洗吕氏把控的中央，成功翻盘的。

眼下先皇驾崩，政局未稳；长沙王薨落，又没有儿子。利彭祖竭力控制局面，内心却焦急万分。

当务之急，就是从吴著的亲近支属中选择一个听话的少年，作为长沙王位继承人。长沙王室在地方繁衍数十年，适合这一人选的并不在少数。虽然这容易引起纷争，可毕竟有汉朝中央的权威在，一旦定下，谁也不能再说什么。这便是利彭祖在派健卒到长安报信时候的建议。

收到利彭祖奏疏的汉景帝很快下诏，对吴著同志的一生通报表彰，谥为靖王。根据谥法，靖有三种解释，柔德安众曰靖，恭己鲜言曰靖，宽乐令终曰靖。这三种谥法到底取的是哪一种，我们不敢确定，很有可能是三种都有。柔德安众，意为成众使安。这句评价吴著在位期间，不搞核弹不搞萨德，长沙国因而政局稳定，国泰民安。恭己鲜言，意为恭己正身，少言而中。这句说的是吴著对中央态度恭谨，不乱放炮，话不多，但说一句就对一句。宽乐令终，意为性宽乐义，以善自终。这句说的是吴著宽和仁义，得以善终。这三种评价都是美谥，说明汉朝中央对吴著同志的一生是高度认可的。

长沙王的死讯就此传开，所有人都对吴著的一生表示感动。只有少数深谙权力运作流程的人，已经跳出当时的氛围，关注起吴著身后的抽奖环节，看谁会成为下一任长沙王。

幸运儿，是谁呢？

出乎所有人预料的是，汉景帝迅速下诏宣布：长沙王无子，国除。

这道诏书下得如此突兀，以至于所有人都怀疑自己听错了。按理说，既然如此褒奖长沙王，怎么会除国呢？面对众人的疑惑，汉景帝及少数心腹大臣只字不做解释。

汉使者带着两道诏书第一时间赶往长沙国，给吴著风光大葬。

1974年，长沙市第二木工厂等单位，在湘江南岸荣湾镇北约二公里处的陡壁山、象鼻嘴山施工，发现有古墓的迹象。他们将情况上报后，经湖南省及长沙市文物工作者调查确认，长沙王吴著墓重见天日。根据后来的考古报告，吴著墓用质地坚硬、棱角分明的九百零八根柏木做成了黄肠题凑，题凑木里面依次是外葬椁、棺室，最里面是梓木制三层套棺。按照《汉书·礼仪志》所述，此种墓葬为"天子之制"，是汉朝等级最高的墓制。除非有朝廷特赐，一般诸侯王、勋臣贵戚均不得使用。考古报告还显示，吴著墓的随葬品多被盗掘，但仍发现了大量的陶器、漆器、丝织物、玉器，其中有鼎、盒、壶、钫、罐、瓮、筒、盂、杯、匕、勺、熏炉、豆、编钟、郫板、泥半两、盘、耳杯、案、玉璧、饰件，等等。黄肠题凑和众多的随葬品的出现，充分说明了吴著下葬时候的隆重程度。

伴随着吴著豪华葬礼的，是汉朝中央对长沙国的接收。因为有利彭祖等人的全力配合，接收工作迅速、低调而又顺利，长沙王国众多的吴氏子孙对此没有只言片语留下。就这样，在汉朝开国五十年之后，最后一个异姓王国，无声无息地在历史上结束了。汉景帝终于实现了先祖的梦想。

南越王赵佗得知消息时，汉朝的接收工作已近完成。他应该诧异于汉朝新皇的决心和行动力，不得不重新估量这个对手。我们读历史，很容易把上面的人物看成一个个静止的棋子，以为一个人的行动会引起别人怎样怎样的反应。事实上，历史与棋局不同的是，历史上的人行动力如何，同样决定了对手的反应。同样是除长沙国而接收之，如果事先泄露了消息，事中行动得慢，则必然引起对手的干预。而事先保密，事中迅速行动，对手即便知道了，也只能接受事实，这便是南越王毫无反应的原因。

　　和汉使者一起回到长沙国的，还有利彭祖派去的健卒。他看着利彭祖配合汉使接收长沙国，不知道大人和自己将来是怎样的前途。但他知道，即便是失去世代袭据的国相之职，即便就此沦为一介平民，利彭祖大人也不会反对天子除长沙国的决定。这就是那一代汉朝人对国家的忠诚。

谁说汉朝重农抑商？

对汉文帝晚年以来"岁比不登"的农业问题，汉景帝显然极为重视。在他正式执政后的第一年春天，汉景帝便下诏曰："间者岁比不登，民多乏食，夭绝天年，朕甚痛之。郡国或硗狭，无所农桑系畜；或地饶广，荐草莽，水泉利，而不得徙。其议民欲徙宽大地者，听之。"（引自《汉书·景帝纪》）根据这份诏书，汉朝政府从此同意百姓根据各地的肥沃情况进行迁徙，以对冲连年的歉收危局。

这份文件的出台，是汉景帝在国家体制上的大胆突破，表现出了一个政治家的责任心和魄力。因为他所突破的，正是汉朝自建国五十年以来一直推行的"编户齐民"制度。

春秋晚期以后，尤其是经过战国和秦朝这几百年的社会变革，古代中国的分封制最终被郡县制所取代。原来隶属于各个采邑领主的私人和国君直接管理的国人一样，成为国家的公民。公民由国家以户为单位，统一登记在册，即所谓编户齐民。编户齐民享受国家授田、授爵等权利，同时也承担着田租和人头税的义务。编户齐民组织严密，是国家武装力量的主干，是国家法律的保护对象。同时为了维护编户齐民制度的稳定性，国家也对编户齐民的聚居地做出了严格的限制，不得随意迁徙。编户齐民制度的影响是非常深远的，时至今日，都在发挥一定作用。尤其在限制农民迁徙方面，都在严格地执行两千年前的制度。记得小时候我就曾问过母亲，一个农民可不可以到别的村庄去种地这样的问题。当时我的母亲觉得我问的问题匪夷所思，可见编户齐民制度已经深入人心。

考虑到连年天灾的负面影响，汉景帝果断打破编户齐民制度对公民的地域限制。允许灾区百姓迁徙到土地肥沃、受灾较轻的地方去，不仅改善了民众的生活环境，更重要的是有利于土地的开发和农业生产的发展。同时，汉景帝能有如此决策，也显示了他把握政策的灵活性。

对于父祖传下来的基业，汉景帝从来都是敢于破局敢于创新，而不是被动守成。

当然，汉景帝对于前任的正确决策也会坚决地予以肯定，并加以发扬。为了减轻农民负担，汉景帝在同年五月又下令减免田租的一半。在此之前，汉朝基本执行汉高祖规定的十五税一。

汉朝在秦朝废墟上建立，所面对的是一个极端严峻的经济局面。经过秦朝末年的战争和楚汉争霸的纷扰，百姓失去土地而陷于饥馑的情况非常严重。物价飞涨，尤其粮食价格高到了天上去，米一石要五千、一万钱，有些甚至出现了人吃人的情况。因为买不起粮食而饿死的人和被吃掉的人，占总人口的一半，比死于战火的人还多。万般无奈之下，汉高祖只好命令灾区老百姓卖掉孩子，到物产丰饶的蜀汉地区生活。天下平定之后，老百姓几乎家家赤贫，没有哪家还能有什么积蓄。就算是贵为天子的刘邦，也不能凑齐四匹同样颜色的马出行，而功臣大将们有的出门只能套牛车。面对财富几乎被清零的社会现实，出身底层的汉高祖于是颁布法令，提倡节俭，减轻田租，对农民只收取十五分之一的地租。那时候，政府根据官薪和开支，向百姓收取赋税，以维持自身的运转。此外，山川、园池和市场租税的收入，从天子到受封邑者的私邑，都归各自的私人收入，不再向天子领取平常的费用。用水道运输关东的粟到京师给各官府，一年不超过几十万石，地方上的压力大大减轻。

通过汉初的休养生息，到了孝惠帝、高后的时代，衣食渐多，社会经济总算是从崩溃的边缘拉了回来。文帝即位后，躬行节俭，为天下安定操劳。然而当时离着战国时期不远，"以农为本"的国策尚未深入人心。加之农业生产本身极为劳苦，又且收成低，靠天吃饭，百姓都不愿从事。

晁错在给汉文帝的《论贵粟疏》中详细写到为农之苦："……今农夫五口之家，其服役者不下二人，其能耕者不过百亩，百亩之收不过百石。春耕，夏耘，秋获，冬藏，伐薪樵，治官府，给徭役；春不得避风尘，夏不得避暑热，秋不得避阴雨，冬不得避寒冻，四时之间亡日休息；又私自送往迎来，吊死问疾，养孤长幼在其中。勤苦如此，尚复被水旱之灾，急政暴虐，赋敛不时，朝令而暮改。当具有者半贾而卖，亡者取倍称之息，于是有卖田宅、鬻子孙以偿债者矣。"

安心为农的结果，竟然是卖田宅、卖子孙，怎么能不让人触目惊心！

有鉴于此，汉文帝于前元二年、十二年将当年田租由十五税一降为三十税一，甚至在前元十三年免收当年田租。然而汉文帝这些减免政策是根据当时的情况适时做出的调整，并没有做出制度性的变更。汉景帝正式改为三十税一，从此形成定制，终汉之世，没有改变。

虽然学者们对于三十税一的具体算法存在分歧，但考量整个古代中国的赋税制度，三十税一的税率还是比较轻的。减轻租税对缓和民力、发展经济是有利的，也是文景之治形成的主要前提条件。

说起重农，必然要说到抑商。一直以来，汉初统治者给后世留下了"重农抑商"的印象。确实，在《史记》《汉书》中留下了不少这方面的记载。例如在《汉书·食货志下》中就记载，汉高祖取得天下之后，曾经下令贾人不得衣丝乘车，重税租以困辱之。到了孝惠、高后时，因为天下稍稍安定，于是"复弛商贾之律"，放松了对商人的限制，然而还是保留了"市井子孙亦不得为官吏"的条款。

汉高祖和他的功臣集团基本出身社会下层，受着一样的下层苦难。在遍地战火的时代，他们发现，当多数人为生存而拼死挣扎的时候，有一些人竟然鲜衣美食、安车驷马，与那个破碎的旧山河毫不相称。商人有钱，有土地，有女人，有房产，有豪车，他们穿着华美的衣服一天到晚招摇过市，惹来人们羡慕而又憎恨的目光。这些人仗着自己手上有资金，又懂得投机之术，越是国家困难的时候，他们就越是兴风作浪。米价能涨到一石一万钱，马能涨至一匹一百金，和这些人的从中操作脱不了关系。这些人的钻营给自己带来了"富过王侯"的经济地位，却给百姓生活带来了很大伤害，也提高了汉军的行动成本。最可气的是，这些人竟然跟一些朝廷大员、藩镇诸侯交通，成为其势力根基，威胁中央政权。因此，汉高祖出台上述"商贾之律"并不过分。并且到了吕后、汉惠帝之时，"复弛商贾之律"，既说明了两人在位的时候不是抑商的，同时也说明了在汉高祖时期也不总是抑商的。

到了汉文帝时期，贾谊、晁错两个笔杆子成天给皇帝上书，痛陈商人之害和农业之重。汉文帝也多次采纳他的建议，对农业予以重点关注，但对商业、商人的建议却屡屡"不听"。

而汉景帝上台之后，打击的唯一一个商人，乃是邓通。邓通之所以遭到汉景帝的清算，并不是因为他进行商业活动，而是因为他的铸钱业已经危及了汉朝的金融体系的安全。再有，就是汉景帝在做太子时期，与邓通曾经有过一段心结，也就是有个人因素在内。打倒邓通，并不意味着汉景帝放弃了自汉惠帝以来"弛商贾之律"的体制。事实上，汉景帝对商人的地位还是比较同情的，他曾在诏书中说道："有市籍不得为官，无訾又不得官，朕甚愍之。"（《汉书·景帝纪》）

有比较才能有鉴别，如果汉初"贾人不得衣丝乘车，重税租以困辱之，市井子孙亦不得为官吏"（引自《史记·平准书》）的"商贾之律"算是重农抑商的话，那么秦孝公将"事末利及怠而贫者，举以为收孥"以及秦始皇"上农除末",严厉惩罚商贾,大批商人沦为罪犯,被放逐到远方戍边,又算什么呢?

由此可见,包括景帝在内的汉初统治者,实行的是重农而不抑商的政策。农民得到扶持,生产得到不断恢复。商人也有了合法的社会地位,可以安心地进行商业经营。至于他们将来是发展成"章章尤异"的富商大贾,还是投机倒把、勾结权贵、大发国难财的奸商,就全凭他们的操守了。

第二次和亲

匈奴，始终是悬在汉朝头上的一把利剑。

这个民族自秦末崛起，到了与汉景帝同时在位的军臣单于时代，势力达到极盛：东破东胡，南并楼兰、河南王地，西击月氏与西域各国，北服丁零与西北的坚昆。领土范围以蒙古高原为中心，东至内蒙古东部一带；南沿长城与秦汉相邻，并一度控有河套及鄂尔多斯一带；向西跨过阿尔泰山，直到葱岭和费尔干纳盆地；北达贝加尔湖周边，成为盛极一时的"百蛮大国"。

这样一个超级大国给汉朝带来了巨大的压力。其首领每次出现更迭，新单于都要向南进行一番强劲的攻势，汉朝苦战一番之后才能迎来以和亲为形式的和平。军臣单于继位之时，正值汉文帝末年。新单于再次背弃和约，以三万铁骑攻入汉朝，一路杀掠甚众。边界报警的烽火一直传到渭河北岸的甘泉宫甚至是长安，形势不能再危急了。匈奴这次入侵就是老上单于时期的翻版，如果不能立即予以还击，只怕来年会招来更大的入侵。于是汉文帝紧急动员，在长安附近部署大批军力，同时调集天下军马赶赴前线。骄横的匈奴见汉朝反应如此迅速而强硬，于是赶在汉军到来前匆匆撤走。

由于汉文帝不久之后去世，所以汉景帝继位之时，双方理论上还处于战时状态。一个和平的国际环境对汉朝至关重要，而匈奴也想借此拿到在战场上拿不到的东西，于是双方又坐到了一起。

在经过几个月的勾兑之后，双方初步达成一致，新一轮和亲浮出水面。汉景帝前元元年夏四月，汉朝派出了极高规格的和亲团队去匈奴，其为首者乃当朝三公之一——御史大夫陶青。派正国级官员去匈奴和亲，在整个西汉一朝的历史上绝无仅有，由此可见汉朝对这次和亲的重视。考虑到如此短的时间内就实现和亲，并且后面紧接着的第二轮和亲来看，本次和亲的重点是见面本身，而不在细节层面。但是对于汉景帝来说，最重要的目的已经达到，就是结束两国自汉文帝末年以来的战时状态。

大佬们见完面，喝完酒，剩下的具体细节的谈判就交给下面的小弟们完成。"陶军会"之后，陶青便回到了长安，两国谈判人员则就和亲细节继续进行双边谈判。

第一次和亲之前，汉景帝对汉匈关系进行了深刻思考。真正的和平不是匈奴人恩赐的和平，而是汉朝人自己能把握的和平。而这一和平要想实现，就必须建立在强大的军事力量上。然而军事力量就意味着财政支出，与匈奴的对峙更是一笔足以掏空财政的支出。要想真正实现目的就要统筹经济和军事，否则国家就会像秦朝一样崩溃。根据这一思想，汉景帝和晁错一起制定了"倚守待攻，长期准备"的战略，在不损害国家元气的基础上，用一代人到两代人的时间彻底压倒匈奴。

和亲达成之后，这一战略被正式付诸实施，首先是移民实边战略。陈胜吴广的教训大家都知道，为了跟匈奴对峙，每年征发内部居民轮换戍边不仅不现实，而且会带来巨大的政治危机。而令人诧异的是，这一政策到了汉文帝时期仍在实施。而晁错则主张采用经济上鼓励的办法，以招募的形式，从方法、对象、次序以及迁徙到边塞地区的百姓生活，都予以详细、合理的安排。

第一，晁错主张在边塞地区，修筑城堡及其他军事防御设施，准备好礌石、铁蒺藜，以保护移民免受匈奴的侵袭。除了每隔一定距离修建城堡外，在重要的交通要道和山川河流旁，还要安排上千户的移民，建成一个军事城镇，在城镇的周围设置篱笆，严防匈奴骑兵的侵扰。

第二，移民的次序问题。晁错主张应先招募那些犯罪的罪犯前往，然后招募奴婢，最后是招募那些自由平民。同时把移民的办法由征调改为招募，废弃强迫命令，采取自愿应募的方法。凡是应募的自由民，都给予较高的爵位，并免除他们全家的劳役。"皆赐高爵，复其家。"但是，为了使这些徙往边塞的移民，到达之后既能开荒屯田，又能御边抗敌，晁错强调，要对应募对象进行一次筛选，以身体健康、有一定的能力为条件，"所徙之民非壮有材力，但费衣粮，不可用也"（见晁错奏折《复言募民徙塞下》）。

第三，妥善安置移民。除了仔细选择水甘土肥、草木丰饶之地为移民点外，还应为移民先分好住宅房间，备好农具。初到的移民由官府发给冬夏衣及粮食，以他们能自己供给时为止。对于尚无配偶的单身移民，政府替他们买适当的对象以为婚配。匈奴侵扰经移民予以阻止时，其所收复的土地及牲畜应以半数归移民，由朝廷备价赎买①。为移民配备医生和巫祝，"以救疾病，以修祭祀"（见晁错奏折《复言募民徙塞下》）。

由于移民到边塞进行生产，绝非短期内就能够达到自给自足的程度，晁错还建议要内地居民以粟拜爵，认为只有在塞地贮存的粮食足够维持五年的需要，才能达到稳定边塞移民民心的目的。

移民实边自汉文帝后期开始实施，到了汉景帝时期大规模展开。其结果首先使朝廷减轻了征调戍卒之繁，节约了大量的开支，"甚大惠也"。而经济上的优惠和军事上的防御设施，让安定生活有了保障，移民便源源不断地蜂拥而至，甚至是阖家前往，亦耕亦战。遇到匈奴侵袭时，也不像内地征调来的戍卒那样逃跑，而是拼死抵抗，"使远方无屯戍之事，塞下之民父子相保，无系虏之患"（见晁错奏折

---

① 边境人民收复的土地、物资原本有主，汉民收复后，朝廷从原汉人主人手中买过来，免费交给立功汉人。

《守边劝农疏》)。

除了移民实边，汉景帝最重要的对匈准备乃是马政建设。汉初，由于长期的战争导致马匹大量减少，"自天子不能具钩驷，而将相或乘牛车"。而彼时的匈奴马畜弥山，控弦之士三十余万人。在平城白登，冒顿以骇人听闻的四十万骑将汉高祖层层包围，极其嚣张地展示其军事力量：西面是清一色白马，东面是一色青马，北面是一色黑马，南面是一色红马。匈奴马匹的数量之多和品种之良给汉朝留下了很深的印象，使汉朝在很长一段时间内患上了马匹不足恐惧症，只好一年年地维持和亲政策。

"马者甲兵之本，国之大用。"为了增强国家的军事实力，汉初也曾重视养马，号召民间养马。汉文帝就采纳晁错的建议，推行"复马令"，"令民有车骑马一匹者，复卒三人"。但要说将养马推行到战略高度的，还是汉景帝。《汉旧仪》云，汉景帝时朝廷开始大规模养马。"太仆牧师诸苑三十六所，分置北边、西边，似郎为苑监，官奴婢三万人，分养马三十万头，择取教习给六厩，牛羊无数，以给牺牲。"据今人的考证，三十六苑可知者十一处，涉及七郡之地，具体分布是：

北地郡：有河奇、号非、堵苑和白马苑四苑；

安定郡：有呼池苑，在今甘肃华亭县境内；

西河郡：有天封苑；

上郡：有牧马苑；

天水郡：共有三苑，即勇士县东、西二牧苑，流马苑；

太原郡：有"家马官"一名，驻地失载；

辽东郡：襄平县驻有"牧师官"，不见牧苑名。

太仆统管的国家养马业之外，朝廷各机构也多有其养马任务。汉武帝名臣儿宽在廷尉府用事时，曾赴北地"视畜数年"。作为国家核心部门的廷尉府都要养马，各机构分摊养马任务之情可见一斑。

官方养马之外，汉景帝还鼓励民间养马，并禁止马匹出关。《汉书·景帝纪》记载："中元四年，御史大夫卫绾奏禁马高五尺九寸以上，齿未平，不得出关。"按《齐民要术》说，"齿未平"的最大马龄是十一岁。对处于生长期和使用最佳期的马匹禁止出境，正是为了保证国家军马的来源。

汉景帝大规模养马，是在充分尊重并利用自然因素的基础上的。西汉王朝疆域辽阔，几乎涵盖了现今中国的绝大部分牧业地区。如《史记·货殖列传》载：自古以来，"龙门、碣石北多马、牛、羊"，"天水、陇西、北地、上郡与关中同俗，然西有羌中之利，北有戎翟之畜，畜牧为天下饶"。在西北开发的影响下，甚至中原地区畜牧业经营也日益发达。《汉书·地理志》载，并州"畜宜五扰"、冀州"畜宜牛羊"、幽州"畜宜四扰"，此外豫州、兖州也均"畜宜六扰"。有如此丰裕的自然及人文条件，汉景帝发展马政真可谓顺天应人。既发展了经济生产，也在悄然之间进行了战略准备。

移民实边和马政建设虽非汉景帝首创，但却是汉景帝将其提高到了战略高度，予以大规模地运用和推广。两项政策也因此成为改变汉匈实力对比的重要因素，从而影响深远：移民实边给汉朝扎紧了营盘，使汉朝一步步立于不败之地；马政建设则为汉朝持续不断地积蓄实力，为将来建立一支大规模的骑兵奠定基础。两项战略政策实施后，汉朝只需努力地维持和平，静待花开了。

经过将近一年多的讨价还价，到了汉景帝前元二年的秋天，汉朝与匈奴的第二次和亲正式达成。随着浩浩荡荡的和亲队伍离开长安，汉景帝在人事、经济、外交领域的当期目的已经实现，甚至还在长沙王国的除国方面又多赚了一笔。内政外交的顺利展开，让汉景帝愈发自信，决心放开手脚来做那头一件大事。然而他继位以来的诸多新政，已经深深地激化了君臣矛盾，让他们在继续改革的路上愈发不睦，尤其在削藩一事上，达到了水火不相容的地步。汉景帝要想进一步推进改革，完成任内最大的计划，就要战胜文武大臣的重重反对，付出惨重的代价。对这一点，汉景帝可能先头意识不足。但是他这个人的最大特点，就是能在极短的时间内做出决策，让对手眼花缭乱，也让追随者招架不及。

腹心之患，帝国之瘤

"若状有反相（反骨）。"

刘邦目光如炬，紧盯着刘濞，冷冷地说道。刘濞汗毛倒竖，惊恐不已。他不知道陛下何以在他刚刚受封吴王之际，说出这样的话来。他扑通一下子跪倒在地，用质疑、哀求的眼神看着陛下，颤声问道："陛下，何出此言？"他看看自己，再看看刘邦，眼泪吧嗒吧嗒地往下落。此时的刘邦已经后悔，不是为伤侄子的心后悔，而是为封他做王而后悔。然而君无戏言，已成事实的事情也不好再改变。于是他走过来，绕着刘濞再看了一圈，怎么看怎么像是一个逆贼。他狠狠地问道："五十年后东南有乱汉者，会是你吗？"刘濞此刻已经顾不得君臣之谊，大声辩解道："我绝不会背叛汉家，绝不会！陛下如果信不过我，我只有以死自证！"他直起身来，看准殿中的柱子就要扑过去。

武士们立刻上来，七手八脚地摁住刘濞，又被皇帝挥手屏退。刘邦笑道："朕知你不会造反，刚才不过是戏你一下罢了。"见刘濞还是激动不止，刘邦知道自己猜得没错，心里陡地一沉。他犹豫一番，最后还是决定留下刘濞。于是他轻拍着刘濞的后背，安抚道："天下同姓为一家也，慎无反！"

刘濞已经不知道该说些什么，只知道磕头顿首，连说："不敢。"

西汉初年，有鉴于秦朝"孤立之败"，刘邦在取得天下之后，一面铲除异姓王一面大封同姓子弟。至高祖末年，"高祖子弟同姓为王者九国"。同姓诸王除了楚王刘交是高祖之弟，吴王刘濞为高祖之侄外，其余都是高祖的儿子，他们是：齐王肥、赵王如意、代王恒、梁王恢、淮阳王友、淮南王长、燕王建。九个同姓王加上硕果仅存的一个异姓王长沙王，便是高祖末年的诸侯王名单。

《史记·汉兴以来诸侯王年表》记载："自雁门、太原以东至辽阳，为燕代国；常山以南，大行左转，度河、济、阿、甄以东薄海，为齐、赵国；自陈以西，南至九疑，东带江、淮、谷、泗，薄会稽，为梁、楚、淮南、长沙国：皆外接于胡、越。而内地北距山以东尽诸侯地。"汉初五十七郡中，诸侯王领有四十二郡，汉朝中央直接领有的不过十五郡。而且在这十五个郡中，还分出去上百个诸侯和公主封地。我们熟悉的平阳侯、瓒侯、颍阴侯、绛侯等，都是从汉朝中央这个老祖母手中拿的糖果。

除了封国面积大之外，汉初诸侯王国的政治权力也很大，"宫室百官，同制京师"。关于这一点，贾谊在《新书·等齐》中曾举例七种：第一，号令同；第二，后妃称号同；第三，宫卫同；第四，乘舆同；第五，御同；第六，臣同。可不要小瞧了这几种同，在政治学上，区别君臣的往往就是一些鲜明的等级制度。因为天子说到底也是人，他没有三头六臂。要想让人人尊崇他，必须要给他塑造一个独一无二的至高形象。假如君臣处处相同，则人人不知谁是君、谁是臣矣。于是贾谊在最后指出了第七种同：事诸侯王与事皇帝同。诸侯王在国中以天子之威治国，你说权力大不大？

此外，诸侯王还有自己的纪年。纪年这个东西，大家可能觉得没什么作用，可是纪年本身的心理作用是很强大的。用谁的纪年，在一定程度上就是向谁看齐。而汉朝诸侯王不用皇帝纪年，这就在心理上摆脱了中央的统一规矩。甚至还会有人私下里比较，到底是谁的纪年长。

除了政治规格，诸侯王在经济上也非常有实力。诸侯王国在封国内有自行征收赋税的权力，有权征调徭役，有权直接经营煮盐、冶铁和铸钱，有权推行发展王国经济的政策和措施。而且令汉朝中央感到尴尬的是，诸侯王国的经济政策甚至比汉朝中央的成就都高。曹参治齐便是一例。曹参任齐相后，因齐国之宜，首先推行清静无为之政。经过九年时间，"齐国安集"，曹参"大称贤相"。可以说，汉朝整体实行清静无为的政策，就是曹参在齐国经验的推广。齐国之于汉朝，有经济特区一般的意义。

齐国经验也有不少王国也认真执行了，其中突出的是吴国。据《汉书·荆燕吴传》，吴王濞治国：

一是"薄敛"。汉朝实行轻徭薄赋的政策，可真正实行得最彻底的乃是吴国。"吴王擅山海之利"，煮盐、铸钱，"以故无赋"。正是因为有了此种巨大财源，吴王才有了薄敛的底气。

二是招纳"亡命"。吴王刘濞"招致天下亡命者"，并保护他们的人身安全，如果有人跨境追捕，吴王概不允许。这些亡命之徒，具体情况颇为复杂，其中不乏黑社会成员，管理起来非常麻烦。对于这些不法之徒，吴王并没有给他们一般意义上的劳动改造，而是把他们送进了金山银海里去"劳动改造"——让他们从事铸钱、煮盐。这就相当于把猴子送进了蟠桃园，把色鬼送进了大观园。吴王这么做，一方面是不想让这些人扰乱平民社会，一方面是想收买他们。最重要的，是给全天下的亡命之徒们发出了一个极为刺激的信息——钱多、人少，速来！吴国由是变成了他们流着奶和蜜的天堂。

三是"卒践更，辄与平贾"。月为更卒的徭役，如本人不亲自赴役，可以出钱由政府雇人代役，受雇者代别人服役，叫作"践更"。吴王濞给受雇者费用时，按照"平贾"付钱，以示公平。

经过汉初数十年的经营，诸侯王们积累了大量财富，经济实力十分雄厚。尤其是吴王，"有诸侯之位，而实富于天子"。所谓吴王"富于天子"，最突出的有两点：一是全国各地贡赋，其珍怪不如吴王东山之府藏也；二是全国粮食转输于京师，"陆行不绝，水行满河，不如吴王海陵之仓"。我们常说的吉祥话："福如东海长流水"，你就算理解成"富如东海王刘濞"，也没有什么毛病。

贾谊在总结汉初诸侯王反叛时，一针见血地指出："臣窃迹前事，大抵强者先反。"诸侯王的反叛，是因其强；而诸侯王所以强，归根到底在于其土地面积和经济上的实力。而汉朝制度上的缺陷，则留给了吴王刘濞这样的诸侯王以诸多机会，并助长了其勃勃野心。至于有没有反相，还是问题的关键吗？

我相信，这很可能是后人演义前人故事，被司马迁记入了正史而已。太戏剧化的历史描写往往是不真实的，以刘邦的识人之明和政治智慧，对于自己的亲侄子，不可能到了封王的时候才看出他是什么人；更不会在看出刘濞有反骨之后，还不加以有力的牵制，甚至使出断然手段以绝后患。

故事不一定是真的，可背后的意义却不容忽视。这个故事似乎在向我们暗示，自汉初开始，就已经有人注意到了诸侯王问题，并深为忧虑。而诸侯王也在各种非议和斗争中左冲右突，涉险过关。

张良是汉初最有政治智慧的人，也是最为刘邦所信任的人之一。在楚汉战争中，他曾激烈反对刘邦分封诸侯王的计划，并立即为刘邦所听取。然而后来迫于形势的需要，他又积极促成了对韩信、英布、彭越三大诸侯王的分封。可以说，张良在很大程度上是违背了自己的原则和初心的。对于分封制的危害，张良看得比谁都清楚。至于同姓王与异姓王，一个祸在眼前、一个祸在将来这样的道理他更不会不知道。可是自从入关之后，张良便隐居不出，明哲保身，对朝堂之事不发一言。

刘邦去世之后，局势陡然一变。吕后作为刘邦正室，本来就对刘邦与其他妻妾所生皇子非常看不顺眼，甚至可以说是憋了几十年的气。偏偏这些诸侯王们一个个都不把自己当臣子，甚至还有人敢跟汉惠帝称兄道弟，这是吕后绝对不能容忍的。她从刘邦最喜爱的刘如意开始，连杀三个赵王，弄得赵王简直成了鬼王的代名词。她还设计要毒杀刘邦长子齐王刘肥，吓得刘肥献上大片土地，才逃出了吕后的毒手。就这样到了吕后八年，诸侯王变为十四国，跟高祖时期发生了很大变化。原同姓诸侯王国仅存齐、楚、代、淮南、吴五国。其中齐、楚两国封地被割，不复原来面貌。其他九国除吴氏长沙国外，均为吕氏集团所据。内有吕氏三国：吕禄王赵、吕通王燕、吕产王吕（梁国更名）；吕氏外戚二国：吕后妹之婿刘泽王琅琊（割齐郡置）、吕后之外孙张堰王鲁（割楚薛郡置）；吕氏傀儡（惠帝假子）三国：刘太王济川（割齐济南郡置）、刘强王淮阳、刘不疑王常山（割赵郡置）。在吕后的淫威下，刘氏诸王气若游丝，到了最危险的边缘。然而，吕后所为也引起了朝野上下的极大争议，在她死后，诸侯王联合汉朝大臣一起屠杀了吕氏宗族，成功地度过了这个关乎存亡的巨大危机。

令人疑惑的是，以吕后之毒，在位期间居然没有对吴王动过任何心思，不能不让人费解。当时仅有三个诸侯王平安无事：淮南王刘长、代王刘恒（汉文帝）、吴王刘濞。淮南王是吕后抚养长大，自然毫发无损；代王也曾被吕后盯上，让他到那个要人亲命的赵国为王，幸亏他没去。而吴王刘濞占了那么大一片土地，吕后却视而不见。在她当政的几十年内，连远在天边的南越王赵佗这个死老男人都受了挤对，富甲天下而又没那么远的吴王刘濞却安然无恙。我想这绝不是偶然，其中定有隐情。事情真相已不可知，不过这也从侧面说明，刘邦说刘濞有反骨的那个故事，可能属于后人杜撰。

汉文帝以诸侯王身份入继大统，所以对诸侯王的态度要比吕后怀柔得多。如汉文帝容忍吴王的"不朝"，又如极力优容淮南王。淮南王刘长是高祖刘邦的儿子、汉文帝的异母弟，从血统上讲，他与汉文帝非常近。此人由吕后抚养长大，自然没有继承皇位的权力，可这并不妨碍他继续当王。事实上，他丝毫没有因为自己的这一段出身而受到什么压制。对汉文帝，他不称皇帝而叫其"大哥"，这在那个时代是非常忌讳的行为。这还不算，他仪从拟于皇帝，且骄横异常，目无王法。为了一己私怨，擅自击杀朝廷大臣审食其，连薄太后等人都怕见到他。汉文帝不忍处罚他，于是暗中派自己的舅舅将军薄昭私下劝谏淮南王，把话都说到了"周公诛管蔡"的地步了，可是这个二货还是不醒悟。后来淮南王真个谋反了，过程简直儿戏，可是性质很严重。可是即便这样，汉文帝仍"不忍置法于王"，一而再再而三地予以宽宥。后来淮南王自己命薄，死在了流放的路上，汉文帝又封他三个儿子为王。

汉文帝为了稳定局势可谓费尽苦心，可并不是谁都这么领情：淮南王谋反，吴王策划谋反，济北王刘兴居趁汉文帝抗击匈奴之机，发兵袭击朝廷。一件件事搞出来，弄得人三观都错乱了。

既然人心不足恃，那就以强力来迫使诸侯不得谋反。于是贾谊再次站出来痛陈：要想使天下诸侯王都忠心归附汉朝，那最好让他们都像长沙王一样；要想让臣下不至于像韩信那样被杀掉，那最好让他们像樊哙、郦商那样；要想使天下安定，最好"众建诸侯而少其力"：

把齐、赵、楚三个王国分成若干侯国，让齐王、赵王、楚王的子孙，全都依次受封先人的那份封地，一直到分尽为止；对燕、梁等其他王国也是这样。有些封地大而子孙少的，也都分成若干侯国，暂时空着搁置起来，等着他们的子孙出生以后，再封他当侯。诸侯王的封地，有不少已被削除收归汉朝所有的，那就替他们调整侯国所在的地区，等到要封他的子孙到别的地方去的时候，按侯国的应有户数，给以补偿。一寸土、一口人，皇帝也不沾他们的，确实只是为了安定太平罢了。

贾谊这个方法，后世就叫"推恩令"，可以说是以毒攻毒的法子。为了消除诸侯王之患，就分出更多的诸侯去。诸侯王越封越多，越分越小，最终无力同朝廷抗衡。这个伟大的阳谋，是当时帝国精英能想到的最好的方法，几乎无解。即便诸侯王本人知道其中的深远谋略，即便其嫡子激烈反对，也抵不过其他子孙的明里暗里的支持。因为在原来的继承制度下，非嫡子是没有任何土地的。

汉文帝基本接受了贾谊的建议，后来也抓住机会予以实施。可在实际操作层面，两人却发生了分歧。因为贾谊的这一建议有个前提，他当时在奏章中没说，可是在淮南王谋反之后补了上来。那就是对待已经谋反的诸侯王，其后代就不能再有分得土地的权力，必须"国除"。在贾谊看来，这是原则问题，不能让谋逆的血脉继续传承，让诸侯王们有恃无恐。可是汉文帝却依然给予淮南王的三个儿子以土地，让他们在淮南国故地上成立三个小王国，这样的做法让贾谊痛心疾首。

除了贾谊，当时的汉廷大臣多半不愿正视诸侯王问题，窦婴、袁盎两人便是其中的重要代表。这两个人一个是窦太后族侄，一个是汉文帝宠臣，都曾经当过吴国的丞相。作为朝廷信臣，他们可以贴身观察吴国的一举一动，向朝廷汇报。可是袁盎在吴国日夜饮酒，不理政事；窦婴则年纪轻轻，因病免职。窦婴是否看到了什么不该看到也不敢说的，已不可知，可是袁盎的行为是有明确记录的。在去吴国之前，侄子袁种对他说："吴王刘濞骄横已久，国中有太多见不得人的东西。你若想要弹劾他，吴王要么反过来弹劾你，要么直接杀了你。南方潮湿，你最好每天饮酒度日，不问事务。只要时常规劝吴王不要谋反就行了，这样才能平安回来。"袁盎依计行事，果然得到吴王厚待，未遭加害。

可即便如此，袁盎也没有熬完任期就告老还乡了。回来的路上见到了骄横自负的丞相申屠嘉，一番规劝之后，被申屠嘉引为上宾。这位政坛老手，又一次在中央与诸侯国之间左右逢源。

逝者如斯夫，不舍昼夜。诸侯国在半个世纪的时间里一次次化险为夷，又不断地发展壮大，影响力与日俱增。其大王越发强壮老练，与汉朝中央的关系愈发疏远，愈发有裂痕，一些诸侯王暗地里还和南越王甚至是匈奴有来往。有这些强大骄横又行为不端的诸侯王在，汉景帝能睡得稳吗？

交锋，拼尽一切天意

汉景帝、晁错君臣决心不顾一切阻力，解决诸侯王问题。

晁错长期专注北方防线，深入研究过汉匈两国优劣。在著名的《言兵事书》中，晁错明白无误地指出：战场角力的话，匈奴之长技三，中国之长技五，貌似强大的匈奴未必不可战胜。可是晁错又重点申明，兵凶战危，帝王之策当计万全。所以他第一个提出了要利用归降的义渠人来加强汉军的队伍，把匈奴的优点对冲掉。把汉匈优劣对比，变成中国之长技五，匈奴之长技零。这就好办了不是？可是能提出利用敌方叛逆力量的人，也当回过头来想想自己这边的叛逆势力。汉朝开国之后，勾结匈奴的诸侯王不在少数。汉朝与匈奴第一次大规模战争，便是因为诸侯王投靠匈奴引起；汉文帝抗击匈奴的关键时刻，济北王刘兴居趁机造反，策应匈奴，险些再次陷汉朝于被动。可见，在汉朝与匈奴的大争中，日渐强大且离心离德的诸侯王是一个不可不去的隐患。更何况，晁错本身就继承了孔子大一统精神和法家限制、打击"父兄大臣"的思想，一个统一且强大的中央政府是他毕生的梦想。

因此，晁错把目光从匈奴移开，回到汉朝自身上来。在汉景帝继位的第二年，晁错以内史的身份，多次单独觐见景帝，议论国家大事。汉景帝对他言听计从，宠信程度超过了九卿。

在晁错的努力下，汉朝修订了许多法令，国家气象为之一新。受到鼓舞的晁错慢慢露出獠牙，和景帝密谋削藩。关注景帝朝政的人会发现，其实汉景帝自登基伊始，便动手削藩了，长沙王便是第一个被削掉的诸侯王。只不过在当时因为行动迅速，关键是长沙王长期被利氏家族控制，所以基本没有遇到阻力。然而其他诸侯王可就不一样了，尤其是吴王，有的是钱，几乎可以收买一切人，下到三教九流，上到王公贵族。晁错的削藩触动了权贵阶层的利益，引来了汉朝大臣的集体反对。往日里斗得你死我活的群臣们，在反对削藩上异常地一致，同声咒骂晁错。都说景帝专宠晁错，可如果看看其他大臣是怎样和诸侯勾结，为其充当保护伞，拼命维护既得利益，我们还会不理解他吗？

丞相申屠嘉尤其反对晁错。这位所谓的开国元勋，其实没打过什么像样的仗。垓下之战结束时仅仅是个小队长，平叛黥布时才升了一个都尉。这样的人，在汉军中一抓一大把。他能当丞相，完全是祖坟上冒了青烟，活得比别人长而已。此人为相之后，根本没有任何可供记载的政绩，却总是倚老卖老，架子比谁都大。在他眼中，皇帝宠臣没一个好东西，这个晁错跟当年的邓通没任何区别，都是佞幸之臣。拜托，当年萧何、曹参那天大的功勋地位，都没敢这么狂妄，你算老几？

不巧的是，晁错当时犯了一个不该犯的错误。内史府大门本来是由东边通出宫外的，使晁错进出有许多不便，晁错就自作主张凿一道墙门向南通出。而向南出的门所凿开的墙，正是太上皇庙的外墙。申屠嘉听说之后，就想以此为由，奏请皇上杀掉他。晁错的门客不知道怎么听说了这件事，急忙告诉了他。晁错非常害怕，连夜入宫面圣，说明情况。第二天早朝，申屠嘉奏请诛杀晁错。谁想景帝却公开包庇道："晁错所凿的墙并不是真正的宗庙墙，而是宗庙的外围短墙。况且这又是我让他这样做的，晁错并没有什么罪过。"退朝之后，弓弩手、战场英雄出身的申屠嘉对长史说："吾悔不先斩错，乃先请之，为错所卖！"（引自《汉书·张周赵任申屠传》）回到相府，申屠嘉怎么也咽不下这口气，最终吐血而死。

申屠嘉死后，御史大夫陶青遵惯例，顺位成为新一任丞相。晁错则从一众官员中脱颖而出，接替陶青成为御史大夫，离着最高行政长官之位仅剩最后一步，地位愈加显贵。

晁错将焦点对准诸侯王，尤其是吴王。在此之前，袁盎等人的"吴王不反"理论，因为有申屠嘉的加持，所以附和者众。晁错持"吴王必反"理论，与之针锋相对。双方互不相让，结下深深的仇怨，到了不共戴天的地步。申屠嘉死后，晁错派人查检袁盎财产，搜出大量吴王行贿金钱。铁一般的事实，让这位体制内的两面人无从抵赖，面临信誉破产的局面。虽然他丝毫不曾感到羞愧，但他毕竟再也无力为吴王开脱，朝中大臣也纷纷噤口——假如晁错扩大审查面，他们谁都跑不了。这一次资产清查，有效地起到了敲山震虎的作用。没有对手的晁错向景帝再次陈述诸侯的罪过，请求削减封地，收回旁郡，提议削藩。为此，晁错抛出了他一生中最著名的《削藩策》，掷地有声地说道：

> 昔高帝初定天下，昆弟少，诸子弱，大封同姓，故孽子悼惠王王齐七十二城，庶弟元王王楚四十城，兄子王吴五十余城。封三庶孽，分天下半。今吴王前有太子之隙，诈称病不朝，于古法当诛。文帝不忍，因赐几杖，德至厚也。不改过自新，乃益骄恣，公即山铸钱，煮海为盐，诱天下亡人谋作乱逆。今削之亦反，不削亦反。削之，其反亟，祸小；不削之，其反迟，祸大。

奏章送上去，景帝令公卿、列侯和皇族合议。此时的晁错深得景帝宠信，连丞相陶青都要退避三舍，因此无人敢公开反对。正在他自以为胜券在握之时，却见一个人站了出来辩难——窦婴。

窦婴字王孙，清河观津人，窦太后之侄。窦婴当时任詹事一职，级别不高，却很重要。根据当时的官制，詹事掌皇后、太子家中之事。可见，窦婴在薄、窦两大外戚集团中，都很受信任。在削藩的关键时刻，也需要有这么一个重量级人物站出来，为吴王刘濞说一句公道话。

坦白说，吴王刘濞并非一无是处。在汉朝的历史上，吴王刘濞起到了非常重要的作用，在某种程度上可以与姜太公的齐国有一比。汉高祖平定英布之后，考虑到项羽、英布故地民风剽悍，非壮王无以镇之，于是封吴王于东南。吴王就国之后，宵衣旰食，夙兴夜寐，果然扫清余孽，大展民生。四十年间，汉朝从没有为东南担忧过。而吴王刘濞当年的民生业绩，也为后世所公认。至今，在扬州还有一座著名的财神庙，名为二王庙。但庙里供奉的既不是财神爷赵公元帅，也不是关公关云长，而是扬州历史上的两位吴王——夫差和刘濞。门上的对联更是稀奇："一殿两王天下无，庙门正北世间少。"

况且，汉朝继暴秦之后，天子圣明，国家强盛，民心思安。此前济北王刘兴居、淮南王刘长失败的例子也近在眼前，说明造反是不会有好下场的。吴王要有多愚蠢，才会冒天下之大不韪？

好话说完就要说丑话。姜太公之所以受封大国，是因为他曾辅文武二王取天下，厥功至伟，吴王之功可能与姜太公相比？且姜太公心系庙堂，不忘天子。周王一有诏令，太公即刻还朝，助平叛乱，可有如吴王二十年不朝之事？汉朝立国之后，几次面临重大危机，朝廷不绝如缕，而吴王一概袖手旁观：诸吕危刘之时，吴王安坐不动；匈奴入侵之时，吴王安坐不动；济北王、淮南王反叛之时，吴王还是安坐不动。国家有难，吴王屡屡置身事外，于国何益？吴王不光无功，还有罪。即山铸钱，煮海水为盐，是改善了当地的民生，可也引来了大批的亡命之徒。吴王公开包庇他们，成了汉朝黑社会的老大，严重破坏了汉朝的法制和社会秩序。而且吴王掌握了货币的发行权，也严重扰乱了汉朝的金融秩序。这两项都给汉朝带来了极大的隐患，必须予以扫除。因此，削藩绝对是不可不行之事。

况且，普天之下莫非王土，诸王封域乃皇帝所赐。皇帝赐得，自然也就收得，此乃天经地义。

廷辩自然会不欢而散。窦婴知道，即便自己阻止不了晁错，至少能给削藩制造些障碍，延缓一下力度，兴许可以以拖待变。不巧的是，窦婴在关键时刻也栽了一个跟头，导致回天无术。

汉景帝前元三年初，梁王盛大入朝。这是哥哥继位以来，梁王第一次入朝。汉景帝为他大摆宴席。看着汉景帝膝下这么多儿子环绕，梁王想知道，汉景帝最喜欢的是哪一个。汉景帝当然知道他是什么意思，当年汉文帝一继位便册立太子，而他继位两年还没有立太子，朝野关心是正常的。可汉景帝现在还不想透露自己最属意哪一个，为了让窦太后高兴，借着酒劲儿说："千秋万岁后传位于梁王。"

梁王震惊之余，自然不敢相信，也不敢接受。可窦太后却非常高兴，大儿子竟如此疼爱幼弟，要把皇位传给他。如此亲善孝顺之事自古未有，何不就此机会确定下来？

关键时刻，只见窦婴端起一杯酒，高声说道："天下者，高祖天下。父子相传，此汉之约也。上何以得善传梁王！"（引自《史记·魏其武安侯列传》）汉景帝本就一句戏言，眼瞅着窦太后有点当真的意思，心中还真是害怕。这下有了窦婴的话，正好可以借坡下驴，讪讪一笑也就坐下了。这下轮到梁王尴尬了，看我干什么，我没说要啊？窦太后心头火起，谁不知道梁王是她最爱的小儿子。窦婴怎么这么没有眼力见儿，不帮着姑姑说话，还破坏我的好事。再说这是我两个儿子之间的事情，与你无关。而在窦婴看来，原则就是原则，不能因为任何人而逾越。值得注意的是汉景帝，他放下酒杯，不动声色地观察在场众人，暗自庆幸。

窦太后深恨窦婴坏了她小儿子的好事，而窦婴也嫌詹事的官职太小，又一次托病辞职，真个实现了称病不朝。窦太后则比他还意气用事，索性开除了窦婴的门籍，不准他再朝见。

削藩大业的最后一块绊脚石，就这样被搞掉了。一切似乎是天意。

江东国主白头吟

　　窦婴下野之后，晁错立即着手削藩，首先挨刀的是楚王。楚王在前一年为薄太后服丧期间，没管住自己的下半身，跟一个侍女发生了关系。他自以为神不知鬼不觉，服丧完毕没事人似的回了国。转过年，楚王再次来朝，这件事就被晁错给抖了出来，二话不说就削了他的东海郡。紧接着，晁错又抓住赵王、胶西王的罪过，分别削了他们的常山郡和六个县。喊了几十年的削藩终于来了，朝野大震！

　　吴王刘濞心中雪亮，这次削藩就是冲着自己来的。匹夫无罪怀璧其罪。几十年来，就因为自己占了东南三郡五十三城，屡屡成为一些人的靶子，每过一段时间就会被人拎出来吊打。这种矛盾在吴太子死后，更加难以调和。本来他已经跟朝廷和解了，谁想晁错等人却摆出一副为江山社稷考虑的姿态来，鼓吹削藩。在他看来，这是一种极为卑鄙无耻的手段，它把汉景帝心中记恨又不好明说的心态揣摩得很到位，再化私仇为公愤，光明正大地迎合，以实现他们个人的飞黄腾达！可是话说回来了，当时不是汉景帝打死了吴王的儿子吗？吴王都放下了，汉景帝却不放下，还要反过来追究，这是多么的骄横专断不讲理！吴王心中的愤恨，后来在檄文中借着诸王对朝廷的恩仇尽情宣泄了出来：

"楚元王子、淮南三王，或不沐洗十余年，怨入骨髓，欲一有所出者久矣！"（引自《史记·吴王濞列传》）

吴王知道削藩迟早要削到自己头上，因此不能坐以待毙。他秘密联合各地的诸侯王，尤其是刚被削藩的诸侯王和上辈以来就跟朝廷有仇怨的诸侯王，比如楚王、赵王、淮南三王、齐地六王、闽越王、东越王，还联系了外贼匈奴人和南越王赵佗这个老家伙，约好一起起兵，事成之后共同瓜分汉朝领土。甚至掘地三尺，从茫茫江海中找到了长沙王后裔，把他们教唆成了长沙复国主义者——你汉景帝不是说人家长沙王无后吗，就让你看看长沙王到底有后无后，让天下人知道你是怎么削的长沙国！

关于这一过程，司马迁在《史记》中重点讲述了胶西王。胶西王"勇，好气，喜兵，诸齐皆惮畏"，活脱脱一个朱虚侯刘章再世，自然成为吴王拉拢的重点对象。也就是在拉拢胶西王的过程中，吴王刘濞提出了"诛晁错、清君侧"的策略。这一策略在后世经常被采纳，因为它很轻易地降低了叛逆者的心理负担，因而也被胶西王接受。吴王唯恐胶西王心意不诚，还亲自去了一趟胶西国，当面缔约。

吴王联络诸侯都是秘密进行的，可是天底下没有不透风的墙，骗得了别人骗不了自己人。就在吴国内部，质疑甚至反对联合诸王造反的也不在少数，尤以邹阳、枚乘、严忌三个文人为主。

跟汉武帝聚齐天下文人在身边不同的是，汉景帝本人不好儒生、文学，他身边可说是就只有一个晁错。而天下文人多矣，又岂止一个晁错？汉景帝不好文学，文人只好另谋高就。当时，成为文人们理想雇主的便是诸侯王。而吴王因为有的是钱，也养活了一大批文士。邹阳出身齐国，枚乘出身淮阴，只有严忌是吴国本地人。他们看到吴王在谋逆的路上越走越远，担心不已，于是上书委婉劝阻。

邹阳上书劝阻的大意，是质疑诸王联合的可行性。他举了秦汉两朝的例子来说明：

"秦灭六国之后，张耳、陈胜以合纵六国之兵为据，攻打函谷关，咸阳便成孤危之地。为什么呢？因所设郡县互不相亲，千家万户不来相救，最终导致秦朝灭亡。汉朝建立之后，匈奴几度攻到黄河北边，骑兵一到甚嚣尘上，上不见飞鸟，下不见伏兔。汉军与匈奴大战不休，日夜盼诸侯王至，而诸侯救兵却一个不来，致使汉军死者相随，车辇相连，外加军粮转输，千里不绝，损耗极大。这又为什么呢？因赵王只想恢复其河间之地，六个齐王一心怨恨惠帝吕后，城阳王只盯着济北的卢博，三个淮南王更想着为父报仇。可想而知，他们才不会为汉朝的国难真正出力。大王怎不想想，诸国各有私怨，各有主意，连汉朝中央都号召不起诸侯王来，一旦吴国起兵，他们又怎么会发来救兵呢？"

枚乘上书的大意，是指出吴王谋逆行为的危险性，劝吴王改过自新。他用了一个很形象的比喻，说吴王现在铤而走险的想法，就相当于把自己系在一缕细丝上，头顶青天，下临深渊。只要头脑稍微正常的人都知道，那缕细丝是肯定会断的，一旦断绝之后，吴王便万劫不复。因此，吴王不如收回冲动的想法，从今天起，做一个安分守己的人。不管过去做了什么只要今天改起，一切都还来得及。

严忌的奏章没有流传下来，无从知道其内容。那么这两个人的建议如何呢？

应该说还是有一定道理的，尤其是邹阳的奏章。邹阳看出了诸侯王之间乌合之众的本质，告诫吴王不要相信诸王联盟，靠不住。吴王要是把希望寄托在诸侯王的帮助上，恐怕要被人出卖。这一论断不是凭空而来，在吴王离开胶西王后，就有人劝说胶西王，不要跟着吴王闹事——现在的状态是最好的样子，没必要跟着吴王起来改变。改变现状、推翻汉帝实在是太难了，简直是九死一生。更何况矛盾无处不在，就算推翻了汉帝，吴王、胶西王之间就会立即产生分歧争端，灾难就从这开始缠身。"诸侯的土地不足朝廷各郡的十分之二，而背叛朝廷也会使太后担忧，非长远之计也。"这种声音很有代表性，说明在诸侯王之间，存在着很大的不信任，吴王随时可能遭遇背叛。

但邹阳用的例子却很有问题。他的例子讲的都是秦汉朝廷陷入孤立无援的情况，这就很容易得出结论——汉景帝更容易遭遇背叛。吴王起兵没有救兵，同样汉朝平叛也不会有救兵，其他诸侯王都是骑墙派，吴、汉都是孤家寡人。根据当时汉朝中央与吴王的实力对比，兴许还可以一拼高下。

我甚至怀疑，吴王就是看了这道奏章，才坚定了叛逆的决心的。

而枚乘的奏章说的，谋逆是一件危险系数极高的事情，也确实在理。自古以来，尤其是汉朝建立以来，谋逆的人多了去了，没有一个人成功的，这是活生生的例子，血淋淋的现实。但要想让吴王就此做一个安分守己的人，改过自新以求汉朝原谅，也太过书生之言。按照那时候的形势，即便吴王要放下过往，汉景帝、晁错也不会。在汉景帝心中，吴王几乎必须要死。所不同的是，假如吴王不反，一个被削弱后的小吴国还能保留几代。而吴王一旦反，则吴王身败名裂，吴国也会被连根拔起。从理性上讲，似乎主动认错，接受朝廷削藩，才是吴王的最好选择。可问题是，忍气吞声还是吴王吗？

站在吴王的角度想，固然取代汉帝是一件难上加难的事，可是平定他的叛乱，也不是一件轻松的事情啊。吴王自二十岁封王，到如今已称王四十年，是那么容易打败的？历史上，这种封大国、为王数十年所掀起的叛乱，是最难平定的：八王之乱，打了十六年，一直打到西晋亡国都没平定；安史之乱打了八年，打得大唐山河破碎，最终以妥协方式结束；靖难之变，建文帝压根就没平定，连皇位都让人家夺了去；吴三桂等人的三藩之乱，饶是康熙英明，也用了八年时间才平定。

吴王知道自己的实力，不打个你死我活，怎么能轻易放弃。

至于对手那边，吴王早就摸得清清楚楚：沿途郡县根本不用考虑，梁王也不过是一个爱好风花雪月的公子哥而已。至于未央宫的那位陛下，能有什么本事？连他父亲汉文帝一半的能力都没有。大将方面，汉廷能用的人几乎都是一帮功勋二代。仗着父辈的功劳才有了今天的地位，真打起来还不知道是什么水平。不管什么水平吧，老子这里早就准备了刺客杀手，到时候先干掉他们！

　　一切都在掌握中。

嘀嗒嘀嗒，吴王时刻

前元二年八月以来，汉朝灾异频现：彗星出东北，衡山雨雹，更有荧惑逆行守北辰，月出北辰间，岁星逆行天庭中。这一系列异常现象的记载表明，在当时的汉朝人心中，天下即将大乱。新皇立志削藩，诸侯如何应对，谁都说不准。而晁错大人唯恐别人不明白，一而再再而三地说诸王必反。诸侯王若真的反了，那么势必会有一场大战。大战起来，后果怎能预知？人心惶惶，故而灾异多出。正如王阳明所说："你未看此花时，此花与汝心同归于寂；你来看此花时，则此花颜色一时明白起来。"于干柴烈火上睡了几十年的汉朝人，尤其是诸侯国中人，此刻睁开眼，才发现局势如此危急。

所有后知后觉的人们，都应该佩服一个叫穆生的老人，能够在二十年前就预感到即将到来的大乱，从而抽身世外。此人与白生、申公均为从刘邦之弟、楚元王刘交的同学和好友。刘交受封楚王之后，封三人为中大夫，甚为敬重。穆生不喜欢喝酒，元王每次摆酒，常为穆生准备甜酒，规矩一直执行了二十多年。到了刘戊即位，开始也常准备，后来就忘了。穆生宴后回去说："可以走了！王已怠慢。不走，将来楚人肯定会羞辱我。"于是称病卧床。申公、白生勉强让他起来，说："独不念先王之德与？今王一旦失小礼，何足至此！"穆生则说了一句很有预见性的话："《易》称'知几其神乎！几者动之微，吉凶之先见者也。君子见几而作，不俟终日。'"（引自《汉书·楚元王传》）他给两人解释道："先王之所以礼遇我们三人，是因为心中还有大道；现在的楚王忽视我等，说明心中根本无道。忘道之人，怎么可以与他久处！难道我真的只是为了区区小礼吗？"于是称病辞归。申公、白生二人不甘心，留了下来。

后来楚王果然因为失德被削藩，他心怀不满，和吴暗中串通，要谋大事。申公、白生苦苦劝谏，楚王非但不听，还把二人抓起来，让他们穿上囚犯才穿的红衣服，举着杵在集市上舂米，公开予以羞辱。休侯刘富派人劝谏楚王，楚王说："叔父若不跟我一致，我起事后，先捉叔父。"休侯害怕，便和母亲逃至京城，才躲开一劫。不知道申公、白生想起穆生当年的话，是否会有所后悔。

可能是受了穆生等人的影响，吴王帐下的枚乘、邹阳、严忌三人，在劝谏吴王不成后，也果断选择了离开。他们一路向西，直奔梁王麾下，为梁王带来了关于吴王、吴军的绝密情报。

那时候，面对即将到来的吴王时刻，不光诸侯国的人在提前跳船，长安城中的人们也紧张得不得了。休侯刘富等人从诸侯国逃到长安来，这种消息本身就能给京城中的人们带来心理上的恐慌。原来诸侯国的形势真的到了你死我活的地步，那接下来是什么呢？他们真的会把矛头对准朝廷吗？

与一般百姓的担忧不同，长安城中的子钱家们在仔细考量着双方的力量对比，想计算出哪一方获胜的可能性更大一些。新皇即位两年多来对政界、金融业的整顿和打击，让他们损失巨大。他们早就心怀不满，正可以借此机会干笔大的。战争、大乱对于这些人来说，何尝不是一种发财的机会？更何况，那个吴王可是一个大金融家，多年的同行，治国理念跟这位重视泥腿子农民的新皇完全不同。吴王要是能得了大位，肯定能建立一个以金融为主导的伟大国家，那才是真正的理想国。于是，或主动或被动，但是一定有那么一个时刻，子钱家们悄悄与吴王的人建立了联系，约定了某些事情。

是的，长安城虽然是汉景帝的大本营，但是吴王的人无所不在。汉景帝接见了谁，任命了谁，吴王的人很快就能知道得一清二楚。在这些人无处不在的侦察之下，晁错削藩的幕后推手早就被他们查得一清二楚。回想一下，当年是谁把晁错推荐给汉文帝的？是平阳侯曹窋、汝阴侯夏侯灶、颍阴侯灌何，还有廷尉宜昌、陇西太守公孙昆邪他们。这些人基本都是军方背景，为首的便是汉朝第一军事贵族平阳侯。当年刘邦论定功臣座次，曹参为众将公推第一。是刘邦有意压制军方，才让文官出身的萧何排了第一，曹参排名第二。可是在刘邦死后，曹参进位丞相，横跨文武，再也没人能排在他前头。虽然曹家在汉文帝继位一事上曾经站错了队伍，被剥夺了行政职务，可是谁也不敢否认他家对汉朝军政强大的影响力，这也是晁错敢于任性的重要原因。而曹家之所以支持他，就是想借此把水搅浑，公私兼顾，既除国患又为自家寻求一个东山再起的机会——平阳侯家已经被冷落了二十多年了。

在长安与诸侯国之外，是汉朝的直辖郡县。所谓当局者迷旁观者清，直辖郡县的人们反而有一些清醒的人。洛阳武侠剧孟拒绝了吴王刘濞的拉拢，淮阳邓都尉甚至在冷静地思考未来的平叛方略。

当然，上面说的这些人都是事后被认定跟这场大乱有关的人。更多的人，他们的生活似乎与此无关。有不少人甚至是更多的人意识不到即将到来的危机，或者根本不在乎即将到来的危机。和平的时间持续得太久了，人们以为战争是很遥远的事情，远在天边；个人的力量太小了，生活已经如此艰难，何必关心国家大事？所以不管男女老少、贫穷贵贱，还是一样继续从前的生活，或者继续从前一样的堕落。追求富贵，追求享乐，追求冒险仍是那个时代的主题，《史记·货殖列传》中有载：

……由此观之，贤人深谋于廊庙，论议朝廷，守信死节隐居岩穴之士设为名高者安归乎？归于富厚也。是以廉吏久，久更富，廉贾归富。富者，人之情性，所不学而俱欲者也。故壮士在军，攻城先登，陷阵却敌，斩将搴旗，前蒙矢石，不避汤火之难者，为重赏使也。其在闾巷少年，攻剽椎埋，劫人作奸，掘冢铸币，任侠并兼，借交报仇，篡逐幽隐，不避法禁，走死地如骛者，其实皆为财用耳。今夫赵女郑姬，设形容，揳鸣琴，揄长袂，蹑利屣，目挑心招，出不远千里，不择老少者，奔富厚也。游闲公子，饰冠剑，连车骑，亦为富贵容也。弋射渔猎，犯晨夜，冒霜雪，驰坑谷，不避猛兽之害，为得味也。博戏驰逐，斗鸡走狗，作色相矜，必争胜者，重失负也。医方诸食技术之人，焦神极能，为重糈也。吏士舞文弄法，刻章伪书，不避刀锯之诛者，没于赂遗也。农工商贾畜长，固求富益货也。此有知尽能索耳，终不余力而让财矣。

在月亮与六便士之间，我们普通人选择的还是六便士，即便那月亮面临被天狗吃掉的危险。

不是每个人都有机会生在大时代，也不是每个人都愿意生在大时代，尤其是成为大时代的焦点。然而总有那么一些人，完全是身不由己地被卷入时代的旋涡，想捡六便士而不得，甚至想保命都不得。那时候全天下最焦虑的人是一个所有人都想不到，想到就恍然大悟的人——晁错的父亲。

这世上有谁还能比晁家更紧张呢？晁错上台以来，先是气死了丞相申屠嘉，得罪了一大批文臣；后又推行削藩，得罪了几乎所有的藩王。一时间，晁错成了千夫所指的对象，甚至连向来不关心政治的平民阶层也多不理解他。多少年来，无论发生什么样的情况，多数汉朝人都相信，诸侯是真的于国无害的。他们认为，所谓淮阴侯韩信造反、梁王彭越造反不过是个谎言，两个人都是被冤枉的；英布叛乱虽真有其事，却不过是被吕后等人给逼的，根本不是什么大毒草。不信的话，长沙王长达几十年的忠诚表现就足可以证明这一点，诸侯王不坏。坏的是我们这么多年接受的虚假宣传，谁是谁非还真说不定呢！而晁错现在做的，正跟当年的事情一样，把诸侯国往死路上逼，人们不骂你骂谁？

晁老太公一生以晁错为荣，可是在听到太多人咒骂晁错之后，就再也坐不住了。他急匆匆地从老家颍川赶来长安，劝说晁错道："上初即位，公为政用事，侵削诸侯，别疏人骨肉，人口议多怨公者，何也？"（见《汉书·袁盎晁错传》）他不理解晁错为什么当一个官会得罪这么多的人，为什么要做这种费力不讨好的事情。此时晁错正在做最后一件事，他一边封好削吴的奏章，一边不以为然地说："固也。不如此，天子不尊，宗庙不安。"（见《汉书·袁盎晁错传》）可是在老太公看来，世间事从来都是疏不间亲，明明那是人家刘氏的家事，刘家的宗室都没有谁赞同的事情，你一个外人管那么多干什么？父亲的质疑不能动摇晁错，晁错自有晁错的道理，他要为江山社稷的长治久安去赴汤蹈火，谁都不能阻止他削吴。父子二人为这道最后的奏章激烈争吵、争夺。最终晁错让家人架开老太公，吩咐从吏快马加鞭将奏章送到未央宫。晁错的父亲看到这道要命的奏章夺门送出，知道一切都晚了。他瘫坐在地上，哭着说道："刘氏安矣，而晁氏危矣，吾去公归矣！"遂饮药死，曰："吾不忍见祸及吾身。"（见《汉书·袁盎晁错传》）晁父为了避免看到晁家的灭亡而选择了自杀。

这是一个彻底的悲剧，一个家国不能两全、忠孝不能两全的悲剧。晁错为削藩奔走几十年，万没想到，所获竟然是这样的悲剧。十余天后，他也要重复这一悲剧，到那时，赔上的乃是整个家族。

前元三年的新年，与往年没什么不同，依然是有人欢笑有人哭。

哄堂一月自春风，酒香人语百花中。
一般桃李三千户，亦有愁人隔墙住。

——《板桥杂记》

斩东市

万箭穿心，大先生朝衣

　　削掉会稽、豫章两郡的诏书一到，吴王立即起兵叛逆，随之举兵的有胶西王刘昂、胶东王刘雄渠、菑川王刘贤、济南王刘辟光、楚王刘戊、赵王刘遂，一共七个诸侯王，这便是史上著名的七国之乱。

　　这个背弃了祖宗的人，在给诸王的文告中大言不惭地吹嘘，自己率军五十万，加上南越王兵力可得八十万。又说自己钱粮无数，日夜用之弗能尽。与他的吹嘘相印证的，是叛军漂亮的战斗力。他们将矛头对准梁国，大破梁国要塞棘壁，杀数万人，震动天下。破关之后，又乘胜而前，如入无人之境。梁王遣数名将军往击之，都连吃败仗。不得已，只好收缩兵力，死守睢阳，同时飞章告急。同时，还有齐地、赵地郡县的告急文书，以及魏其侯周简、台侯戴午、昌侯旅通、下相侯泠顺、高陵侯王行这样的开国功臣之后参与叛乱的消息，也源源不断地传到长安。——一直断定诸侯王必反的晁错，在服丧中等到了这么一天。兵来将挡水来土掩，既然诸侯之乱已经起来了，那就赶紧派兵镇压。可是正当他要举荐平阳侯等人的时候，汉景帝却径直任命周亚夫为太尉，率三十六将军往击吴、楚，遣曲周侯郦寄击赵，将军栾布击齐；复召窦婴，拜为大将军，使屯荥阳监齐、赵兵。

这一系列重要任命，完全出乎晁错、平阳侯等人的预料，怎么会是他们？怎么会是他们？！

对于晁错来说，这简直是个死亡名单：窦婴是老对手了，更何况他还跟袁盎是好友；周亚夫虽说跟晁错没有直接矛盾，可周亚夫却跟窦婴是发小，跟袁盎是世交。对于平阳侯来说，周亚夫是他在军权上最大的竞争者，而且果然，这次被人家给摘了桃子。问题是，为什么汉景帝要起用周亚夫！看来，在晁错沉浸在丧父悲痛中时，那边的人一刻都没闲着，所以才在这时候打了他们一个措手不及。

这个名单是绝对不能接受的，绝对不能执行，必须予以阻止。可是汉景帝那边已经定了的事情，就那么好改变吗？用什么理由改变？晁错急得焦头烂额，终于，他想起了一个很好的理由，那就是鼓动汉景帝御驾亲征，借此取消周亚夫等人的统帅权；同时由晁错留守关中，实现对对手的全面压制。于是他脱下孝服，急忙入宫建议道："兵数百万，独属群臣，不可信。陛下不如自出临兵，使错居守。"（引自《汉书·袁盎晁错传》）对于这个方案，晁错可以举出汉高祖、萧何当年的成功案例，说明一个在外抓革命、一个在内促生产是最好的平叛组合。然而如此一来，却犯了为政之大忌。大乱方至，你让一国之君亲临不测，万一有个闪失你担得起吗？即便汉景帝主动要求平叛，你也不能让他去。现在已经不是打天下的汉高祖时代了，现在是汉朝已然成为正统王朝的时代。所谓正统王朝，便是元首一人系天下之安危，一动则天下不安。放在中国，好比抗美援朝再重要，也不能由毛主席亲自领兵；放在外国，好比反法西斯战争再激烈，也不能由罗斯福、斯大林亲自领兵一样。晁错要想取消别人的统兵权，还不如毛遂自荐，自己领兵平叛。反正祸是自己闯下来的，自己带兵名正言顺。不管是胜是败，最起码能堵住别人的嘴。

晁错见第一个建议不被采纳，又急又乱又窘之下又提出了一个更臭的建议。他把立场转了一个一百八十度的圈儿，建议把徐县、僮县附近吴王还没有攻下来的地方，都割让给吴国，与吴王求和不打了。

唉，晁错，要我说什么好。抛开什么大道理不讲，只说一点：这天底下谁都可以说割地求和，唯独你晁错不能说，因为你是削藩的首倡者，是一直靠削藩的主张和行动才有了今天的地位。你现在又要给吴王割地，就会把你的一切政治资本都清零，从根本上破坏皇帝陛下对你的信任的！

这两个水平低下的建议反映出，丧父之痛和连日来的高压，严重影响了他的判断力和运作能力。他甚至到现在都不清楚，汉景帝为什么会选择周亚夫和窦婴，而不是平阳侯和颍阴侯一干人。

此事涉及一系列复杂繁密的政治运作，最终起决定性作用的，却是汉景帝本人的信任。平阳侯、颍阴侯固然靠前，可是他们的父辈在参与当年的灭诸吕时，各自犯了一个严重的错误，导致他们落选。虽说当年事有种种原因，有的甚至都不能说是错误。可因为有过这样的往事，就很难让汉景帝在危难时期把汉军主力尽数交付。更何况，关于主帅人选，汉文帝当年还另外给他嘱咐了一番。

这是汉文帝在临终前交代的绝密事项，只有汉景帝一个人知道。晁错跟随汉景帝那么多年，都毫不知情。他只是根据他多年来斗争的经验，断定这一定是对手阵营搞的鬼，把他多年来谋划的大事给截和了，连带着让他跟平阳侯等人也产生了嫌隙。果然政治斗争瞬息万变，不容丝毫懈怠啊。

接连碰壁的晁错回家反省，越发感到自己不能坐以待毙，他还要出击，主动出击。他想先从老对手袁盎入手，他觉得袁盎在吴国待的时间那么久，肯定不干净。要是能从袁盎那里挖出点什么材料来上奏陛下，以点带面，肯定能扭转败局。假如晁错当时就这么干了，兴许还真能扳回来。谁想晁错犯了申屠嘉当年的错误，因为手下人为袁盎说了两句好话，就犹豫不决起来。果然有人将此绝密消息告知了袁盎，袁盎连夜去见窦婴，把自己知道的都告诉了窦婴，希望窦婴能带他见陛下。此时的窦婴已经官封大将军，正是汉景帝所器重的人，所以袁盎在第二天很顺利地便见到了汉景帝。

此时的汉景帝正与晁错调配军粮军械，他刚刚任命了统兵大将，急需知道对方的统兵大将都是什么人。袁盎胸有成竹地答道："不足忧也！"面对这一回答，汉景帝却不信。在他看来，吴王即山铸钱，煮海为盐，诱天下豪杰，白头方举事。假如不是有了万全之策，哪敢真的造反，怎么能说不足忧呢？这个问题是当时人们普遍关心的问题，几乎所有人都认为，吴王经营多年，早已积累了雄厚的资本。如今扯旗造反，必然是深思熟虑的结果。这样的叛乱究竟能不能平定，不由得人不好好掂量一番。可见，即便任命了周亚夫诸人，汉景帝也还没有真正下定决心。到底是战是和，汉景帝心中也在不断斗争。对于这个问题，袁盎给了一个极有政治高度和政治技巧的回答："吴铜盐之利则有之，安得豪杰而诱之！诚令吴得豪杰，亦且辅而为谊，不反矣。"（引自《汉书·袁盎晁错传》）这个回答，简直和毛主席对美军"钢多气少"的评价如出一辙，一句话就揭露了敌人纸老虎的本质，极大地增强了汉景帝的信心。

到这个时候，袁盎还算有水平。可是他接下来谈话内容却意图大变，要把汉景帝往歪路上引。在屏退所有人之后，袁盎发挥他一贯挑拨、栽赃、蛊惑的本事，发挥他"一出事就怂恿皇帝杀大臣"的光荣传统，告诉汉景帝：叛乱皆因晁错而起，要是能斩晁错，吴王即可退兵。汉朝兵不血刃，就能平定一场巨大的动乱，何乐而不为？公报私仇，竟能让他用得如此纯熟。可他毕竟摸准了汉景帝的脉。站在汉景帝的立场上，假如他不清楚晁错的转变原因，就会以为晁错鼓动他那么多年，临到大乱起来，反而没了主意。要么把皇帝推向前台，自己却安安稳稳地留在长安；要么就是割地求和，让他被天下人耻笑。假如他知道晁错转变的原因，就会觉得晁错把国家大事当成门户私计。无论前者后者，都会让汉景帝对晁错憋上一肚子的怨恨。即便嘴上不说，心里也满是愤懑。而袁盎的话，又正击中了汉景帝的软肋。犹如前面说的，汉景帝现在还没有下定决心平叛。吴王毕竟是经营东南几十年的老诸侯了，就算吴王手下都是一帮流氓，可也是有战斗力的流氓，甚至是亡命之徒。平定这样的叛乱要花费多少钱粮？适才一番算筹，发现那简直是天量天价啊！孰轻孰重，汉景帝心中在称量。

此后一连数日，汉景帝都没有动静。袁盎担心皇帝反复，再次入宫催促。朝中大臣也在丞相陶青、中尉程嘉、廷尉张欧的带领下，秘密向汉景帝上书：梁国已经危在旦夕，陛下要尽早决断！汉景帝终于狠下心来，签批了奏章。到了这个时候，晁错还是一无所知。奏章既准，汉景帝使中尉召晁错问话。晁错急忙穿戴好朝衣，随中尉一起入宫。等行到东市时，中尉程嘉却突然叫停车队，要晁错下马听诏。晁错不知有诏书，慌忙下马。程嘉大声将诏书读毕，不由分说，便向晁错刺去。于是晁错在极度的震惊和错愕中，在万众的喧哗与叫嚷里，在明晃晃、光灿灿的晴空之下，丢掉了性命！

揉碎桃花红满地，玉山倾倒再难扶。

吾亦恨之！

　　当日袁盎鲜衣怒马，长剑高冠，与宗正刘通一同出城。他们奉汉景帝之命，要把晁错的死讯报告吴王，劝他从睢阳城下撤军。关中士大夫纷纷来灞桥送别，车辆达上千乘，轰动京师。主流舆论给了袁盎极高的期望，把他捧上了一生的巅峰。他和晁错争斗了几十年，终于有此一天，怎么能不扬眉吐气、意气风发！带着这份荣耀，带着这份期望，袁盎踏上了前往睢阳的路途，信心满满。

　　关于晁错的死，历来争议颇多，其中最有名的便是苏轼的《晁错论》。在晁错论中，苏轼提出了几个发人深省的观点，值得后人深思，但也有一些论点也很有商榷的必要。

　　苏轼认为，天下的祸患最不能挽回的，莫过于表面上社会安定没有祸乱，而实际上却存在很多不安定的因素。这种局面之所以难以应付，是因为存在一种选择上的两难境地：消极地看待祸患一天天发展却不想方设法予以对付，那么祸乱迟早要发展到无法控制的地步；站出来奋力制止它，又不免为习惯于安定局面的人们所怀疑和咒骂。只有那些真正的仁人君子、豪杰人士，才能够冒天下之大不韪，为国家长治久安挺身而出，从而建立伟大的功业。我认为，从这一点上看，晁错确实做到了。自汉文帝以来，仅仅二十年的和平，就让汉朝人忘了过去的战争，反而认为和平是理所当然的，谁破坏安定团结的大好局面谁就是与全国人民为敌。在这稳定压倒一切的时代，聪明人如申屠嘉、陶青、窦婴之流，都知道话要拣好听的说，事要拣好做的办。只有晁错，才会傻乎乎地站出来，充当那个不和谐因了，一遍遍地诉说：诸侯之患便在旦夕之间。这个傻乎乎的晁错，比他们所有人都伟大！

苏轼对于晁错在七国之乱初期的应对失措，临阵胆怯，也毫不留情地予以抨击。他说，七国那样强大，你一棍子就想把人家撸死，人家起来叛乱不是理所当然的吗？这个时候晁错就该主动请求领兵平叛，而不能将最危险的事情交给皇帝去做。再说七国之乱不是你挑起来的吗，你还有什么可逃避的？正因为你临阵退缩，才造成了君臣之间的裂痕，从而被袁盎等人钻了空子，丢了性命。

苏轼以为晁错对于诸王叛乱毫无准备，事到临头被吓破了胆，于是要皇帝御驾亲征。对于这样的观点，我只能说苏轼得其表而不得其里，在晁错给汉景帝的建议中，首先说的便是"兵数百万，独属群臣，不可信"。而在此之前，汉景帝已经任命了周亚夫、窦婴等人为将。这其实是说明，晁错在向皇帝暗示周亚夫、窦婴等人不可信。谁都知道，在有关削藩的辩论中，窦婴是唯一一个敢跟晁错唱对台戏的人，两人关系非常不睦。而在窦婴身后，便是晁错的死敌袁盎，也是一贯地反对削藩。至于周亚夫，则是窦婴、袁盎两人的发小或世交，很难说不受两人的影响。甚至我们可以断定，周亚夫是两人的军事后台。所以，无论于公于私，晁错都会觉得这两人领兵平叛不可靠。

晁错早就说过，诸侯削之亦反，不削之亦反，说明他早就预料到了，削藩的结局肯定会引起诸侯的反叛。也许晁错对诸侯之乱的规模缺乏充分的估计，但绝不能说他不知道人家会起来叛乱，更不能说他对武装平叛毫无准备。晁错是平阳侯系的笔杆子，平阳侯在晁错唱文戏的时间里，早就集合了颍阴侯、公孙昆邪、李广等将领，日夜练兵，为未来的削藩之战做准备了。否则，七国之乱不可能那么快就平定。所以，晁错削藩完全是有备而来。但是人算不如天算，晁错父亲的自杀打乱了他们的步骤，而让其他因素左右了汉景帝的决断，其中最重要的是汉文帝的遗言和窦太后的意见。

而父母给他的建议中，不可能不掺杂那一辈人的考量。很不幸的是，老平阳侯、老颍阴侯在汉文帝、窦太后眼里都曾经犯过大错，从而失去了先帝和太后的信任。老平阳侯犯的错，是因为他在诛诸吕之后，支持老齐王而不是汉文帝刘恒继承大统；老颍阴侯犯的错，就是在领兵平诸侯的时候，自行与老齐王立约，两军互不侵犯。考虑到老齐王本身就与汉文帝是竞争关系。汉文帝不能不怀疑，老平阳侯到底与老齐王有什么交易，老颍阴侯与老齐王究竟都约定了什么？这两条致命的怀疑让汉文帝对平阳侯系、颍阴侯系不能完全放心，所以只好抬高周亚夫。而窦太后则因为与窦婴的血缘关系，坚决地支持窦婴掌权，所以平阳侯、颍阴侯在南北两大统帅权上通通落选。正因为汉景帝在关键时刻遵从了父母之言，立即拜周亚夫、窦婴为将，打乱了平阳侯、晁错的计划，才会让他们陷入全面被动。

对于晁错请求皇帝亲自领兵的原因，要放到具体的历史环境中去分析。失去了两大统帅权之后，晁错、平阳侯不甘心放弃，于是想以皇帝御驾亲征的方式剥夺周亚夫一方的统帅权。这样平阳侯在外领兵时，就多了一层胜算。对于晁错的用心，周亚夫、陶青等人完全清楚。他们抓住其中的破绽，无限上纲上线，反复说晁错这是临阵退缩，是在闯下祸来之后，让皇帝来背这个锅。

至于晁错，也不能完全无辜。他反对周亚夫等人为将，是有多少出于公心，有多少出于私利？平阳侯就一定比周亚夫强吗？眼看不能阻止汉景帝任命周亚夫等人，就主张割地求和，这怎么说都说不过去吧？汉景帝本就不满意晁错的建议，被周、陶这么一说，不满意立即转为气愤、愤恨。正巧袁盎又赶来进了一番谗言，陶青又联合朝中大臣一起施压，汉景帝于是对晁错动了杀机。

　　然而汉景帝很快就冷静了下来。无疑，他明白了其中的权诈。这是陶青、周亚夫一派文武大臣，在对他进行谗言蛊惑，要借他的手杀掉晁错，他决不能被利用。然而国家利益与一个人的生死孰轻孰重？汉景帝反复考量。这是他一生中最难的决定，无论成败他都要背负骂名。眼见汉景帝迟迟没有动静，袁盎等人再次入内逼宫，要汉景帝当机立断。汉景帝狠下心来，签署了奏章，却要程嘉去接来晁错见最后
　　面。不承想程嘉公然违背汉景帝旨意，断然下手，于是有了晁错在东市上的惨剧。

　　秦末汉初，关中流行一部角抵戏《东海黄公》。据载，黄公年轻时能降龙伏虎，本领很大。到了老年，气力衰疲，加上饮酒过度，不幸为白虎所杀。我想，晁错死后，这部戏应该会更流行吧。

　　袁盎、刘通到了吴王大帐时，吴楚兵正没日没夜攻打梁国。宗正刘通因为是吴王刘濞的侄子，又是汉朝宗室，所以能先进王帐。刘通取出诏书宣读，要吴王跪拜接旨。谁知吴王毫不理睬，我已为东帝，还要接谁的旨，奉谁的诏！于是命人将刘通赶出帐外，又命人将袁盎留在军中，却不见他。只是派人前去说服他给吴王为将，袁盎死命不从。吴王怒令将袁盎收监，天明问斩。巧在看守袁盎的人是袁盎故人，又曾受袁盎恩惠，便在深夜私放了袁盎。袁盎这才捡了一条命，逃了回来。

　　汉景帝在长安，朝夕盼望，一有机会就询问前方情况。谒者仆射邓公为校尉，上书言军事。——我们要记住，历来小人物上书最高层并且能上书成功，都是有大人物在背后做推手。这里的推手，很可能便是平阳侯等人。——汉景帝召见他，因而问之："你从前方回来时，有没有听到晁错已死的消息？"邓公道："臣听说了。"汉景帝问道："那么吴、楚两王应该也听说了，他们愿意退兵吗？"邓公叹息道："吴王谋反已经筹划数十年了，现在借口陛下削藩，以诛杀晁错为名起兵。然而路人皆知，吴王造反根本就不是因为晁错。而晁错因为主张削藩就被杀，臣恐天下之士，都噤口不敢复言矣。"汉景帝忙

问道："何哉？"邓公答道："晁错患诸侯强大不可制，故请削之以尊京师，此乃万世之利也。计画始行，卒受大戮。内杜忠臣之口，外为诸侯报仇，使亲者痛仇者快，窃为陛下不取也。"

汉景帝懊悔不及，喟然长叹："公言善，吾亦恨之！"（引自《史记·袁盎晁错列传》）

未央宫密谋

晁错死了，割地求和也失败了，汉景帝陷入巨大的空虚与懊悔之中。可战局的发展容不得他再拖延时日，他必须尽早决断。因此他一而再再而三地往来于未央、长乐两宫之间，与同样焦虑的窦太后商议对策。在反复权衡之后，汉景帝终于选择了诉诸武力，派周亚夫、窦婴二人出关平叛。

周亚夫是西汉开国元勋周勃的次子，七国之乱爆发后官封太尉。关于周亚夫的人生，相面人许负曾经有过极为精炼的预言：先封侯，再拜将相，位极人臣之后饿死。对于许负的预言，周亚夫从第一条就不信。原因是周亚夫是家中次子，按照当时的规定，他是无法继承父亲的爵位的。想不到这位名闻天下的相术大师，竟然会犯如此低级的错误。周亚夫哈哈大笑，你一开始就错了，后面还说得那么蹊跷、骇人，先位极人臣后又饿死，这样的自由落体我将来是怎么实现的？

许负一针见血地指出：你的嘴唇有条竖直的纹理一直延伸到了口中，这便是你的死法。

看的是面相，说的却是性格。周亚夫直爽豪迈，所言却常不中听。从这一点上看，倒是跟"峭直刻深"的晁错很像。晁错朝衣斩东市，周亚夫最后饿死，可见太过直率的人，都很难有好下场。

周亚夫之所以能被任命为方面军统帅，跟汉文帝的赏识有关。汉文帝在位时，跟着刘邦打天下的第一代将领们纷纷凋零，而外敌又连年入侵，使得他常常感叹："我大汉若有廉颇、李牧这样的人，还怕匈奴吗？"因此，汉文帝很注重考察、激励军中将领，甚至不惜夸大一点地说。例如李广就常对人夸耀，当年汉文帝曾对他说："如果让你赶上高祖南征北战的时代，封个万户侯还在话下吗？"

一个人如果有心做什么事，就一定能看到希望。汉文帝去世前最后一年，匈奴六万人大举入侵，三万人入上郡，三万人入云中。汉文帝强撑着病体调兵遣将，任命中大夫令勉为车骑将军，军飞狐；故楚相苏意为将军，军句注；将军张武屯北地；河内守周亚夫为将军，居细柳；宗正刘礼为将军，居灞上；祝兹侯军棘门，严密防控。为给前方将士鼓舞士气，汉文帝不顾安危，亲自到军营劳军。他先到灞上，再到棘门，这两处都不用通报，见到皇帝的车马来了都主动放行。而且两地的主将直到文帝到了才知道消息，迎接时慌慌张张，送文帝走时也是亲率全军送到营寨门口。

到了周亚夫的营寨，则与先前两军截然不同，开路先锋直接就被拦在营寨之外。在告知皇帝要来慰问后，军门的守军们却说："将军有令，军中只听将军命令，不听皇帝诏令。"根本就不让进去。等汉文帝本人到了，派使者拿自己的符节进去通报，周亚夫才传令打开寨门，准许汉文帝入内——注意，是准许汉文帝入内，可没说他要出来迎接。不光如此，营中士兵还严肃地告诫文帝的随从："将军有令：军之中不许车马急驰。"汉文帝只好下马，按辔徐行。一直走到了军中大营之前，周亚夫才一身戎装，出来迎接。他手持武器向文帝行拱手礼："介胄之士不拜，请以军礼拜见。"周亚夫如此"大胆无礼"，汉文帝却非常感动，欠着身向将士们回礼，让人对周亚夫说："皇帝敬劳将军。"

劳军完毕，群臣皆惊，他们压根儿就没让进去。面对大臣对周亚夫的咒骂和弹劾，汉文帝却说："这才是真正的将军啊！相比之下，灞上和棘门简直如儿戏一般。一旦敌人来偷袭，他们全都得被人俘虏了去。至于周亚夫，可得而犯邪！"对于周亚夫的表现，汉文帝很长时间都赞叹不已。

匈奴退后，汉文帝升周亚夫为中尉，掌管京城军事、警卫。在弥留之际，汉文帝特意嘱咐未来的汉景帝说："即有缓急，周亚夫真可任将兵。"这道遗言，便是周亚夫被任命为统帅的关键。

窦婴是窦太后的侄子。窦太后有兄弟窦长君、窦广国二人，窦婴究竟是谁之子，尚不清楚。窦长君、窦广国二人早年为人所卖，后到长安与窦皇后相认，兄妹团圆。绛侯周勃、颍阴侯灌婴为之选择忠厚长者为友，让子女与两位国舅的子女交朋友，从而使周亚夫、灌何等人与窦婴成了发小。在削藩一事上，窦婴坚决反对晁错，因此他与灌何很可能就此决裂。灌何与平阳侯成为一党，窦婴与周亚夫成为一党。七国之乱爆发后，汉景帝请窦婴为帅，监军曲周侯郦寄、将军栾布两军。

史书记载，面对汉景帝的征召，窦婴托病不任，以此抗议当初汉景帝不听他的主张坚决削藩，同时对窦太后贬斥他表示不满。我相信这样的记载，但我并不认为这是历史的全部。司马迁喜欢记载戏剧化、人性化的东西，却缺乏对政治博弈的洞察。窦婴的复出和周亚夫的任命，都是他们积极争取的结果。为了能够脱颖而出，他们不惜冒杀身之险，也一定要表现得人才出众。周亚夫在细柳营中的表现，可以一刀不剪地在全国上映。窦婴虽说反对削藩，可他在反对梁王继位方面比晁错都积极。这还是浮在水面上的可查的行为，那些潜在水下的动作还不知有多少，否则他们根本无法上位。

也许有人会问，窦婴不是一贯反对削藩的吗？周亚夫不是很可疑的吗？怎么现在他们摇身一变，成了积极上位要求平叛的人了？要解答这个问题，就要揭政治斗争的老底了。

对于政客甚至一部分政治家来说，最重要的不是什么立场，不是什么削藩不削藩，而是权力和地位。如果反对削藩就能聚合朝中大臣，抬高自己的地位，那就起来反对削藩。如果削藩已经不可逆，七国之乱已经打起来了，谁能在平叛中立功谁就能获取更大的威望、权力和地位，那就积极参与平叛。为了能掌握平叛的主动权，甚至可以表现得比晁错都更果决，更勇敢！在这种实用主义思想的指导之下，窦婴、周亚夫迅速转变立场，积极参与平叛，主导平叛，按照自己的意志书写历史。

汉景帝决心出兵之后，周亚夫上书陈策："楚兵剽轻，难与争锋，愿以梁委之，绝其食道，乃可制也。"（见《史记·绛侯周勃世家》）即由梁国正面拖住吴楚叛军，汉军则从后方切断叛军粮道，待叛军锐气耗尽，一鼓击灭之。周亚夫提出这一军事策略的前提，便是基于对楚兵"剽轻"特色的了解。——这里的楚兵不仅包括楚王所部，也包括吴王所部，他们都属于战国后期形成的"大楚国"的范围内。

战国末期，面对失土之痛和亡国之危，沉沦了上百年的楚国突然爆发，表现出了惊人的战斗力。他们的士兵急如烈火，以一当十，成了所有对手的噩梦。秦始皇统一六国过程中，项燕率领的楚兵不停不休急行三昼夜，大破秦军，造成了秦始皇亲政以来最大的危机。秦二世时，楚国的复国力量成为反秦的主力。在巨鹿之战中，楚军统帅项羽以大无畏的气概，破釜沉舟，一战歼灭秦军主力。在随后的楚汉争霸中，项羽更是将这种凶猛彪悍的性格发挥到了极致。动不动就千里奔袭，破军杀将，给刘邦军团留下了不堪回首的一页。汉朝建立之后，楚人依旧本色不改。英布的叛军就曾让刘邦大为头疼。虽说叛乱最终也被平定，可刘邦也在其中负了重伤，不久之后死去。狂妄、凶悍的楚人甚至连汉景帝本人也敢冒犯，当年吴太子事件之所以发生，很重要的原因就是楚人的剽轻无礼。

对于这样的对手，最好不要跟他正面交锋，不要当他第一个敌人，否则就会被它狂风暴雨般的攻势所摧毁，要耐住性子跟他周旋，像霍利菲尔德对阵泰森时候一样，绕到他侧翼、身后，让他打不着你，在僵持中消耗他的实力和耐心。楚人的三板斧用完了之后自然懈怠，那时候就可以以逸待劳将其击败。历史上，项燕、项羽、英布等人都是吃的这样的亏，而楚人似乎从未明白这一点。

周亚夫在纷乱中抓住了破局的关键，让汉景帝茅塞顿开，对平叛充满了信心。然而世间事之所以难办，就在于人是有感情的动物，梁王是窦太后的心头肉啊。窦太后天天盼你早日到睢阳，把梁王救出生天，你却说你压根就不想去？你说你就想看梁王和吴王拼命？周亚夫可真不愧是窦婴的亲生发小，两个人对待梁王、窦太后的"用完就扔"的态度可真一致。好在窦太后双目看不清楚，不知道周亚夫写的什么。但为了确保万无一失，这道奏章的审阅权限，还是被严格限定在了汉景帝和极少数人之内。

策略定好之后，周亚夫、窦婴各自启程。窦婴需要准备的事情不多，所以率先上路了。周亚夫人马太多，需要的时间也就多了一些。显然他等不及了。在给部下约好目的地并限定日期之后，周亚夫便带着区区六车人马，先行出发。可就在出发地灞上，一个读书人拦住了他。

三十六 奉辞伐罪，汉家将军

　　总有一些人，没有任何铺垫，突然之间就跳上历史舞台，以出人意表的举动，青史留名。赵涉就是其中之一。他在灞上拦住周亚夫的车队，告诉周太尉：吴王养死士久矣。当他知道你要出关，肯定会在崤山、渑池之间的险要地段埋伏人马。这些人可是要取太尉的命的。兵贵神秘，太尉要想立功就不能走寻常路！周亚夫一听就懂，立刻调转车头，改从蓝田、武关出关，向洛阳奔驰而去。

　　这个赵涉哪儿来的？他怎么知道吴王的计划？最关键的是，为什么别人没有提醒周亚夫？

　　阴谋论总能吸引人，可阴谋论并不是什么时候都可用。事情其实不复杂，周亚夫所部将士为了准备出征事宜，都快被钱逼疯了，连列侯、封君这样的将军权贵也不例外。为了筹措资金，他们不得已找到了长安城内的子钱家借高利贷。可恨的是，这帮平时唯利是图的吸血鬼们，现在觉得汉军成败未定，纷纷不予借贷。哪怕你一再抬高利率，也不能拿到一文钱，气得将士们恨不得进去抢钱。在这一片乱局之中，最精明、最大胆也最贪婪的子钱家无盐氏，拿出千金放贷给将士们，其利息为本钱的十倍！汉军将士们咬着牙，接受了无盐氏苛刻的条件，这才拿到了烫手的资金，缓解了燃眉之急。到了日期之后，汉军将士们按原建制，一批批地出关，开赴吴楚前线，奔向生死难测的战场。

此次平叛，周亚夫的吴楚方面军是汉军的主力，基本上集合了汉军所有的精锐。《史记》记载，周亚夫率三十六将军出关平叛。经本人考证，其中有名有姓的十二个人，分别是：汝南王刘非、程嘉；颍阴侯灌何、灌孟；弓高侯韩颓当、虫捷、卫绾、苏息、豚昭、直不疑、公孙昆邪、李广。周亚夫所部的将领，对汉景帝及汉武帝时期的政局产生了深远的影响，因此有必要说明一下各自背景。

1. 汝南王刘非是汉景帝与程姬之子，吴、楚反时，年方十五，血气方刚又有才气。当他看到吴王夸耀自己十四岁的儿子都参军了，于是上书汉景帝，要求参与平叛，而且一定要去最危险的吴国方面。汉景帝没想到这个儿子如此有胆略如此有孝心，大喜之下赐给他一方将军印，同意他入伍。

2. 程嘉应是当街斩杀晁错的那位。此人在周亚夫之后被任命为中尉，在平叛过程中颇有功勋，封为建平侯。刘非改封江都国王之后，程嘉被封为江都国相，一直到汉武帝元光元年去世，才被董仲舒接替。考虑到刘非是个很难伺候的主儿，董仲舒被任命为江都相甚至都有点发配的意思，可见江都相很不好当。而程嘉却能在江都相的位置上一干二十年，足见他跟刘非关系绝不一般。我大胆猜测，此人乃是刘非母亲程姬的家族中人，甚至就是亲哥或亲弟的关系。不然他怎么能一上来就接替周亚夫的中尉之职，怎么敢当街斩杀权臣？而程姬若无家中兄弟保护，怎么放心十五岁的孩儿上战场？

要知道，当时盯住刘非的可不仅仅是叛军，还有汉景帝的其他皇妃系势力。当时汉景帝还未立太子，大家都争得你死我活，却谁都不愿让自己儿子赴汤蹈火。刘非主动请缨平叛，成了汉景帝最自豪的儿子，怎能不被妒恨？也只有亲娘舅同行，刘非才不会在战场上不明不白地死去。

3. 颍阴侯灌何乃颍阴侯灌婴之子，标准的红二代。晁错就是在他国中出生的，也是被他最早发现的，他和老平阳侯一起将晁错推向权力核心。可以说，七国之乱是他们多年策划的结果。被周亚夫截了和的颍阴侯怎能甘心，他最大限度地动员了自身的力量，连年迈的灌孟也强拉上战场。

4. 灌孟是颍阴侯家臣、老将，生有儿子灌夫，但他的将军名分存疑，暂时算入吧。

5. 弓高侯韩颓当乃韩王信之子。当年韩王信因被刘邦怀疑，干脆起兵造反，兵败逃到匈奴后，在颓当城生了一个儿子，遂为之取名韩颓当。逃到匈奴的韩王信多次率军攻汉，还引诱了代相陈豨造反，从而牵出了淮阴侯韩信的大案。最终，韩王信在其又一次带兵攻汉时，被将军柴武斩杀。刘邦死后，吕太后与韩家冰释前嫌，允许韩王信妻子携儿子韩颓当和孙子一起归汉，并封韩颓当为弓高侯，开创了封匈奴归降者为侯的首例。参与平叛对于韩家人来说，是个证明自己的机会。因为在汉朝封侯是件很难的事情，李广终其一生都难以封侯。而韩颓当以叛逆之子归国，寸功未建就能封侯，让其他文武大臣怎么心服？

6. 虫捷是曲成侯虫达之子。虫达是历史上有名的剑客，号称西汉第一剑，因军功受封十八功臣。在虫达死后，虫捷继承曲成侯爵位。这个人一生三起三落，汉文帝元年继承爵位，八年后被废黜；文帝十四年恢复爵位，四年后又被废黜。他能有最后一次崛起，正是因为参与了这次平叛。

7. 卫绾这个忠厚长者，给人最深的印象，便是如生命一样保有汉文帝留给他的六把剑。

8. 苏息，身世不明。

9. 𨚫昭乃芒侯𨚫跎之子。他同虫捷一样，都是被废黜爵位、需借军功重新崛起的红二代。

10. 直不疑是个比卫绾还长者的人。当有人诬陷他吞金盗嫂时，他从不辩解，能被人发现真相就发现真相，不能发现就不能发现，反正他丝毫不在乎，很佛系的一个人。但当国家有难，主上担忧时，一介文官直不疑却能挺身而出，为国征战沙场。看来，他的佛系，只是不在乎个人荣辱而已。

11. 公孙昆邪是胡人，汉文帝时归化。他的身份比较复杂，有说其为西戎后裔，也有说其为匈奴人。此人颇有才能，在归汉之后又抱上了平阳侯家的大腿，与平阳侯等人一同策划了七国之乱。也正是因为这一点，让我对他产生了一些怀疑：策划七国之乱，是不是公孙昆邪的曲线救国？平阳侯等人是不是被此人利用了？联系到公孙昆邪的儿子公孙贺、公孙敖在对匈战争中屡战屡败……细思恐极。

12. 李广是陇西成纪人，先祖为秦朝名将李信，就是手刃燕国太子丹，又被项燕大败那个人。汉文帝十四年，李广从军击匈奴，因功封为中郎。此人与官至陇西太守的公孙昆邪关系密切，可能是经其一手提拔起来的少壮派。七国之乱期间，李广战功卓著，却因政治原因没被叙功封侯。此后数年，李广郁郁不乐，常在边境不顾性命与匈奴人搏战。公孙昆邪哭着对汉景帝说："李广才气，天下无双，自负其能，数与虏敌战，恐亡之。"除了公孙昆邪，我还真没见其他人这么可怜过李广。可因为他劝阻李广与匈奴搏战，又一次加深了我对公孙昆邪的怀疑。难道这真的是一个木马？晁错本来是关注匈奴方面的，为此写了大量的上书，后来就集中精力研究诸侯王问题。这一转变的原因是什么？

是不是因为公孙昆邪的到来？我越想越觉得可疑。平阳侯身边基本上都是汉人权贵，公孙昆邪这个异族人，竟然能顺利地走到平阳侯身边，实现历史性的接近，说明他绝非等闲之辈。才气横溢的李广将军，在对匈作战中屡屡失败，会不会是因为身边早就被安插了间谍，给敌人通风报信？

从上面的分析中，可以看出周亚夫阵营中，周亚夫本人属于先帝托孤；汝南王刘非是为父而战，程嘉是为了保护刘非而出征；颍阴侯灌何、灌孟、公孙昆邪、李广可以比较容易地划成一派，是七国之乱的策划者；虫捷、�昭是为东山再起而战；卫绾、直不疑是忠贞为国的长者；苏息不明；弓高侯韩颓当是为了证明自己。要想统御这些目的不一的将领，周亚夫需要狠下一番功夫。

顺便也说一下窦婴所部两位将军：

1. 曲周侯郦寄是汉初大臣郦商之子。郦寄早年跟吕太后的侄子吕禄关系很好，在汉朝大臣灭诸吕事件中，郦寄为救父亲郦商，诓骗了好友吕禄，致使吕禄被杀。事后叙功，郦寄袭封曲周侯，岁食禄五千石，用锡圭券，世袭罔替。而郦寄却因为背上了"卖友"的骂名，开心不起来。

2. 栾布是汉初以来的老人了，一生坎坷，起起伏伏。七国之乱爆发，老将军重披铠甲。

两部将领已经梳理完毕，那么平阳侯在哪儿呢？考证史书，平阳侯似乎并不在这批出征的人之中。他与他父亲积极运作了几十年，临了却是为他人作嫁衣裳，看他人建功立业。

千年谁解《战城南》

　　周亚夫经过长途跋涉，终于来到了洛阳城外。令他高兴的是，洛阳人剧孟毫无保留地支持平叛；令他愤怒的是，崤关一带果然发现了吴国的伏兵。看来吴王果然耳目众多，且心狠手辣。

　　此时梁王刘武正在睢阳城中苦苦坚持，听到周亚夫出关的消息，他欣喜若狂，立即派人来请兵。周亚夫审时度势，命虫捷部迅速南下，经淮河向东，去稳住淮南、衡山、庐江三国；自己却率汉军主力向东北方向而去。汉军主力这一行军线路不禁令人费解，睢阳在荥阳偏东南方向，周亚夫怎么不直接过去？这样向着东北方向行军，越走越远，到底是向哪儿去呢？周亚夫显然没有对人透露他的战略，虽然他也需要跟人商议具体的策略，可是他一直找不到可信任的人。一直到了淮阳，见到了父亲的老门客邓都尉，他才排除顾忌，询问道："策安出？"这个邓都尉显然是个战略高手，说出来的话几乎跟周亚夫想的完全一致，而且更具有可操作性。他回答说："吴兵锐甚，难与争锋。楚兵轻，不能久。方今为将军计，莫若引兵东北壁昌邑，以梁委吴，吴必尽锐攻之。将军深沟高垒，使轻兵绝淮泗口，塞吴饟道。彼吴梁相敝而粮食竭，乃以全强制其罢极，破吴必矣。"（引自《史记·吴王濞列传》）邓都尉建议周亚夫引兵北走昌邑，使轻兵南下绝吴淮泗口，断其粮道。然后任由梁、吴互相伤害，再以逸待劳，坐收渔翁之利。

对于这个建议，周亚夫只说了一个字："善。"然后引大军继续向东北行进，直抵昌邑。

吴王看到周亚夫出关，顿感时间紧迫，于是加大了力度，没日没夜地围攻睢阳。想在周亚夫援兵到来之前，抢先拿下睢阳。如果周亚夫在睢阳城陷之前赶来了，吴王反手就可以来一波围城打援。反正睢阳再大也用不了几十万人去围困，围了十八层跟围了三四层的区别能有多大？吴王的兵力那是相当富余的，为了提高闲置兵力的使用效率，甚至可以说吴王就等着周亚夫过去。所以梁国的使者才能"冲破"重重包围，一而再再而三地来到昌邑，向周亚夫请求救兵。而周亚夫早就看透了梁、吴两方的情势，他在昌邑精心布置、驻扎汉军主力，任梁王使者怎么哭诉，就是不派救兵。梁王见周亚夫不来，愤而上书汉景帝。这样一来，窦太后也知道周亚夫不肯救梁王的事情了。汉景帝迫于太后压力，只好下令周亚夫派兵增援梁王。而周亚夫则公然违背君令，在昌邑城中坚壁不出。

梁王无奈，只好压抑住心中的悲愤，拼了性命和叛军血战。当时梁王帐下人才多以文人为主，武将能拿出手的只有韩安国、张羽两人。好在韩安国持重，张羽勇武，所以每每重创叛军，取得了一次又一次的胜利。吴王见梁王不但不死，不降，还杀伤了他这么多的兵力，愈发愤怒，遂倾全力猛攻。双方在睢阳城下展开了一场场的恶战，其惨酷之情，千载之下，犹自令人胆寒。

有一首乐府诗《战城南》，生动描绘了睢阳城下的战况，可助我们一窥其惨烈：

战城南

战城南，死郭北，野死不葬乌可食。为我谓乌：且为客豪！

野死谅不葬，腐肉安能去子逃？水声激激，蒲苇冥冥；枭骑战斗死，驽马徘徊鸣。梁筑室，何以南？何以北？禾黍不获君何食？愿为忠臣安可得？思子良臣，良臣诚可思：朝行出攻，暮不夜归！

"战城南，死郭北，野死不葬乌可食。"城南、郭北，既是中国古典诗词中常见的互文见义，讲述城南城北，都在进行战争；又用城南城北作代指，讲的是城外四面八方到处都有流血和死亡。当时的战争极其激烈，胜负得失转换得非常快，而每次转换都伴随着大量的死亡。所以这首诗起句刚叙及"战"，便直接接以"死"，其节奏快到让人目瞪口呆的地步。在这人命快速陨落的战场，每个人的面目甚至都来不及被敌人看清，便已经倒地而亡。太多太多壮烈的死亡，多到令人头晕，多到令人根本分不清，也记不下来。只记得每场战斗过后，大地上横七竖八，躺满了尸体。成群成群的乌鸦，"呀呀"地叫着，争啄着这些无人掩埋的尸体。这样惊心动魄的惨状，任谁都不能保持镇定。

"为我谓乌：且为客豪！野死谅不葬，腐肉安能去子逃？"乌鸦们！在你们在啄食尸体之前，先为这些惨死的人大声恸哭吧！他们死在荒郊野外，没有人会为他们收葬尸身，早晚都是你们的口中食！

"水深激激，蒲苇冥冥"，清凉的河水流淌着，茫茫的蒲苇瑟瑟着，似乎在向人们哭诉着战争的灾难。"枭骑战斗死，驽马徘徊鸣。"突然，一声战马的长嘶，引起了人们的注意：它身受重伤，已经不中用了，但仍然徘徊在死去的勇士身旁，悲鸣着不肯离去。作为汉朝的心腹诸侯国，梁国配备了大量的骑兵。梁国的骑兵救过袁盎，在战争中发挥了巨大的作用，也付出了沉重的牺牲。在这里倒地身亡的，便是一个梁国的骑兵。他的战马为梁国人熟识，更为梁国人增添了一份悲痛。

"梁筑室，何以南，何以北？禾黍不获君何食？愿为忠臣安可得?"这是最难解读,也是历来产生根本性分歧的一句。首先这个"梁"字就有梁木、桥梁等多种解读,"何以南,何以北"也让很多人不知所云,即便勉强解释,无法自圆其说。而我认为这里的"梁"字指的正是梁国,汉朝真正大规模的城市攻守战,就梁国睢阳之战这一次,所谓汉匈之战的说法根本文不对题。梁国为了守住城池,南南北北修筑了很多层工事,在老百姓看来,这些工事让外面来不及入城的人进不来,里面的人也出不去。来不及进城的人死于叛军铁蹄之下,出不去的人只能眼睁睁地看着城外的土地抛荒。而后者的影响更严重。人误地一时,地误人一年。这场发生在春季的战争,完全耽误了农事。所以有人会担心,秋天的时候没有粮食吃。这几乎是可以预见到的灾难,比直接的伤亡更令人恐惧。无论战争什么时候结束,梁国人都将面临一个饥饿的未来。到那时候,还怎么为国尽忠,愿为忠臣安可得?

提到睢阳的城防工事,就不能不提睢阳的城墙,这也是梁王能守住城池的关键因素之一。睢阳城最初是秦灭魏之后所置,刘武自淮阳国改封梁国,徙都睢阳后,大规模扩建睢阳城。史书记载,睢阳城"城方三十七里,二十四门"。20世纪90年代,中美联合考古队曾发掘证实,睢阳城就建在睢水北岸、春秋宋国的城址之上。宋国宋城本就高大坚固,刘武又在宋城之上加宽加高,令睢阳城更加雄伟。当时的民工,还以此创作了著名的《睢阳曲》,正可以跟《战城南》相印证:

> 筑城去,千人万人齐抱杵。重重土坚试行锥,军吏执鞭催作迟。
>
> 时一年深碛里,着尽短衣渴无水。力尽不得休杵声,杵户术定人皆死。
>
> 家家养男当门户,今日作君城下土。

相比《战城南》，这首诗更直接描述了民夫在筑城过程中的艰辛和血泪，千人万人在皮鞭之下劳作，缺衣少食，力尽不得休。城成之日，多少人已是城下之土！睢阳城下，多少冤魂！

《战城南》最后四句，再次哀悼死难的士卒。"思子良臣，良臣诚可思。"人们饱含深情，用一个"诚"字，倾吐了自己内心的悲痛。"朝行出攻，暮不夜归。"感叹将士们一去不复返，语句极其沉痛，引起人莫大的悲哀。结尾两句同开头勇士战死遥相呼应，使全诗充满了浓重的悲剧气氛。

在这场战争中，梁王孤立无援。眼见周亚夫拒不出手相救，梁王于是派人私下拉拢汉军将领，授予李广将军印。可是李广虽然接受了他的印信，却终究没敢违令出兵。周亚夫治军是极其严格的，谁不知道在细柳营，他连皇帝的面子都不给。将军们要敢忤逆他，简直就是不想活了。梁王这些小动作根本没起到什么作用，最后只能依靠自己不多的兵力，在睢阳城中继续坚持，日日夜夜与叛军鏖战。那是他一生中最艰难的岁月，也是他后来一生荣耀的资本。虽然其代价更多的是由睢阳军民为其承担，他毕竟也做到了跟睢阳军民生死与共，没有投降，没有跑路，没有自杀，只有战斗。而吴王，硬生生地被他拖住了脚步，吸引住了精力。他全然不知道，在自己身后正在发生怎样惊心动魄的事情。

周太尉千里赴戎机

七国之乱起，汉景帝任命周亚夫为太尉，总管平叛事宜。周亚夫为了尽快赶赴前线，抛下大军，只带了十几人的小队就火速出发。

吴王的睢阳城来信

就在吴王全力围攻睢阳的时候，已经投奔梁王门下的枚乘，给他写来了一封书信。这是一封著名的书信，枚乘在其中除了继续对吴王苦苦劝谏，要他认清形势之外，还提出了一个惊人的判断：假如吴王继续耗在睢阳城下的话，汉朝可能会从吴楚叛军背后下手，给吴王一个釜底抽薪。

枚乘的奏疏中这样写道："今大王还兵疾归，尚得十半。不然汉知吴之有吞天下之心也，赫然加怒，遣羽林黄头循江而下，袭大王之都；鲁东海绝吴之饷道；梁王饬车骑，习战射，积粟固守，以备荥阳，待吴之饥。大王虽欲反都，亦不得已。"（引自《汉书·贾邹枚路传》）他在这里，除了判定梁国一定会坚持到最后外，还一针见血地指出：汉朝会派黄头郎循长江南下，袭击吴国首都广陵；还会从鲁国一带南下，截断叛军的粮道和退路。在奏疏的最后，他甚至指名道姓地提到了弓高侯韩颓当，暗示此人身负重大任务和行动。这说明，枚乘不光是一个出色的、有战略思维的谋士，还有相当可靠的情报来源。

对于枚乘的劝谏和警告，吴王并没有引起足够的重视。这是必然的，假如吴王能听得进枚乘的劝告，当初就不会起兵。现在的吴王更是船大难掉头，所有灵活一些的策略都难以采信。

吴王初发兵时，大将田禄伯即谏言："兵屯聚而西，无它奇道，难以立功。臣愿得五万人，别循江、淮而上，收淮南、长沙，入武关，与大王会，此亦一奇也。"（引自《史记·吴王濞列传》）田禄伯深知，以叛军的实力，难以同汉朝抗衡。要想博取胜利的机会，一定要出奇制胜，也就是采用正合奇胜的策略。当年楚怀王部署诸将伐秦，要项羽北上邯郸，刘邦西入武关，用的便是正合奇胜的战略。后来楚汉鏖战中原，数年不决胜负。刘邦即以韩信为大将，领奇兵北定魏、代、赵、齐，最终让不可一世的西楚霸王自刎乌江，也是正合奇胜。甚至眼下周亚夫的平叛策略，还是正合奇胜：正面由梁王跟叛军正面死磕，自己则在叛军侧翼、身后展开行动。周亚夫能想到正合奇胜，田禄伯作为叛军大将，自然也能想到。

吴王将此计与吴太子商议，谁想吴太子说道："王以反为名，此兵难以借人，人亦且反王，奈何？且擅兵而别，多它利害，徒自损耳！"（引自《史记·吴王濞列传》）吴太子狠泼了两桶冷水：正合奇胜存在奇兵失控的风险，并且不合时宜的分兵，会导致诸多失误的发生。应该说，吴太子的说法还是有一定的道理的。正合奇胜的战略好是好，但在实际运用的时候有个前提，就是一定要先找到敌方的真正主力，并将他拖住，才能施展。在当时的情况下，究竟是把梁国作为主要敌手，还是汉军？梁国还没拿下，汉军还没出手，你怎么实现正合？以叛军的实力，到底能不能将对方拖住？在没有同敌主力接触之前，早早分兵，只会导致主力部队有倾覆之险，那就得不偿失了。此外，大量的战例证明，分出去的奇兵确实有失控之险。刘邦私自占据关中，韩信请求册封齐王，周亚夫不听诏令，都是其表现。更何况吴王还有个致命的弱点，他以造反起兵，本身就背负着一身的原罪。别人要想背叛他，一点心理包袱都没有。

所以吴王权衡再三，还是拒绝了田禄伯的建议，失去了一个战略胜利的可能。

另有一少年桓将军建议吴王，一路向西，不要被沿途敌人牵制住。他的依据是吴国多步兵，步兵利险；汉朝多车骑，车骑利平地。所以最好的策略是不管沿途郡县，而是一路向西。先占洛阳武库，再得敖仓之粮，挟山河之险以令诸侯，虽无入关，天下固已定矣！此人虽然年少，却很有战略眼光。要真是按照他的主意来，叛军在周亚夫出关之前，迅速拿下洛阳，则关外就尽为叛军所有了。周亚夫之所以在只有十几个人七八条枪的情况下，就疯了一样地出关，就是怕有人赶在他前面。

对于这条建议，吴王有些吃不准，便向老将们咨询。老将们哪里看得起这个毛头小子，纷纷骂道："这种热血少年，上阵杀敌、推锋争死还差不多，安知大虑！"最后吴王不用桓将军之计，却派了一些人埋伏在崤关附近的山上，刺杀周亚夫等出关大将。看来，吴王只能玩这种小手段。

吴王正是在拒绝了上述建议之后，径直来到睢阳，同梁王死磕的。就像特洛伊战争的前九年一样，吴楚叛军打得一点技术含量都没有。每天就是攻城又攻城，白白消耗了实力和锐气，却毫无进展。

唯一的例外，就是不在睢阳的周丘。周丘原是下邳人，犯事之后逃命到了吴国。此人的特点一是好喝酒，二是无恶不作。按说这种人渣在吴国不少，谁要是没点丑事，甚至都不好意思在吴王身边混。可周丘不同，他竟然人渣到了连吴王都瞧不起的地步。可想而知，他是有多么的人神共愤。所以吴王在起兵之后，把几乎所有门客都封了将、校尉、侯、司马等官职，却唯独不用周丘。周丘看着别人穿新衣、骑骏马，喜气洋洋地去谋反，心里非常郁闷。可他明白，这事也怪不得别人，谁让自己过去太野兽派了呢。周丘转念再一想，自己虽然抽烟喝酒爱文身，可他知道自己是好男儿。他要给吴王看看，到底谁才是天生的谋反者。于是他找到吴王，说道："臣以无能，不得待罪行间。臣非敢求有所将也，愿请王一汉节，必有以报王。"（引自

《史记·吴王濞列传》）吴王在起兵之后，跟造假币一般仿造了大量汉节。这些汉节便是他用以蛊惑人心、煽动地方的工具，不少人都上了它的当。周丘当然知道这个妙用，于是向吴王提出了这个请求。对吴王来说，相比于要兵要权，这个汉节的要求太简单了，痛痛快快就给了他。

周丘得到汉节之后，骑上马连夜跑回下邳。他心中发誓，这次一定要把乡亲们带到沟里去。当时下邳人听说吴王造反，纷纷上城协助官军防守。周丘假冒汉朝使者，大模大样地进了官方的招待所，让地方官来拜见他。地方官岂敢怠慢，急忙来到传舍见汉使。等他进了传舍之后，简直不敢相信自己的眼睛。这是汉使？这不是周丘吗？这种人也能成汉使者？周丘不等他反应过来，立刻以莫须有的罪名杀了他，夺了下邳的政权。然后他召集家族兄弟和亲朋好友，连蒙带骗地对大家说："吴反，兵且至，屠下邳不过食顷；今先下，家室必完，能者封侯矣。"（引自《史记·吴王濞列传》）下邳人分不清真假，全都被他拐带上了谋反的战车。周丘一夜之间，就在下邳得到了三万人马。他一面派人将消息报知吴王，一面迅速向北攻城略地，边打边扩充人马。到了城阳时，他的兵力到了令人难以置信的十万人以上。有了这支强大的人马，周丘在周边郡县纵横驰骋，策应了睢阳的攻势，做到了田禄伯想做而没有做到的事情。

孔子云："吾以言取人，失之宰予；以貌取人，失之子羽。"我想，吴王看到周丘这么能耐，应该会说："吾以'德行'取人，失之周丘"吧。尽管他标准的上限，连别人的下限都不够。

可以说，正是有了周丘这支奇兵的横空出世，吴王才能横下一条心来同梁王血拼。虽然周丘的人是乌合之众，可毕竟有十万人。有这支队伍在，汉军不可能插到他的后方去。就在他做如此想法的时候，来自淮南国的坏消息给了他当头一棒。在吴王的起事阵营中，淮南、衡山、庐江三王居于重要的地位。可是这三个诸侯王在他起兵之后并没有跟进，他的使者到了庐江国，庐江王竟然装傻不应；到了衡山国，衡山王则一口拒绝。想来可能还是他们的大哥淮南王自作主张，替两个弟弟答应了起兵的事情。可是淮南王虽然有心跟进，却天真地相信了国相的话，把兵权交了出去。自己成了光杆司令不说，连人身自由都无法保障。吴王得知情况之后，立刻派兵去抢淮南王，没想到被汉军虫捷所部抢了先。吴王的人马在淮南国徘徊不去，结果被虫捷率领的汉、淮南、衡山、庐江联军杀得大败而归。

吴王不敢相信，汉军这么快就到了淮南国。他更不敢想象，汉军整合了淮南三国之后，接下来会不会顺流东下，向广陵……吴王感到一阵寒意，他找出枚乘给他的书信，重新翻看。反复思考之后他终于相信，把所有精力放在睢阳是多么的愚蠢，周亚夫肯定在他背后搞事，尤其是粮道！于是他火速召集诸将，要选派精兵回国守护后方。兵马正要发出，就传来了淮泗口粮道断绝的消息。

神秘的将军

孙子曰："凡用兵之法，驰车千驷，革车千乘，带甲十万，千里馈粮，则内外之费，宾客之用，胶漆之材，车甲之奉，日费千金，然后十万之师举矣。"自古以来，战争都伴随着对各种资源的极大消耗，其中粮食的消耗又是重中之重，一日一顿都少不得。关于这一难题，兵圣孙武说最好的方法便是因粮于敌，从敌人那里获取粮食。叛军阵营的桓少将提出的先占洛阳武库，再得敖仓之粮的策略，便是基于这一思想。然而吴王听从老将军们的建议，否决了他的这一建议，致使叛军的粮食便只能从后方千里迢迢来补给。所以，分析吴王的粮道并予以切断，便是一件至关重要的事情了。

正所谓南船北马，吴国国中运输主要依靠水上交通，其中最重要的一条线路便是邗沟。邗沟南起扬州以南的长江，北至淮安以北的淮河，是中国最早见于记载的古运河。当年吴王夫差一心要北上伐齐，称霸中原。然而劳师袭远向来是兵家大忌，夫差面临着十分困难的运输问题。如何打通长江与淮河间的水路交通，不再像先王阖闾远征楚国那样让船队绕道海上？夫差将目光投向长江北岸这片芦荻萧瑟的大地，何不连接长江和淮河间的多个湖泊，开出一条便捷的水上通道？

在公元前486年，夫差筑邗城于长江北岸的蜀冈之上，并于蜀冈之下开凿邗沟。为了完成这一前无古人的伟大工程，夫差征调了大批民夫开工凿沟，史上用"举锸如云"形容当初数万人奋战的场面。就这样，邗城（即后来的扬州）成为吴王夫差北上逐鹿中原的跳板，而邗沟也成了后来吴王夫差北上征战的水上运输线。

据《汉书·艺文志》及郦道元的《水经注》记载，邗沟的路线大致是：南引长江水，再从如今观音山旁的邗城西南角，绕至铁佛寺稍南的城东南角，经螺丝湾、黄金坝北上，穿过今高邮南三十里的武广湖与陆阳湖之间，进入距今高邮西北五十里的樊良湖；再向东北入今宝应东南六十里的博芝湖、宝应东北六十里的射阳湖；出湖西北至山阳以北的末口，汇入淮水。因为利用天然湖泊以减少人工，所以邗沟线路曲折迂回，全长约四百里。《春秋左传》有一段话记载了这一历史："哀公九年秋，吴城邗，沟通江、淮。"从此中国历史上第一条以军事为目的的人工运河，也是中国及世界有确切纪年的第一条大型运河开凿成功。夫差开通邗沟的第二年，吴军便沿着新开的运河北伐。借助便捷的水上通道，吴军驾船如飞，势如破竹，陷陈国，败齐师，退楚兵，终于凯旋。

对于韩颓当来说，切断邗沟上可以断绝吴王粮道，下可以进图扬州，占据吴王的大本营，具有相当的诱惑力。可熟知历史的我们知道，韩颓当并没有选择这条线路。这是因为在邗沟以西还有一条大河注入淮河，那便是泗水。切断邗沟可以断绝自扬州运来的军粮，却无法切断自泗水运来的军粮。并且邗沟因为直通扬州，所以防守较为严密。虽说吴王几乎倾巢而出，可对于自己的老巢，毕竟也留下了一些兵力。而韩颓当远道而来，所带兵力也不会太多，要是不能一击而中，很可能会打草惊蛇，被人反向包围。所以他很明智地选择了泗水注入淮河的河口处，即淮泗口，作为攻击点。这样一来，不光切断了泗水方面运来的军粮，连扬州经邗沟方向一并运来的军粮都给拦截在这里了，可谓一举两得。

淮泗口天下闻名，然而关于淮泗口的具体位置，古往今来却众说纷纭。如果我们展开一幅中国地图，你会很轻易地指出泗水在哪里注入淮河，因而向我说明哪里是淮泗口。但是抱歉，这不是真正的淮泗口。历史上的淮河多次改道，导致那次战役的爆发地和现在的淮泗口根本不是一个地方。

我在很长时间内，痴迷于历史上的淮泗口。它是七国之乱的转折点，却在史书上语焉不详。司马迁对这场战役一带而过，因为此战的主将韩颓当是韩嫣的祖父，而韩嫣又是汉武帝的宠臣……

好吧，那我们就自己来寻找淮泗口的具体方位。据《水经》载：泗水是"过下邳县西，又东南入于淮"。而淮水则是"东北至下邳淮阴县西，泗水从西北来流注之"。可知两水的交汇处，是在当时的淮阴县（今江苏淮阴码头镇旧县村）西北这样一个大致的方位。但是我们都知道《水经》之所以有名，不是因为《水经》本身，而是因为它的注解，即《水经注》。《水经》不过一万多字，《水经注》却有三十多万字，大大超过原著，其权威性也远超原著本身。关于淮泗口的方位，郦道元就给出了不同的解释："泗水又东经角城北，而东南流注于淮。"角城位于今天淮阴之北、泗阳境内的李义口。郦注的记载，说明淮、泗交汇处是在角城的东南，离角城还有一段距离。但郦注又云："淮、泗之会，即角城也。左右两川，翼夹二水决入之所，所谓泗口也。"是说淮、泗两水的交汇处——泗口就在角城。可见，郦注自身对淮泗口的具体描述，也存在一定矛盾。民国学者熊会贞认为，泗水最终是至清河县西北清口入淮的。他还认同角城即淮阴的说法，其观点与《水经》所述基本相同。

考据淮泗口的具体位置殊为不易，笔者并非内行，只能暂从《水经》码头镇的说法。关于这个码头镇，还真的不能略过，因为这里曾经生活过一个极其特殊的人物，大人物。关于这个人，唐代文人崔国辅曾在此写诗《过漂母岸》，起首便是："泗水入淮处，南边古岸存。秦时有漂母，于此饭王孙。"

是的，这里是淮阴侯韩信的出生地，是他钓于城下、受漂母饭食之恩的地方。当年韩信家贫无行，从人寄食不得，只好在城下淮泗水边钓鱼。可能是泗水水流较急，也可能是韩信不长于此术，因此所获不多。河边浆洗衣服的一位老妈妈可怜他，就拿出饭来给他吃，一连几十天都如此。韩信感激道："我一定重重报答您！"由此我们不得不废书而叹，历史是多么的荒谬和讽刺！码头镇一带原本是运粮的要津，而这位国士却在这里挨饿。大秦帝国让一位国士在粮道要津挨饿！老少边穷地区顾不过来也就罢了，怎么能近在眼前也不管呢？难怪韩信会对秦朝毫无感情，形势起来之后，二话不说就加入了灭秦的队伍。假如当时秦朝给了他一口饭吃呢？韩信是个知恩图报的人，对包括刘邦在内的，给过他推食之恩的人都心怀感激。他以楚王身份衣锦荣归后，即以千金回报老妈妈。他面临刘邦的猜忌时，也一再选择了隐忍。假如秦朝当时能给他以温饱，他应该不会轻易就加入推墙的大军。

关于韩信，在这里有很多事情值得说。比如韩信跟韩颓当父亲韩王信的巧合，比如韩信为什么长于水战，比如关于韩信埋母的传说的另一个解释，邪恶的解释，等等。限于篇幅，这里就不一一展开了。只说我在探究淮泗口码头镇的时候，搜寻到的另一个关于韩信的传说，即韩信草的传说。

韩信草，又名半枝莲，常用于治疗跌打损伤、吐血、咯血、痈肿疔疮等疾病。相传韩信幼年丧父，青年丧母，家境贫寒，靠卖鱼苦苦度日。一天，韩信在集市卖鱼时，被几个无赖打了一顿，卧床不起。邻居赵大妈送饭照料，并从田地里弄来一种草药，给他煎汤服用，没过几天，他就恢复了健康。后来，韩信入伍从军，成为战功显赫的将军，帮助刘邦打败了项羽，夺取了天下。韩信非常爱护士兵，每次战斗结束后，伤员都很多，他一面看望安慰，一面派人到田野里采集赵大妈给他治伤的那种草药。采回后，分到各营寨，用大锅熬汤让受伤的士兵喝，轻伤者三五天就好，重伤者十天半月痊愈，战士们都非常感激韩信。后来，大家听说韩信也不知道这种草药叫什么名字，于是，就想给这种草药起个名字。有人提议叫"元帅草"，有人反对说："几百年后，谁知道是哪个元帅？干脆就叫韩信草吧！"大家一致同意。于是，"韩信草"的名字就这样叫开了，并一直流传至今。

这个传说，显然跟司马迁所记的有些出入。韩信在传说中已经摆脱了饥饿，开始卖鱼换钱了。可能在河边连钓几十天之后，韩信成了行家里手，才有可能出来卖鱼。可是他的困境，不是一筐鱼能解决的。要想走出人生的迷宫，韩信只能离开码头镇，离开淮泗口，带着一身的伤痕离开。

多年以后，韩颓当带着骑兵呼啸而来，以迅雷不及掩耳之势夺下了淮泗口。在接管这座要津之后，韩颓当四处巡视时，是否会听人讲起，这个跟他父亲同名同姓的、声闻天下的韩信呢？

淮泗口之战使得整个战局瞬间改变。吴楚叛军在粮道断绝的情况下手足无措：向西直取长安就怕汉军、梁军尾随攻击，留下继续攻打睢阳又怕白白消耗实力；与诸齐会师又怕周亚夫在半途拦截，与南越王合兵又怕被人吞并；撤回国内又怕将士土崩瓦解，派人夺回淮泗口则既怕分兵之错又怕白白浪费兵力。总之，进也不是，退也不是，到哪里也不是。吴王真后悔，当时怎么就没趁周亚夫在昌邑立足未稳，先把他除掉？居然留着他聚合人马，坐大之后让一个从匈奴回来的野种在我身后捅刀！

战局在一天天恶化，朝夕之间就大不相同。韩颓当和虫捷很快在淮泗口和淮南三国站稳脚跟，并招募了大量人马，一起向东狠挖。看样子是要一南一北把叛军的老巢给捣毁。吴王楚王和叛军的核心人员焦虑万分，在分析了所有的可能、放弃了所有的不可能之后，他们选择了其中唯一的可能——北上直取汉军！吴王看得很清楚，这段时间以来，梁王深受围攻之苦，日夜盼周亚夫救而不得。为此，两人早已心生嫌隙，甚至是有了很大的怨恨。假如吴王攻击周亚夫，梁王绝对不会对周亚夫军施以援手。而除此之外的任何军事行动，梁王均不会置之不理。所以，打周亚夫将是最省心省力的！

——军粮断了算什么，项羽当年还主动烧了自己的军粮呢，破釜沉舟反而成为取胜的关键！

七国之乱至此，睢阳城很像帕特洛克罗斯的尸体，在梁国和叛军之间激烈地争夺。然而随着吴王的北上，七国之乱最关键的战场已经转移到了下邑。下邑位于睢阳城东六十公里处。当淮泗口失陷，吴王刘濞正在犹豫是否放弃睢阳的时候，周亚夫已经率大军抢占此地，在叛军的归路上严阵以待了。

正因为这座城市是七国之乱最关键的战场，所以才会引起我最大的好奇心，想要尽最大可能地去了解、研究这座城市。通过名字我们就可以知道，下邑其实是一座小城，所治在今天的安徽省砀山县。砀山县地势平坦，系黄河冲积而成，境内中部略高，南北稍低，地下水资源丰富。这样的地形在方圆百公里内都很少见，加之又在睢阳正东，无疑很适合大军屯驻，甚至可以说是一个天赐的战场。

我找到了《砀山县志》，看完之后感叹，这场决定西汉帝国命运的战争，在书中竟无只言片语的记载。犹如2018年5月我去某城公干，热情的当地人民向我讲述张学良的种种往事，却对准确预报地震、拯救了十万人民的恩人们一无所知。历史总是这样，选择性记住并忘记一些人和事。

也罢，还是继续搜寻资料，探究汉朝时期的下邑究竟是怎样一番模样吧！

在古代，砀山县的主要粮食作物为高粱，种植面积较大。1950年以后，砀山的主要粮食品种才逐渐改为小麦、玉米、红芋。蔬菜方面，砀山县在古代主要以大白菜、萝卜、池藕为主。在砀山县栽培黄花菜历史非常悠久，在唐朝时还曾列入贡品。值得一提的是砀山的水果，砀山是历史古邑，砀山酥梨亦有三千年的栽培史。明万历修编的《徐州府志》已有"砀山产梨"的记载。可以说，砀山县因芒、砀二山而得名，却因盛产酥梨而扬世。1917年5月13日，赛珍珠和她的农学家丈夫布克先生在宿州南关的"民爱医院"结婚。婚后的1917至1921年五年间，赛珍珠来到砀山等地进行考察与采访，并以当时砀山的农村社会与人物状况为原型做主要背景，写下了著名文学作品《大地》三部曲。在书中，赛珍珠就曾饱含深情地描述了这片土地上的桃花、梨果、柿子和山楂。

经过了解，我才知道"砀"的本意为是有花纹的石头，特指芒砀山。而"芒"又名芭茅，是一种多年生长的牧草，为山羊黄牛的传统青饲料。中国古代阳与羊同音，羊为阳，即祥也。羊，在中国民俗中"吉祥"多被写作"吉羊"。羊，儒雅温和，温柔多情，自古便为与中国先民朝夕相处之伙伴，深受人们喜爱。羊大为"美"，甲骨文中"美"字，就是呈头顶大角之羊形，是美好的象征。

从周代开始，黄河两岸百姓就喜爱习武，古砀郡就盛行斗牛、斗鸡、斗蛐蛐、斗马、斗鸭、斗鹅、斗鹌鹑、斗狗、斗画眉。而黄河故道地区的羊种小尾寒羊，生性好斗，达官贵人和平民百姓都喜斗羊而乐此不疲。到了西汉，斗羊赛脱颖而出，历经三千年不衰，比著名的迦太基古城斗羊比赛还早两千年。在《唐书·艺文志》一书中，唐代丝织大师、画家窦师纶就在内库画本《斗羊》中，向世人展现了黄河故道斗羊时那章彩奇丽的壮观场景。现在砀山民间也有专门的"斗羊"协会，一般在梨花节、中秋节、春节及农闲时举行斗羊比赛。为争夺"羊王"头衔，主人们从选种、驯养到竞赛都十分讲究，根据羊的齿龄来分等级配对进行角逐。比赛形式分自由斗、领斗和挑斗，其中最重要的当数领斗。

当地的蓝印花布，也是兴起自汉代，至今流传两千多年。蓝印花布曾经是砀山人不可或缺的生活资料，它耐用、不褪色、透气吸汗。旧时姑娘出嫁，嫁妆中必有蓝印花被。

说起当地的人，《砀山县志·人物·人物传略》中记载的最早的一个名人，而且是唯一的一个西汉时人竟然是申屠嘉。真是山水有相逢，兜兜转转居然来到了申屠嘉老家。当然，此时的申屠嘉已经过世，他们家的子孙也无一人回到砀山，所以当地也没有任何他老人家的传说。

其实砀山是一个很有历史的地方，其在汉朝开国史中具有扭转乾坤的历史地位，堪比斯大林格勒①。汉高祖二年春，刘邦接连收降常山王张耳、河南王申阳、韩王昌、魏王豹和殷王卬五个诸侯，得兵五十六万。同年四月，刘邦乘项羽集中兵力狂虐田荣之机，率兵伐楚，直捣楚都彭城。攻占彭城后，刘邦被这轻而易举得到的胜利冲昏了头脑，每日沉醉于富贵、歌舞、美女之中，对即将到来的项羽的反扑没有丝毫准备。果然，项羽闻知彭城失陷，立即亲率三万精兵，从小路火速赶回，急救彭城。刘邦数十万乌合之师一战即溃，几乎全军覆没。许多诸侯王又望风转舵，纷纷背汉向楚，刘邦丢下老父、妻子、儿女，只带张良筹数十骑狼狈出逃，军事上再度遭受重大挫折，大好的形势复又逆转。

刘邦狼狈逃至下邑，心灰意冷，怨天尤人。但他毕竟是个饱经挫折，永远也打不倒的人。也许就在观看了一场紧张欢快的斗羊之后，他就从消沉中反弹起来，恢复了战斗的意志。为了反败为胜，他对身边的人开出了有生以来最大的物质条件："吾欲捐关以东等弃之，谁可与共功者？"关东地区我不要了，谁能立功破楚，我就把关东平分给他！这样的诱惑不可谓不大，可谁都知道这不过是张空头支票——此时的刘邦已经命悬一线，别说关东，就连根据地关中也岌岌可危了。关键时刻，又是张良大开脑洞，为刘邦想出了一个利用敌人矛盾、联兵破楚的策略。他为刘邦细细陈说道："九江王英布，是楚国的猛将，与项羽有隙。彭城之战，项羽征兵英布，他却按兵不动。此战对项羽殊为关键，因此项羽对他颇为怨恨，多次派使者责之以罪，英布已不胜惶恐。彭越因项羽分封诸侯时没有受封，早对项羽怀有不满，而且田荣反楚时曾联络彭越造反，为此项羽曾令肖公角攻伐他，

① 伏尔加格勒（旧称"斯大林格勒"），曾在此发生过第二次世界大战中的著名战役——斯大林格勒保卫战。

结果未成。这二人可以利用。另外，汉王手下的将领，只有韩信可以独当一面。大王如果能用好这三个人，则破楚指日可待。"这一席话让刘邦醍醐灌顶。可以说，只有到了下邑，刘邦才真正明白，整个楚汉之战该怎么布局怎么打。后来也正是在这个"下邑之谋"的指导下，刘邦才取得了最终的胜利。

这便是下邑——砀山最重要的历史，没有这段历史整个西汉二百年都要改写。

这段历史，汉朝军事家周亚夫自然烂熟于心。然而下邑这座城市，对他本人来说还有一个特殊的意义，这就不一定被人所注意了。我们知道，周亚夫的父亲周勃是汉朝开国元勋，厥功甚伟。可周勃在追随刘邦起事之初，却不过一个会"吹箫给事"的外来户。在沛公麾下精英中，周勃远不如萧何、曹参、樊哙等人重要。清代钱谦益在《偶读〈史记〉戏书纸尾》诗之二中，就曾经笑他是"吹箫织薄可怜生"。正是到了下邑，周勃才迎来了人生崛起的关键时刻。他在此地勇冠三军，第一个登上了下邑的城墙，被授予五大夫爵位。从此之后，周勃每每立功，每每升迁，直至太尉、丞相。

在给子弟们讲述革命家史时，周勃同志一定不会忽略下邑这个地方。诚然，我们不能说周亚夫选择下邑作为人生中最重要的战场，仅仅是出于对父辈荣耀的致敬。但周亚夫在综合考虑了战机、形势、距离、地形等因素，发现下邑竟然还是最好的选择后，他一定会对命运的安排感到吃惊。

善守者藏于九地之下

吴王终于来了。虽然他在七国之乱中一误再误、损兵折将，可是当他到达下邑时，还是乌泱乌泱三四十万人，两倍于汉军。所以从数量上讲，吴楚叛军还是占有一定优势的。只是在将士质量、士气方面，与汉军不可同日而语。周亚夫人虽少，却都是汉家精锐，百战之师；吴王人虽多，却多是临时招募的乌合之众，甚至有不少还是被拉壮丁拉来的。还有很重要的一点，是吴王起兵的合法性问题。在睢阳城下，因为吴、梁都是诸侯国，这一点还不明显。可真到了和汉朝太尉相见，叛军的这一心理劣势则顿时显现出来。从法理上讲，汉朝太尉是全汉朝包括诸侯国军队的军事统帅。所以他只要问上这么一句，顿时就能让叛军踟蹰不前："你们为何不经朝廷虎符调动，就擅自离开吴国？"

当然，以吴王之精明，是绝对不会让周亚夫的心理战得逞的。他会当着所有人的面尽情嘲笑周亚夫，打击他的权威。再大声数说汉景帝的种种不仁不义之举，以激发将士们的士气。

不管他怎么激发，都改变不了的一个事实是，这场战争的主动权在周亚夫手里。他想打就打，想不打就不打。吴王要是想攻，汉军有强弓劲弩伺候，让叛军根本就无法抵近。拥有着最全最强最多装备的汉朝大兵们，让叛军体会了一次什么叫冷兵器时代的火力不足恐惧症。学乖了的叛军只好换成了挑战模式，想邀汉军出城一决雌雄，可等到日头下山也等不到汉军出城。第二天再去攻城，又被射死一大片；换成挑战模式，汉军又是不出城。反正就是你来攻城我就射你，你要挑战我不理你。

习惯了跟梁王互殴的叛军，没想到汉军竟然如此高冷，连个互相伤害的机会都不给。

眼看着军粮一天天减少，叛军内部越来越慌，已经出现了叛逃现象，且呈愈演愈烈之势。面对这样的情景，吴王算是明白了。周亚夫是想拖死他，想等到叛军阵营军粮吃尽，都饿趴下了或者都鸟兽散了的时候，再轻而易举地收拾他。计狠不过绝粮，周亚夫这一招可真是恶毒到家了。

吴王刘濞自知粮草无多，必须尽快决战。可是周亚夫龟缩在城中不出来，叛军又攻不进去，这可如何是好？《史记》记载，在这关键的时刻，汉军营中发生了一件怪事："夜，条侯军中惊，内相攻击，扰乱至帐下，亚夫坚卧不起，顷之，复定。"（见《史记·绛侯周勃世家》）也就是有天晚上，周亚夫营中突然喧哗起来，士卒互相攻击追赶，直至太尉帐下。好在周亚夫临危不惧，所以这场变乱很快就被平息。历来文人们都因此赞赏周亚夫老成持重，可此事却无法不让人觉得蹊跷。通过"周亚夫军细柳"的典故，我们都知道周亚夫治军极为严格，连皇帝都不能随意走动。七国之乱爆发，周亚夫受命统率汉军全军，军纪自然只能加强不能削弱。如何在此等重要时期，发生了将士惊扰事件，险成重大事故？

这不是一个简单的军纪事件，否则一向惜墨如金的司马迁不会将它写进史书。司马迁对七国之乱的战争几乎一带而过，却独独没漏记这件事。说明他也清楚，此事非同寻常。

很显然，汉军中混入了叛军方面的间谍。久攻睢阳不下的叛军终于学精了，开始使用木马计，里应外合对付汉军。实现这一过程第一步是入城，第二步是入军。入城相对简单，当时下邑周边有大量急着入城的百姓，叛军混在其中要想被发现也是很困难的。当然，下邑四周城门都会有很多查禁出入的手续，但是既然叛军来渗透，自然已经给自己包装好了。所以说，入城这一关不算太难。可要入军光要有身份证明还不够，必须还要有人认得你，而且愿意为你作保。此人可以是你家亲戚，也可以是你兄弟，但最好是一早就潜伏在汉军阵营的老鬼。这种人是绝对有的，既然吴王能收买汉朝大臣，自然也早就渗透到了汉军内部。我不是阴谋论者，但我想其中肯定有阴谋在，否则这次惊扰不可能发生。而如果没有高级别的老鬼在，则这次惊扰不可能横冲直撞，直达太尉帐下！所有这一切，说明其中定有阴谋。是周亚夫在处理此事上的轻描淡写，让人忽略了这背后的古怪而已。也许周亚夫也知道其中有诈，但老鬼之所以是老鬼，就是因为他深藏不露，让周亚夫即便有所怀疑也抓不到实锤。

我们可以设想，吴王派一批间谍潜入下邑，跟潜伏其中的老鬼取得联系后大肆活动。为了破坏下邑固若金汤的军民关系，也为了迷惑汉军的思维，转移其视线，吴王间谍先从外围入手，大打舆论战。一时间，谣言四起。先是传说瓦匠王四被人入院杀死，邻居听见叫喊却无一人相救，可见人心之凉薄。又传说老食医张昆年暗中雇佣一批无赖少年，常年在肉店、米铺、酒馆中下毒，只为自己多挣钱。接着又传说城中有张氏三兄弟为争家产，把八十老母活活气死后，竟无一人收埋。下邑百姓无不痛骂哀叹，世风日下，人心不古！有几人趁机煽风点火，鼓动人们起来教训不良之人。于是王四的左右邻居被人在门首挂了猪头以示羞辱，张昆年的药店被人砸了招牌，张氏三兄弟被人当众毒打。

一波未平一波又起。很快就有流言说县令为了给汉军修军营，连拆城西百姓房屋几十户，让老百姓无家可归。百姓们气愤难耐，吵嚷着来到工地，叫督工停下工程。下邑县令闻讯过来解释，却被几百人围在当中，推搡中险些酿成事变。县令无奈，只好暂且不修军营，让许多汉军露宿街头。

这几个神秘人物精心策划、步步为营，最后指名道姓地说，虎骑校尉灌孟部下骑士在城中奸淫掳掠，无恶不作。尤其是灌孟之子灌夫，连不满十岁的女童、男童都不放过，尤为令人发指！一时间城中风言风语，皆骂汉军军纪败坏，都不如吴楚叛军。更有人说，要是吴王部下有人这么做，肯定会被抓住砍头，吴王也会亲自谢罪！百姓们终于被激怒，齐聚辕门外痛骂，朝营内扔砖石、土块。汉军严守军令，不与百姓争执。可百姓并不领情，认为这是汉军理亏，更不信任汉军。舆情越发失控，汉军内部也纷纷痛骂虎骑营。灌夫气得睡不着觉，他手执一杆马槊，出帐大叫："谁啊！谁在造我的谣言！给老子出来！"他疯了一样在营中叫喊，正好酄昭将军牵马经过，那马一下子便受了惊，把主人拽倒在地上疯跑起来。酄昭赶紧松开缰绳，才没被马拖走。他气呼呼地爬起来，"啪"的一声，一鞭抽在灌夫脸上。灌夫火冒三丈，正愁无处发泄，上前就跟他厮打起来。两人的亲兵见主将已经动手，纷纷加入战团。骚乱既起，老鬼便暗中操作，为乱兵移除前进障碍。吴王间谍趁机和乱兵夹杂在一起，大声喧哗煽动。他们肆意攻击其他营帐，引得更多将士们惊乱起来，嚷动整个大营，边打边喊边跑闹到了太尉帐下，眼看就要冲进去。监门官以为士卒哗变，急忙入帐报告主帅。太尉躺在榻上，道："传令二人，立刻带兵回营，不得有误。"监门官急道："当下安危不可知，太尉还是起身暂且回避吧！"太尉哼了一声，道："你尽管传令，我看谁敢不遵？"始终静卧不起。果然，大营很快恢复了安定。

天明，太尉升帐议事，要以扰攘大营之罪杀酄昭、灌夫两人。多亏众将求情，才暂且免了两人死罪，许以戴罪立功。有鉴于灌夫行为实在恶劣，又令军法司打了他四十大棍，以儆效尤。事后周亚夫越发觉得其中蹊跷，不动声色地追访多年，却一直没有弄清其中的全部秘密。

　　我们不知道这位老鬼是谁，但我想他的级别一定不低，也可能不是一个人。在破吴之后，关于诸将的表现，司马迁写了这么一句："于是诸将乃以太尉计谋为是。"于是并非所以，而是到了现在之意；乃，才。也就是说，直到胜利之后，诸将才对周亚夫的计谋表示认可。说明在此之前，诸将对周亚夫的计谋是反对的，最起码是有意见的。周亚夫的平叛战略虽然没有明说，可大家都是带兵之人，看也看明白了。无论是出于对梁王的同情还是对吴王的拥护，甚或是出于对周亚夫的蔑视、忌恨或者别的什么目的，他或者他们便策划、参与了大营惊扰事件。看来，汉军内部的水也很深啊。

满天风雪梨花开

　　我喜欢在小区附近的一个咖啡店写作。这是我无意间发现的秘密，在咖啡店往往文思泉涌，在家就经常词穷。可能正是那种略带轻松快节奏的音乐和稍微纷杂的环境，让人有一种时不我待的紧张感。还有那三十几块钱的咖啡本身，也让人有一种不写出什么来就对不起人民币的愧疚感。这些因素加在一起，总能让我按照时间节点完成写作计划。可今天不同，我在那里待了一个下午，喝着咖啡，听着音乐，看着白白的屏幕，硬是什么都写不出来。几个小时过去之后，只好合上电脑，装包回家。一路上看到天有点阴沉沉的，零零星星的已经在掉着雨点。我不由得加快了脚步，想在雨下起来之前赶到家。好在小区里树荫浓密，即便有点雨也能为人挡着，所以在路上也没被淋湿。终于上了电梯，我暗自庆幸这下终于安全了。在打开门的一瞬间，我看到了窗前被吹倒的花瓶，和一地的落花。

　　出门前忘了关窗户了，娟娟说，幸好咱们没有在外面多待。我点点头。

　　我放下书包，开始收拾屋子，关窗户，扶花瓶，扫落花。一瓣一瓣的落花吹得花架、沙发、茶几上下到处都是。我小心清扫着，突然触景生情，想到思考了一天的下邑之战，一定也与落花有关。三千年来，下邑因盛产酥梨而名扬于世。而那场战争发生在阴历三月，正是暮春时节，梨花盛开的时候。想那开满枝头的白花，纯粹高洁，芳香悠远，既洗人灵魂，又惑人心智。让人在冷静与冲动、激情与理性之间反复摇摆，难以自持。一阵狂风吹过，梨花随之而起。妖媚而又狡黠的精灵们，在日色的照耀下翻腾、狂舞，直到那最上的一片花瓣得了上苍之令，便急转直下，撒向茫茫大地。

对于周亚夫来说，战略优势已经形成，争取最后的胜利只是时间问题。可是在此之前还有很多不确定性，其中最大的不确定性就是人心。在历史上，一直处于劣势，却在最后的战争中一举翻盘的例子不胜枚举；而一直处于上风，且胜面不断扩大，却在最后功亏一篑的例子也太多太多。行百里者半九十，要想最终克敌制胜，必须保持足够的战略定力，以超强的决心抑制住所有冲动。在决战之前，对于任何主张出击的人，不管是出于什么目的，都要以强硬的军法，坚决予以压制。

《汉书·高帝纪》中记载："天下既定，萧何次律令，韩信申军法，张苍定章程，叔孙通制礼仪，陆贾造《新语》。"这五个人各司其职，搭建起国家的框架。而韩信所申明的军法，则成为汉军中所有军人必依的律令。在严密的军令之外，还有著名的《十七禁令五十四斩》，将军法说得简洁明白：

一、闻鼓不进，闻金不止，旗举不起，旗按不伏，此谓悖军，犯者斩之！

二、呼名不应，点时不到，违期不至，动改师律，此谓慢军，犯者斩之！

三、夜传刁斗，怠而不报，更筹违慢，声号不明，此谓懈军，犯者斩之！

四、多出怨言，怒其主将，不听约束，更教难制，此谓构军，犯者斩之！

五、扬声笑语，蔑视禁约，驰突军门，此谓轻军，犯者斩之！

六、所用兵器，弓弩绝弦，箭无羽镞，剑戟不利，旗帜凋弊，此谓欺军，犯者斩之！

七、谣言诡语，捏造鬼神，假托梦寐，大肆邪说，蛊惑军士，此谓淫军，犯者斩之！

八、好舌利齿，妄为是非，调拨军士，令其不和，此谓谤军，犯者斩之！

九、所到之地，凌虐其民，如有逼淫妇女，此谓奸军，犯者斩之！

十、窃人财物，以为己利，夺人首级，以为己功，此谓盗军，犯者斩之！

十一、军民聚众议事，私进帐下，探听军机，此谓探军，犯者斩之！

十二、或闻所谋，及闻号令，漏泄于外，使敌人知之，此谓背军，犯者斩之！

十三、调用之际，结舌不应，低眉俯首，面有难色，此谓狠军，犯者斩之！

十四、出越行伍，挽前越后，言语喧哗，不遵禁训，此谓乱军，犯者斩之！

十五、托伤作病，以避征伐，捏伤假死，因而逃避，此谓诈军，犯者斩之！

十六、主掌钱粮，给赏之时阿私所亲，使士卒结怨，此谓弊军，犯者斩之！

十七、观寇不审，探贼不详，到不言到，多则言少，少则言多，此谓误军，犯者斩之！

周亚夫吃准了叛军耗不起的心理，任凭对方怎么挑衅，都不予理会。而且他命令所有汉军严守阵地，任何人不能违令出战，违者依军法处置——他很清楚，叛军最大的敌人是时间，时间本身就能一天天消耗叛军的实力。防守就是眼下最好的进攻，能多拖一天就能多一分胜算。假如叛军来攻城就更好了，要知道在冷兵器时代，攻城可是进攻方损失最大的一个科目。周亚夫的汉军可以采取最有利的姿态，静等着敌人来送死。而且最关键的是，叛军等不起，他们一定会来攻城的！

下邑的战况牵动着全天下人的心。面对齐王刘将闾派来的使者路中大夫，汉景帝令他回去告诉齐王务必坚守，汉兵不日就会攻破吴楚。当时胶西、胶东、菑川三王将临淄围得里三层外三层，可谓风雨不透水泄不通。没有三王的允许，路中大夫根本无法进入临淄。最后，路中大夫答应归顺叛军，并愿意到城门外劝降。这笔交易达成之后，路中大夫在三国兵的监护下来到城下。他抬头向上，大声对齐王喊道："汉已发兵百万，使太尉亚夫击破吴、楚，方引兵救齐，齐必坚守无下！"（引自《史记·齐悼惠王世家》）三王这才知道被骗了，立即将路中大夫诛杀。可是路中大夫的话却给了城中军民很大的鼓舞。此前，齐国因为被三国围困甚急，甚至都已经私下接触，打算开城投降了。正巧此时路中大夫来到，说了这么一句振奋人心的话，齐国群臣都大喜过望，纷纷劝说齐王不要投降——叛军主力、吴王刘濞就要撑不住了！

吴王刘濞这边，果然是度日如年。缺粮危机日甚一日，每天都有将士们因此而喧哗、纷争，需要用很大的精力才能勉强弹压一时。是的，仅仅是一时。片刻过后，士兵又要扰攘起来。吃饭问题大于天，除非有极高的信仰做支撑，任何人都不能不在粮食面前低头。吴王刘濞以叛逆起兵，追随他的人都是为了追求富贵而已，谈何信仰？自然是有利则随之，无利则弃之，所以叛逃的人越来越多。

吴王刘濞看着漫天的梨花撒下来，落在将士们的头上身上，像是给每个将士都穿戴上了孝衣孝帽，不由得十分厌恶。可他知道，光是自己忌讳是没用的，当务之急是要迅速破局，绝不能坐以待毙！

令吴王感到愤怒的是，自打起兵以来，他就没见到过一丝儿齐地的兵力。原来满心以为可以有所借力的胶西王，竟然率领一帮兄弟国家围困不肯出兵的齐国，耽误了军机不说，还陷他与楚王于孤军奋战的境地，真是成事不足败事有余。身边这些老部下们也是能说的人多，能做的人少。倒是被他一向看不起的周丘，平地一声雷，赤手空拳拉出一支十万人的队伍来，声势颇为浩大。眼下只有此人可以借重了。于是吴王使人立即去联系周丘，要他火速向自己靠拢会师，与周亚夫决一死战。然而发出了这道命令之后，连吴王自己都觉得没希望。粮食危机顷刻就会爆发，周丘能及时过来吗？能不能找得到还两说呢。再者说，自己这几十万人就已经够缺粮的了。再来周丘十万张嘴，岂不是更缺粮的了？到时候两军汇集在一起吃什么，张嘴吃梨花吗？吴王当机立断，不等了，马上与周亚夫决战。

那天晚上，汉军下邑大营东南角上杀声震天。大批叛军趁着夜色掩护，要将城门攻破，形势十分危急。众所周知，叛军所处乃下邑之西。是以汉军防范叛军的主要部署，也是面向西面。如今东南有事，说明有两种情况出现：其一是吴楚叛军主力已经悄然来到东面，他们已经成功脱困，要来反扑了；其二则是来者可能不是吴王所部，而是传说中的周丘所部。自打周丘出现以来，汉军与叛军的对垒凭空多了这么一个变数。是以周亚夫命汉军分出部分兵力，对其追踪并寻机歼灭之。可是分出去的兵力迟迟没有传来关于周丘的消息，好像那十万人马消失了一般。今夜来的叛军，到底是什么情况？

不管哪种情况，都需要认真面对，因此有不少将领认为需要派重兵防守东南。而周亚夫却力排众议，派重兵防守西北。他有清醒理智的判断依据：周丘不会来，否则他几十道斥候早来报信了；吴楚叛军主力也绝不可能越过下邑到了东面，否则他们逃跑还来不及，怎么还能转过来袭击汉军？

真相只有一个，袭扰东面的是敌人的疑兵小部队，叛军主力还在西面。

周亚夫猜透了吴王声东击西的诡计，当下遣派将吏，防御东南。只需照常堵住即可，不必惊惶。自己却领着精兵，向西北一方面奔去，严阵以待。事实正如周亚夫所料，当夜吴楚两王尽率精锐，绕出西北，想来个乘虚而入。他们衔枚而走，悄无声息，一步步摸近西北营门。自以为神不知鬼不觉，没想到早被周亚夫窥见，喝令弓弩尽发。吴楚兵趁夜来袭，都不曾带火炬，所以箭已射到，尚且不知闪避，徒落得皮开肉裂，疼痛难熬，伤重的当即倒毙，伤轻的也致晕翻。后面的人不知就里，还一味向前冲，结果一个个也送了性命。吴王、楚王还以为不过少量汉军守营，要麾下全力攻城。没想到汉军极多，且个个都是好手，吴楚叛军来一批杀一批，直杀得吴楚两王目瞪口呆，于是赶紧命令将士们撤回来。没想到汉军见他们要撤，竟然大开营门冲出来，咬着叛军的尾巴追杀不止。

原来这是垓下

防守成功之后，周亚夫不给叛军喘息的机会，命令汉军随即转入反攻。久蛰之后的汉军爆发出了惊人的战斗力，他们以骑兵为先导，纷纷突入叛军营中，以摧枯拉朽之势重创敌军。惊魂未定的叛军在汉军来回冲击之下，损失极为惨重，或死或逃或降全看天命。之所以说来回冲击，是因为汉军虽然突入叛军营内，但却不深入，只是在东翼一侧不断滚动式突击。假如叛军是一座山的话，汉军的战术就是不断在山的一边推它、凿它，直到它因承受不住自己的压力而倒塌。历史上，很多数十万大军的溃败并不是每个人都被敌人杀死了，而是自己前队被后队的人给冲垮、挤倒、踩死的。周亚夫就是要抓住叛军刚刚失败、指挥混乱的时机，以最小的代价取得最大的胜利，这符合他一贯的思路。

然而这一思路，却差点因为一个人而失败。

本来汉军诸将得到的指令，是突入而不准深入，可颍阴侯部下的灌孟却违背了这一军令，率军长驱直入，并且专挑最危险的地方深入。这不是找死吗？是的，他就是要找死。

灌孟作为颍阴侯家臣出身的汉将，在七国之乱爆发时，已近垂暮之年。这样的年纪本来不该再上战场的，他本人也不是很情愿上战场。可是颍阴侯灌何已经下决心，要动员自己全部的资源和力量去平叛，他一定要灌孟去。不光灌孟要去，灌孟未成年的儿子灌夫也要去。这一要求当然很不近人情，谁不知道战场上，刀枪无眼，九死一生？但是灌孟没办法，自己官做得再大，终究还是颍阴侯家的人。无论颍阴侯要他做什么，他都不能违背。所以他只好带着儿子灌夫上了战场。

可是人无论地位如何低微，总是有自己的感情的。灌孟不希望自己的儿子灌夫在战场上出什么意外，所以他想以命换命，给儿子一个离开战场的机会。根据汉朝的军法，父子两人上阵的，无论哪个死了，另一个都可以扶灵回家，也就是可以免除军役。所以在重披铠甲的那一刻开始，灌孟就打定主意战死。但是自从随军以来，无论是在荥阳还是在昌邑、下邑，汉军始终没有大规模出战，所以他也一直找不到机会。现在，太尉周亚夫终于下令突击叛军了，灌孟要等的机会终于来了。于是他亲率死士，不断深入叛军，专挑危险的地方出击。终于如愿以偿，死在了叛军营内。

周亚夫自领命平叛以来，诸将用兵者，第一次有人牺牲。灌孟为自己的行为付出了代价，作为统帅，周亚夫也不能再说什么。可是灌孟的死，到底对汉军的士气带来了一定的影响。因此，如何措置此事，周亚夫一时颇为踌躇。最后，他还是军法规定，要灌夫扶灵回家。可没想到，这个小伙子一擦眼泪，坚定地说他不回去。他也要以命抵命——"愿取吴王若将军头以报父仇！"

周亚夫和诸将都被这个小伙子感动，准许他出战。于是灌夫从军中招呼伙伴，得数十人，相约一起冲入叛军中。根据司马迁的记载，当他们出了壁门，只有两个人敢跟灌夫去叛军营中，其余都逡巡不前。我想这大概来自灌夫事后的自我吹嘘。周亚夫在平定七国之乱时，从来没有要求汉军在形势危急的时候跟敌人硬拼。相反，他是一定要把获胜的"势"给做起来之后，以强大的优势去打败叛军。也就是《孙子兵法》中所说的，先为不可胜，以待敌之可胜。在这种战争思想的指导之下，基本不会出现灌夫所面临的连生死伙伴都不敢出击的严峻情况。当时的真正情况，更有可能是汉军仍旧在叛军内部冲杀。可能势头稍微弱了一些，但主动权依然掌握在汉军手中，毕竟汉军的优势是显而易见的。

就在双方混战一团时，灌夫带着少量骑兵，如利剑一般插入叛军大营，直奔吴王麾下。正因为他们人数太少，所以一开始没有人把他们放在心上。可随着灌夫等人越来越深入叛军，他们逐渐吸引了越来越多人的注意，最后整个战场的注意力全部都集中到了他们身上。待到明白灌夫就是冲着吴王本人杀去的时候，汉军将士血脉偾张，疯狂鼓噪着为灌夫呐喊，并一起向吴王方向杀去。叛军则人人忧心，害怕吴王真出什么意外，纷纷回马护主。如此一来，汉军的进攻就更不可逆，渐成排山倒海之势。这样的阵势无形中又给了灌夫很大的助力，使得他的尖刀角色有了更厚实的基础，冲击力有了更致命的作用。风借火势火借风势，灌夫、汉军主力互相正作用，其威力越来越大。然而，在敌人强大的防护力量面前，灌夫还是被拦了下来。虽然他几乎都已经看到吴王了，可他还是不得不撤回去。因为他已经身负重伤，且身边只有一个战友了。回来后的灌夫身上有大创十余处，几乎没有个人样了。还好汉军中有万金良药，灌夫才捡回来一条命。身体稍愈，他就请求再次杀入叛军营中。周亚夫深深为之感动，却拒绝了灌夫的请求，他怕这位好不容易救活的英雄真的死在沙场。

然而灌夫的这一冒险行动，却大大影响了战场的局势。汉军的士气由沉抑逆转为昂扬亢奋，以极大的冲击力撼动着叛军阵营，使叛军的坚持越发吃力，也使吴王等人越发担忧。最终，在灌夫所引领的这拨汉军冲击之下，吴王长期以来硬撑着的那根心弦终于崩断了。多日以来，那个怎么也攻不下的睢阳，日甚一日的断粮危机，连番失算的挫折，已经让他身心俱疲。现在又出来一个如入无人之境的灌夫，刺激汉军不断发起冲击，一次比一次亢奋。吴王终于明白，无论如何，自己都是赢不了的。

于是，在那个凄凄惨惨的夜晚，绝望的吴王丢下大军逃走了。犹如多年以前项羽、英布丢下大军逃走一样，楚人的统帅又一次在最后的战争中弃军而逃。缺了主心骨的叛军瞬间崩溃，能投降汉军已经算是好命，更多的人直接在乱军中被杀。楚王刘戊倒是一条汉子，选择了自我了断。

汉景帝听得前线大捷的消息，立即通电全国，并给诸将传来圣旨。在其中，汉景帝写道："盖闻为善者，天报之以福；为非者，天报之以殃。高皇帝亲表功德，建立诸侯，幽王、悼惠王绝无后，孝文皇帝哀怜加惠，王幽王子遂、悼惠王子印等，令奉其先王宗庙，为汉藩国，德配天地，明并日月！吴王濞倍德反义，诱受天下亡命罪人，乱天下币，称病不朝二十余年。有司数请濞罪，孝文皇帝宽之，欲其改行为善。今乃与楚王戊、赵王遂、胶西王印、济南王辟光、淄川王贤、胶东王雄渠约从反，为逆无道，起兵以危宗庙，贼杀大臣及汉使者，迫劫万民，夭杀无罪，烧残民家，掘其丘冢，甚为虐暴！今印等又重逆无道，烧宗庙，卤御物，朕甚痛之。朕素服避正殿，将军其劝士大夫击反虏！击反虏者，深入多杀为功，斩首捕虏比三百石以上者皆杀，无有所置！敢有议诏及不如诏者，皆要斩！"（引自《史记·吴王濞列传》）

我们可以肯定的是，这篇诏书是景帝亲自所写，只有他本人才能下如此不容置疑的命令。可以想象，他在写这奏章时咬牙切齿的样子，笔记本电脑应该摔碎了好几个。不过，坦白说来，汉景帝这一道圣旨却有违汉朝祖制。自汉朝开国以来，无论面临何等叛乱，汉高祖、汉文帝都是有选择性地惩办战犯。除了首恶必诛之外，对于那些被动参与叛乱的人，都是尽量争取。这在汉初简直就成了一个不成文规定，非常的人性化。只有到了景帝这里，才打破了这一惯例。他命令平叛的军队，以"深入多杀为功"，就是不想给被动叛乱的人以重新做人的机会，实非仁君所为。汉景帝如此决绝，说明他真的恨透了吴王等人。在他看来，正是这个人，将刘氏血脉的骨肉亲情扯得粉碎，将汉室江山打得摇摇欲坠，让他不得不诛杀心腹大臣，背上不仁不义之名，所以汉景帝宁肯违背祖制也要将吴王斩尽杀绝。

吴王逃走之后，渡过淮河回到了丹徒，即距离国都扬州二十余里的镇江。在那里，他还可以依附东越王保命，兵可万余人，并有源源不断的残兵跟他会合，眼看就能得机再起。然而汉军却没有给他这个机会。周亚夫使人以利啖东越，东越即骗吴王出来劳军，趁机使人铍①杀吴王，盛其头，驰传以闻。

果然楚兵轻悍、不能久，一切都如周亚夫开始所筹划的那样。如果我们仔细观察项燕、项羽、英布、刘濞这四个楚人领袖的结局，就会发现：自秦至汉，楚人的悍勇精神在不断地堕落。项燕兵败之后宁死不降，在秦军的包围中自杀；项羽兵败之后弃军而亡，在乌江口良心不堪，最终自杀；英布、刘濞就差了很多，弃军而逃之后，被人骗杀。倒是一向被视作傀儡的楚王刘戊还有点血性，不过他的分量不足以改变全局。事实上，就从刘濞的死开始，桀骜不驯的楚人终于从心理上归顺了长安。

---

① 铍：古代的一种小矛。

平阳侯恩断义绝

在临淄城中苦苦等待的齐王，终于盼到了深山出太阳的一天。汉军在吴楚方向取得决定性胜利之后，分兵一部北上，增援齐赵方向的汉军。汉家平定七国之乱的进程进一步加快，参与谋反的诸侯国没有几天日子了。说来真的好笑，齐赵方向，尤其是齐地诸国，在起兵之后立刻陷入了消耗战。他们把大量的战争资源和精力，都投入到热火朝天的清除内奸——齐王的过程中，压根就没来得及向西前进一步。无怪乎吴王会恼怒，自起兵以来，就没见到过其他诸侯兵一人。如果说吴王的战略眼光仅限于从扬州到睢阳的两三个省，那么号称有勇有谋的胶西王等人，眼光就根本不出自己所在的几个地级市。至于窦婴和栾布，更是乐得见他们内耗，任由诸王围攻齐王就是不出兵解围。因为他们抱了跟周亚夫一样的心思，就是要诸王筋疲力尽之后，再从容予以收拾。这样的美差，真是想都不敢想啊。可是援兵的到来，给窦婴、栾布陡然间增加了压力。你能想象出，他们那种会被人指责"无作为"的担忧吗？更不要说还出现了一个意想不到的新情况，率领汉军来援的将军不是别人，而是平阳侯！

对，就是那个自打开战以来，一直赋闲在家的平阳侯。汉景帝本

梁园之会

　　梁王刘武是汉景帝的亲弟弟，在平定七国之乱中立下大功，他平生喜好诗词歌赋，多与文士交往，门下有韩安国、枚乘、严忌、邹阳、羊胜、公孙诡等名重一时的才子。梁王在文化史上做过一件很有名的事，就是召集门下文人做了史上第一个文人集会，这件事极大地宣扬了梁王的名声，让他在夺取汉景帝皇位上有了很强的舆论支持。

来甚为忌惮平阳侯家族势力，所以坚决避免让平阳侯领兵。可是天算不如人算，那个被他高度信任的周亚夫居然更加难以驾驭。忧心不止的汉景帝已经预见到，周亚夫在取得盖世功勋之后的政局了，他要及早布局，培养出一个能制衡周亚夫的人来。所以在选择援齐将军人选的时候，汉景帝出人意料地起用了平阳侯。

平阳侯终于等到了这一天。虽然时机有点晚，破吴楚的大功已经被周亚夫抢去。可现在战况还没有完全结束，齐地四国依然战火连天，依然大有可为。但是时机不等人，虽然陛下已经下旨起用他，可谁能保栾布、窦婴甚至周亚夫会抢在头里？所以他以最快的速度，动员了府上所有男丁一起上战场，比吴王刘濞和颍阴侯都有过之而无不及。看来，为了这场旷世之战，汉、叛双方几乎都是倾尽了全力啊。平阳侯带走了府上几乎所有的男丁，使得府中只剩下了肩不能挑手不能抬的妇人孺子。平阳侯临行前，特意给辖内县府打招呼，要他们轮番派员来平阳侯府上担任警卫，并帮忙料理府中各项事宜。

平阳侯府上本来就有很多花枝招展的美人，此刻府中男丁一空，却又来了很多陌生男子，双方都对对方感到新奇。时间一长，就难免眉目传情，甚至发生窃玉偷香的事情来。也就是在这段时间内，平阳侯府上一个卫姓少妇，跟一个叫郑季的小县吏发生了关系，生了一个后来叫卫青的儿子。

来到临淄前线之后，平阳侯以迅雷不及掩耳之势攻破了胶西、胶东、菑川三国兵，其速度之快，仿佛三国从来没起兵过。齐国之围解除之后，深藏在重重黑幕下的秘密也浮出水面，原来齐王在最艰难的时候，曾经发生了动摇，跟三王秘密谈判、媾和！平阳侯怒不可遏，下令大军移兵伐齐。齐孝王瞬间从山巅跌入谷底，惶恐之下，自杀谢罪。齐王之死，大大震慑了齐地诸国。诸王心惊胆战，惶惶不可终日。而平阳侯的个人威望也到达了顶点，虽然这种顶点是他自己也为之痛心的。因为平阳侯之祖父曹参，原本就是齐国开国之王的丞相。曹参正是在齐国积累了大量的政治经验和声誉之后，才得以返回长安，接替萧何担任汉朝丞相的。齐国之乱爆发之后，平阳侯万没想到齐地诸王几乎全部参与。唯一一个在战争中死扛着的齐王，居然也曾与逆贼通谋，让平阳侯想回护诸王都难以找到理由。他下令大兵伐齐，未必不是借此吓唬齐王，可没想到齐王居然一吓就死了。如此脆弱！

就在平阳侯准备对齐王用兵期间，韩颓当的骑兵也飞快赶到，在三国兵败之前踹上了临门一脚。韩颓当的到来，再一次加速了战争的进程，使汉军诸将出现了抢功现象。栾布、平阳侯、韩颓当一人至少一个诸侯王，互不相属。与心存难言之隐的平阳侯不同，韩颓当在齐地的表现非常高调。

历史记载，三国兵撤回本国之后，各自心灰意冷。这其中，被当为首领的胶西王尤其懊悔。还记得当时胶西群臣是怎么劝阻他的吗？就是希望他能顾念太后年老，放弃那遥不可及的幻想。可是胶西王当时听不进去。现在，他深深为此自责。于是胶西王徒跣、席藁、饮水以谢太后。此情此景，见者无不动容。早知今日，何必当初？在一旁的太子刘德却说道，汉兵千里奔袭，已如强弩之末。愿大王不动声色，引兵袭之，还有一线生机。就算失败了，还可以逃入海中，也来得及。看来，在任何时期，都是年轻人最大胆，最敢于不计后果地想象。可是胶西王却已经不是那个血气方刚的胶西王了，或许在起兵之初就不是了。声名在外的人，名声传递是有时间的。传得越远，离其人现状差别就越大。眼下胶西王已经认赌服输，也更清楚地认识到，自己已经兵败如山倒，士卒不可用了。

胶西王在绝望之中，收到了汉将韩颓当的书信："奉诏诛不义，降者赦除其罪，复故；不降者灭之。王何处？须以从事。"（见《史记·吴王濞列传》）在这封信中，韩颓当对胶西王说道，汉景帝降者不杀，要胶西王速速来见。胶西王接到信后，心里的一块巨石终于落了地。他袒露着上身，一步一叩地来到了韩颓当的军门，亲自向韩颓当谢罪："臣卬奉法不谨，惊骇百姓，乃苦将军远道至于穷国，敢请

菹醢之罪！"（见《史记·吴王濞列传》）

见胶西王以亡国之礼来见，韩颓当毫不客气地摆出了一个纳降之礼。他命左右执金鼓，随他见胶西王，并当面责问胶西王为何发兵。胶西王言无可言，只好顿首膝行，解释说都是因为晁错蛊惑天子，擅自变更高祖法令，侵夺诸侯之地。胶西王与诸王以为晁错不义，恐其败乱天下，这才发兵以诛晁错。现在晁错已死，自然诸王也就退兵了。胶西王如此避重就轻地回答，无疑是他相信了韩颓当的那封信。知道自己来了就可以免死，至于此前种种，都可以推给晁错这个替罪羊。他想，韩颓当对此心知肚明，只是需要一个解释罢了。他万没料到，韩颓当居然正色说道，假如你真的以为晁错是罪魁祸首，那为什么不直接上奏陛下？为什么不听朝廷诏令就擅自发兵，攻打忠于朝廷的齐国？所以看来，你的用意原本就不是针对晁错。胶西王听完一惊，他睁大眼睛看着韩颓当，心说将军何出此言，难道你真的不懂吗？韩颓当也看出了胶西王眼神中的意思，于是图穷匕首见，取出了汉景帝那份绝不原谅的诏书。

原来如此。胶西王什么都明白了，他哭着说："如卬等死有余罪！"于是挥刀自杀。

胶西王自杀后，留在王府的太后、太子以及胶东王、菑川王、济南王全都难逃一死。

博尔赫斯在《德意志安魂曲》中写道："一个毫不通融的时代笼罩着这个世界。造就这个时代的是我们，已然成为时代牺牲品的我们。让英国人当大锤，我们当铁砧又有何妨？重要的是让暴力，让暴力占统治地位，不能让基督徒的奴颜媚骨的怯懦得势。若胜利、公平、幸福非为德国所设，那就让别的国家去享受吧。让天堂存在下去吧，即使我们的归宿是地狱也无所谓。"正是因为对部分法西斯国家的严惩，战后的世界才有了那么多新生力量，让这个世界有了进步的本钱。假如当时诸大国都像美国护佑日本一样，让战犯免于惩罚，那今日的世界跟战前就毫无进步可言。也许其中有牺牲品，可在牺牲品之前，已经有更多无辜的人为之牺牲，他们的血债谁来偿付？算了吗？

也许，正是考虑到平阳侯会对齐地诸王有所不忍，汉景帝才会加派韩颓当来此执法。此情此景，平阳侯自己也无可奈何。汉朝中央与诸侯王的恩怨已非一日，其中复杂之事太多，任何一件都能毁了一个人的一生。当年汉文帝之所以贬斥二代平阳侯，就是因为二代平阳侯拥护齐王登基。而二代平阳侯之所以拥护齐王，就是因为一代平阳侯曹参做过多年的齐国丞相……如今，平阳侯被起用平定齐地之乱，稍有不慎，就会被人指责。平阳侯处此瓜田李下之境，其进退之难，绝非常人所能知。不过话又说回来了，当年若不是因为要保齐王上位，平阳侯家也不会被汉文帝冷落。所以对于齐地诸王，平阳侯家其实也是有几十年的怨恨的。真是剪不断理还乱！无可奈何之处，索性铁石心肠，任他花开花落、楼起楼塌。用鲁迅的一句话说，平阳侯未必不是在无意之间，坐观了齐地诸王的生死。

这次平叛，也算是平阳侯家跟齐地诸国的一个了断吧。从此之后，曹家和齐地诸国互不相欠，再无关联。平阳侯曹奇在如此隐秘的愁闷之中，结束了一个时代。但是，事有终才有始。平阳侯家的未来还很长，而他们重新出发的起点，就奠定在这个与齐地诸王恩断义绝的时刻。

济北王一线生机

在胶西王、胶东王、菑川王、济南王诸王及亲眷自杀之后，汉朝中央对诸侯王的态度，突然有了一丝微妙的变化。很多人都注意到，汉景帝在判定已故齐王之罪时，认为齐王之所以与诸王有谋，纯属被劫持。究其本因，实出无奈。于是汉景帝特意下诏，立齐王之子、太子刘寿为新任齐王。如此肃杀之中，下此诏书，这就给诸国传递了一个明显的信号，汉景帝的态度已经有了松动。

此时，与谋逆有关的齐地诸王中，还幸存的只有济北王刘志了。这位老兄当初在参与诸王之谋时非常积极，吴王刘濞起兵后，他原本也打算起兵响应。没想到郎中令趁"城坏未完"之机，劫持了济北王，不准他发兵参与诸王之乱。此后胶西王一直率领诸王群殴齐国，就没顾得上他。后来，诸王死的死、诛的诛，连太后、妻女都不能免罪。这样的场景，真的是吓坏了济北王。既然诸王都不能幸免，那他早晚也难逃一死，也罢！与其被人杀死，不如自己去死。这样还能死得舒服一些。

就在他准备自杀的时候，齐人公孙玃却对济北王说，先等一等。事情已经有变化，政治空气已经回暖。让我先去为你游说梁王，让梁王向陛下求情，如果不成，再死不迟。

济北王被人劫持，自然消息不够灵通。可是公孙玃对他出的主意，却大有意味。首先他捕捉到了汉景帝态度松动的信号，知道汉景帝有意安抚诸王，维护东方的稳定，这一点是没错的。可是他选择的突破口却不是窦婴、栾布、韩颓当、平阳侯，而是梁王。这些对济北王握有直接生杀之权的大人物他都不去求，却跑到千里之外去求梁王。说明他很清楚，眼下政治空气虽有松动，也必须进行精巧的操作才能救得了济北王。那四个大人物虽然都很厉害，可他们毕竟是来执行汉景帝诏令的。那个决不饶恕、绝不准议论的诏书，可没有说废除。此四人身处齐地，又作为执行者，要替被执行人求情，会让汉景帝怎么想，收了人家多少好处？搞不好汉景帝一气之下，立马杀了济北王！而梁王就不一样了，汉景帝的诏书是下给将军们的，不是下给他的，他不是执行人。再者他远离现场之外，身份独立，任何瓜田李下的干系都攀扯不到他身上，又刚立了大功，所以就比较能说话、敢说话。公孙玃很敏锐地把握到了这一点，事情先成功了一半。当然，要由此说四个大人物一点作用没有也不对，公孙玃能有时间去梁国，首先就是和他们达成了默契。要没有他们四人的默许，济北王分分钟就被自杀了当时，其他诸侯王都自杀了，济北王不想死，但形势可能会逼着他自杀，甚至杀了他，然后说他自杀。

公孙玃到了梁国，一番晤对，"孝王大悦，使人驰以闻；济北王得不坐，徙封于菑川"。说明效果很成功，那么我们看看公孙玃到底说了什么，让梁王这么高兴，立即就向汉景帝求情呢？

史载，公孙玃对梁王说道："夫济北之地，东接强齐，南牵吴、越，北胁燕、赵。此四分五裂之国。权不足以自守，劲不足以捍寇，又非有奇怪云以待难也；虽坠言于吴，非其正计也。乡使济北见情实，示不从之端，则吴必先历齐，毕济北，招燕、赵而总之，如此，则山东之从结而无隙矣。今吴王连诸侯之兵，驱白徒之众，西与天子急衡，济北独底节不下；使吴失与而无助，跬步独进，瓦解土崩，破败而不救者，未必非济北之力也。夫以区区之济北而与诸侯争强，是以羔犊之弱而捍虎狼之敌也。守职不桡，可谓诚一矣。功义如此，尚见疑于上，胁肩低首，累足抚衿，使有自悔不前之心，非社稷之利也。臣恐籓臣守职者疑之。臣窃料之，能历西山，径长乐，抵未央，攘袂而正议者，独大王耳。上有全亡之功，下有安百姓之名，德沦于骨髓，恩加于无穷，愿大王留意详惟之。"（引自《汉书·贾邹枚路传》）

通篇看来，都在说济北王虽然与诸王有谋，不过受人欺骗，非其本意。开战之后，济北王身处四战之地，能坚守不下是多么的不容易。还进一步说，正是因为济北王不下，才导致诸王不能合力向西，这才有了平叛成功，才保全了文景之治，才有了后来的汉武盛世，才有了西汉两百年江山，才有了刘秀复兴汉朝，才有了刘备保存汉朝一系，才有了财神关羽、大刀关胜，才有了《水浒传》。

好吧，就算杨过和朱元璋也与你济北王有关，可这跟梁王有什么关系？梁王至于为了你的千载伟绩这么高兴吗？你以为你一句吹捧梁王"能历西山，径长乐，抵未央，攘袂而正议者，独大王耳"的话，就能让他以自己的政治资本和血缘资本为你背书吗？所以我根本不相信这段话。

因为这段话，原本就是梁王和公孙玃一字一句对好了，再说给汉景帝听的。所以他们要在这里，极力陈述济北王对汉朝的忠贞与不易。汉景帝虽然不信，但要的是这态度，所以也能借坡下驴。

那么公孙玃究竟对梁王说了什么，才打动了梁王呢？这份绝密档案根本不会记录，所以我们无从得知。但是历史的秘密，并不只是有了直接记载我们才能探究。要想知道当时公孙玃和梁王说了什么，只需要把时间的坐标轴向后拉，看看后来都发生了什么，就能探究个大概。在公孙玃离开梁国之后不久，有两个身负奇才的人来到了梁王身边。他们带着明确的目标，就是要帮助梁王图谋大位。没错，他们就是后来我们所熟知的羊胜、公孙诡，巧的是，他们都来自齐地，甚至其中一个还姓公孙！

我不想说我甚至揣测公孙诡原本就是公孙獐本人，因为公孙獐其人在历史上的记载实在太少，而公孙诡等人的身世又极为神秘。我想说的是，羊胜、公孙诡的到来，跟这次谈话的关联性很大。当时梁王已经立下盖世奇功，为海内所仰望。而济北王等内部人士早已探知，汉景帝曾"有意"传位梁王。可能当初梁王不敢相信，但是随着他立下大功，难免自己有了一定的期望。而公孙獐要想解救济北王，就得用这个巨大的欲望去说动梁王。只要梁王肯搭救济北王，济北王就能发动齐地诸国联合支持梁王，人财物通通供梁王支配。站在梁王的角度上看，这样的条件是相当诱人的。与其坐看齐地诸国灭国，地入于汉，不如拉他们一把，让他们成为自己的奥援。这是相当可行的，随着平阳侯与齐地诸国恩断义绝，那里也正好出现了这样一个政治真空。这样的时机可不多啊，稍纵即逝！

这才是梁王"大悦"的真相。当然，他也知道其他诸国之事已不可为，只有济北王还有希望。于是，梁王积极为济北王游说，力求保全他，并请求汉景帝赦免被动参与叛乱的一般军民。最终，汉景帝答应了梁王的请求，赦免了济北王，只是将他转封到了菑川国。同年六月，汉景帝下诏："吏民为吴王濞等所诖误当坐及逋逃亡军者，皆赦之。"终于恢复到了高祖以来的祖制上来。

济北王抓住了汉景帝态度缓和这一千载难逢的良机，得以全国保家，实属难得。而一直负隅顽抗的赵国，却白白浪费了这样一个赎罪的大好时机，其结局就没有济北王那么幸运了。

当时，七国之乱的大部分国家都已经平定，吴楚两王、齐地四王已死，就只剩下了一个赵王。自从郦寄将军引兵伐赵以来，赵王即还兵守于邯郸城内。郦寄攻之，七月不能下，大大落后于其他战场。这其实怪不得郦寄将军，历来邯郸城都是很难攻破的。当年秦将白起坑杀赵卒四十万，秦人挟大胜之威攻赵，都不能下邯郸。更何况，汉朝把绝大部分兵力分给了周亚夫，剩余兵力大部分又分给了平定齐地诸王的栾布，留给郦寄将军的兵力是最少的。好在赵国起兵之初，匈奴采取了观望政策，没有立即加入战团。后来周亚夫比较快速地攻破了吴楚叛军，匈奴知道七国败局已定，便不再南下帮助赵国。所以赵王虽然还能在城中龟缩一时，其覆亡却是时间早晚的问题了。待诸将破齐之后，栾布引兵来助郦寄。面对邯郸坚固的城墙，栾布采取了水攻，使城中尽为鱼鳖。赵王绝望之下，自杀身亡。

从吴王起兵到赵王自杀，共计七个月时间，七国之乱全部平定。但历来历史学家们论说时，总是以齐地诸王自杀为截止时间，即七国之乱在三个月内平定。这样也有道理，当时除了赵国之外，其他诸叛国都已经被平定。其实无论是三月还是七月，七国之乱都是我国历史上平定速度最快的一场叛乱。当然，我指的是波及大半个中国的大规模叛乱，七国之乱平定速度最快，平定最彻底，给国家人民带来的伤痛最小，后期恢复最快，甚至还使得国运进一步上升，出现了伟大的汉武盛世。

所以，从这些角度上讲，每个参与平定七国之乱的人，都是我们国家的功臣。

平叛后的东方世界

唐代传奇小说集《广异记》中记载了这样一个故事：

唐高宗时期，刚刚建成的大明宫宣政殿每到夜里，就有猎猎车骑之声喧嚣殿外。宿卫将士们出外查看，见有数十骑衣马光洁的骑兵在围殿绕行。如此者十余日，夜夜如此。唐高宗得知后，命刘门奴去查看。刘门奴是长安城有名的术士，他一看就知道这些骑兵不是活人，而是鬼兵，只是不知道他们是什么年代的。于是问其中的领袖，其领袖回答道："我是汉朝楚王刘戊的太子。"

刘门奴不信，楚王参与了七国之乱，宗族全部被杀，怎能留下后人呢？

鬼兵领袖说："大王起兵之时，我在长安，是故没有参与父兄谋逆之事。待到父王战败，亲族都受株连。唯独天子一向喜欢我，念我年幼无辜，有意留我一命。当时形势很紧张，谁也不能私自藏匿七国战犯，天子只好秘密将我养在深宫之中，不让任何人知道。后来我病死了，天子将我葬在这里。下葬之时，天子可怜我，将一双玉鱼与我入殓，就在正殿东北角。这件事情不为史臣所知，是以不见于书。"刘门奴心中了然，正色说道，此乃大唐天子所在，你一荒野游魂，怎敢在此喧嚣！鬼兵领袖不无哀怨地说道："我也不想惊扰唐天子，这里本来是我的旧居，而今却在唐天子宫内，进出好不拘束。既然唐天子有问，希望能将我改葬到别的高敞之地，只是不能夺了汉帝赐我的玉鱼。"

刘门奴将此事上奏皇帝，唐高宗准其改葬。果然在正殿东北发现一座古坟，棺椁已腐朽，唯玉鱼一双依然精致无比。于是高宗下旨为其换新棺，以礼葬于宫苑之外，并以玉鱼随之。此怪遂绝。

——《广异记·刘门奴》

一

战争总体结束后，汉景帝首先赦免了基层分子。此前，汉景帝责令诸将"深入多杀为功"。这一偏激的政策引起了很多人的非议。汉景帝平下心来，知道自己这样做不对，所以很快就予以纠正。

接着，大规模的善后事宜展开，汉景帝陆续对叛乱诸国的命运予以裁决：

一是废吴。其实对于祸首吴国，汉景帝一开始并不想予以撤销，而是想以刘濞的侄子刘通续吴国一脉。显然，这一想法是受到了政策纠偏的影响，赦免心态暂时占据了上风。景帝的这一考虑，遭到窦太后的反对，她说："吴王，老人也，宜为宗室顺善。今乃首率七国，纷乱天下，奈何续其后？"（见《史记·楚元王世家》）窦太后说得对，将士们的血不能白流。汉景帝于是废除吴国。吴自立国至国除，凡一代四十二年。

二是续楚。虽然楚国从此仅领彭城一郡，但已经是"天可怜见"了。从来说起七国之乱，史家都是冠以"吴楚"二字。最终六国被废而楚国得以保存，让很多人想不明白，因而留下了《刘门奴》这样的传说。其实在削弱了楚国之后，汉景帝并不介意保留一个低配版的小楚国。

三是废胶西、胶东、菑川、济南、赵诸国。齐地诸王看起来被废的很多，其实如果站在大齐国的角度上看，不过是将这几个城削弱，保留了小齐国和济北国。当年刘肥为王时，领有齐国七十余城，给汉朝带来了极大的威胁。现在只留下这两个小国，威胁就小多了。至于赵国被废，一是因为赵王本人没有脑子，都什么时候了还负隅顽抗；二是因为赵王私通匈奴一事触犯了天条，这已经不是刘氏内部的矛盾了，而是已经上升到汉匈斗争的大问题了，汉朝决不能保留这样一个叛徒。

从此，威胁汉朝中央几十年的高祖长子系、高祖兄刘仲一系几乎被连根拔起。而保留下来的高祖弟楚王刘交一系，则偃武修文，成为培养出了著名学者刘向、刘歆父子的文化大国。

二

为了加强中央对原吴楚七国地区的控制，景帝在废吴等六国和续楚的同时，还新置或复置一批诸侯王国，继续立皇子为王。景帝共有十四个儿子。七国乱前，已封王六子。七国乱后，陆续立其余八子为王，并对原来的封王加以调整。景帝新置、复置王国，集中在以下三个地区：

一是原吴楚地：新置、复置江都、鲁两国。江都国，始置于景帝三年六月。战后，汉景帝徙对吴楚作战有功的汝南王刘非为江都王，"治吴故国"，即仍以吴国故治广陵为都。时吴郡被削属汉，江都国仅领东阳、鄣二郡。与此同时，分楚薛郡，复置鲁国，徙淮阳王余为鲁王。

二是原齐地复置胶西、胶东两国。景帝三年六月，复置胶西国，立皇子端为胶西王。四年四月，复置胶东国，立皇子刘彻为胶东王。刘彻为太子之后，汉景帝又立皇子刘寄为胶东王。

三是原赵地：新置、复置中山、赵、广川、清河、常山五国。景帝三年六月，分赵中山郡始置中山国，立皇子胜为中山王，这便是刘备经常挂在嘴边的始祖中山靖王刘胜；五年，复置赵国，徙广川彭祖为赵王，广川国除为信都郡；中二年四月，复置广川国，立皇子越为广川王；中三年二月，始置清河国，立皇子乘为清河王；中五年，复置常山国，立皇子舜为常山王。

此外，还有一个临江国。始置于七国乱前，景帝四年，临江王刘阏于死，国除为郡。汉景帝七年正月复置，立原皇太子刘荣为王。中二年，刘荣因罪自杀，国除，地入于汉。

以景帝中五年立最后一个皇子舜为常山王这年为准，汉朝共有诸侯王国二十一个。其中景帝诸子为王的十个，几近王国总数的一半。这是以亲制疏政策的新发展。这些景帝子的王国，除临江国外，都分布在原吴楚七国境内。通过这些王国，有效地加强了对七国地区的控制，并在一定程度上收到了加强中央集权的作用。唯一不在七国为王的临江王也很好理解，怎么能让前太子在叛逆之地呢？

三

根据晁错建议而实行的削藩，在吴楚七国乱前仅仅开了个头，由于叛乱的发生，中途不得不停了下来。七国败后，汉朝中央与诸侯王国力量对比发生了重大变化，削藩的车轮再也不可逆转。于是汉景帝结合对诸侯王国的调整，继续大刀阔斧地全面地推行削藩。《史记》中说："吴楚时前后，诸侯或以适削地，是以燕、代无北边郡，吴、淮南、长沙无南边郡。齐、赵、梁、楚支郡名山破海咸纳于汉。"关于内地诸侯国的支郡，前面已经说过，唯北边郡、南边郡未曾述及，试分析如下：

在诸侯王中，拥有北边郡的是燕、代两国。两国北接匈奴，是西汉北方的边防前线。汉初诸侯王的反叛，往往同匈奴相勾结。七国之乱时，燕国、赵国就同匈奴有约，妄图"合谋入边"。这种情况，既不利于中央对诸侯王国的控制，又不利于汉朝对匈奴的防御。为此，景帝果断地削去燕、代两国的北边郡，划归中央。其中，燕国被削上谷、渔阳、右北平、辽西、辽东五郡，仅留广阳一郡。代国被削代、定襄、雁门三郡，仅留太原一郡。由于以上八郡"纳于汉"，燕、代"无北边郡"，遂使两国封域同匈奴隔离开来。这一变化，不仅削弱了燕、代两国，而且有利于北方的边防建设。正是由于削藩后北方边防的加强，才为后来武帝成功地发动反击匈奴的战争创造了条件。

吴、淮南、长沙三国，南与诸越相连，即所谓的南边郡。在长期的历史过程中，三诸侯不断与闽越、东越、南越等发使相交，吴王刘濞反叛后，"东越亦发兵从"。为了切断三国与诸越的联络，景帝将其南边郡收归中央。吴国的南边郡为吴郡，七国乱前已被削，七国乱后新置的江都国，已不含吴郡。淮南国在文帝后期分为三国，三国中有南边郡的为庐江国。《汉书·淮南衡山王传》说："庐江王边越，数使使相交"。吴王濞反叛，庐江王不应，景帝找不到削罚的借口，但又对其与越相通不放心，于是就先徙衡山王勃为济北王，空出衡山国，再徙庐江王为衡山王，"王江北"，庐江国除，庐江、豫章两郡入汉。"汉收二郡，断其通越"。长沙国南边郡为桂阳郡，另武陵郡也靠近南边。景帝二年复置长沙国，封域仅有长沙一郡，桂阳、武陵郡仍属汉。这样，原吴、淮南、长沙三国的南边郡皆入于汉。

到此，汉景帝对七国的调整大致完成。汉朝诸侯国世界的变化如下：

第一，诸侯王国领郡减少。除江都、齐各领两郡外，其余王国皆各领一郡。由于不少郡是从其他郡析置出来的，其面积小于原王国郡。至此，汉初以来拥有数郡之地的大诸侯，已经不复存在。

第二，诸侯王国领郡总数减少。二十一个诸侯王国，共领郡二十六个。不说郡的面积缩小，仅就领郡数来说，比高祖末年的四十二郡减少了十六郡。

第三，诸侯王国领郡数少于汉中央辖郡数。景帝末年，汉中央辖郡为四十四郡，比高祖末年增加了二十八郡。新增郡除左、右内史由原中央所辖内史分置外，其余郡均来自王国，其中大都是通过削藩而入于汉的。高祖末年，诸侯王国领郡比汉中央辖郡超出二十七郡，至景帝末年即倒了过来，汉中央辖郡反而比诸侯王国领郡超出十八郡。辖郡数量的变化，大大改变了中央、地方的实力对比。

第四，诸侯王国领郡在全国总郡数的比例下降。景帝末年，全国共有七十郡。汉中央辖郡占全国总郡数的62.9%，诸侯王国领郡仅占全国总郡数的37.1%。同高祖末年相比，汉中央辖郡占全国总郡数的比例大大上升了，而诸侯王国领郡占全国总郡数的比例却大大下降了。

以上变化，给诸侯王国带来的变化是巨大的。

随着诸侯王国封域的缩小，国力的削弱，诸侯王国"恃其国大，遂以作乱，几危汉室"的局面，基本上得到改变。不仅如此，由于诸侯王国封域一般仅有一郡之地，其实际地位已经降到郡级，尽管当时王国的地位仍略高于郡。这种情况，直接导致王国行政体制的变化，原来的王国—郡—县三级制，已经不复存在，而变为王国—县两级制。从地方行政体制上看，国与郡基本上趋于一致。

这样，诸侯王国的独立性大大削弱，汉中央集权得到进一步加强。

四

汉初诸侯王"掌治其国"，拥有治民权，这是诸侯王国分权势力膨胀的一个重要原因。吴王刘濞治国期间，就充分利用治民权招揽人心。所以在起兵时，能转瞬间就拉起一支二十余万人的队伍。如此多的人追随吴王，让汉景帝非常震惊，所以他才会一度失去理智，下了那道绝不原谅的诏书。后来他虽然又及时下了一道赦免的诏书，但对此依然耿耿于怀。到了景帝中元五年，汉景帝下令改革诸侯王国官制，"令诸侯不得复治国"，彻底剥夺诸侯王的治民权，以削弱王国分权势力。

改革王国官制的第一步，便是"抑损诸侯，减黜其官"。其措施如下：

一曰更名。即"更名诸侯丞相为相"。汉初诸侯王置丞相，金印，与汉朝制同。景帝"去'丞相'曰'相'，银印"。更名的用意在于降秩，"令异于汉朝"。《汉书·百官公卿表》："凡吏秩比二千石以上，皆银印青绶。"当时郡守秩二千石，银印。王国相由金印贬为银印，其官秩已与郡守相同。不要小看这一名称、印信上的变化，古人的名分之争，从来都是很有道理的。当年吴王太傅太子入朝，就是因为名分相同，这才与汉朝太傅、太子互不相让，甚至大打出手的。此事汉景帝亲身经历，所以感触最深。所以他才要通过这一手段，给中央地方树立起尊卑观念，泯灭地方的叛逆心理。

不仅如此，丞相更名相后，相的职掌也发生了变化，由原来的"丞相统众官"，改为"不得与国政，辅王"，相已经成了一光杆司令，其实权已降至郡守之下，尽管其地位仍高于郡守。

二曰省官。即"省御史大夫、廷尉、少府、宗正、博士官"。原来的诸侯王麻雀虽小五脏俱全，各个都是有一套人马的小朝廷，跟汉朝一模一样，现在通通省去。省去这些官职，一是降低诸侯王国的地位，二是省并王国行政机构，三是削弱诸侯王的权力，其意义是不可低估的。

三曰损员。即"大夫、谒者、郎诸官长垂，皆损其员"。所谓"损其员"，即裁减以上诸官的员额。通过以上措施，改变了诸侯王国"百官同制京师"的旧制，使王国官制逐渐与郡"等齐"。

改革王国官制的第二步，也是关键性的一步，即令诸侯王"不与政事"。其措施如下：

一是"天子为置吏"。汉初，诸侯王可以像汉朝皇帝那样，自行任命御史大夫、群卿以下众官。这是诸侯王拥有"治国"权的重要组织保证。吴王刘濞起兵时，就是利用这一权力，瞬间任命了大量官员。自吴楚叛乱平定之后，汉朝剥夺了诸侯王这一权力，规定："吏四百石以下自除国中"。就是说，诸侯王只有任命四百石以下低级官吏的权力，四百石以上官吏，须由朝廷任免。这是对王国官制的一项重大改革。由于高中级官吏由天子直接任免，诸侯王"掌治其国"的权力也就被剥夺了。

二是"令内史主治民"。内史是周朝官名，秦因之，掌治京师。景帝二年，分置左右内史。晁错、栾布将军就曾分别担任此职，可见其重要性。同汉朝廷一样，汉初诸侯王也置"内史"一职，治王都所在地。景帝"令内史治民"后，内史职掌发生变化。《汉旧仪》："国中仅置内史一人，秩二千石，治国如郡太守、都尉。"原王国丞相、中尉的职掌，集于内史一职。内史由中央任命，直接对中央负责，实际上已等同于郡守。这项改革，从制度上架空了诸侯王，其治民权进一步被剥夺。

通过上述官制改革，汉景帝剥夺了诸侯王的"治国"权力，诸侯王"不与政事"，已与普通贵族无异；诸侯王国半独立地位被取消，中央对王国控制加强，王国已同汉郡无异了。

五

诸侯王可以自行在域内征税，这是汉初中央赋予诸侯王在经济上的特权。它是诸侯王"富于天子"并不断起而叛乱的重要物质基础。吴楚反后，景帝对诸侯王国财政进行改革，取消"诸侯皆赋"的特权，仅保留其"食租税"之权。这是吴楚七国乱后，诸侯王国在经济上发生的重大变化。

在汉初诸侯王国的财政收入中，按人头征收的"口赋"占大头，其他租税收入仅占小头。取消"诸侯皆赋"，即把诸侯王国财政收入的大头拿去，留下小头，这是在经济上对诸侯王的沉重打击。不仅如此，在诸侯王所独得的租税中，同七国乱前相比，也被削减了许多。

这主要是因为收取租税的税基减少了。经过削藩，有的诸侯王国丧失了"南北边郡"，有的诸侯王国"支郡、名山、陂海咸纳于汉"，于是"诸侯稍微，大国不过十余城"。由于诸侯王国封域缩小，封国内田亩税锐减；由于名山、陂海"纳于汉"，诸侯王国的盐铁铜等利源以及有关租税，随之被汉中央所收夺。

可见，削藩不仅是削地，同时也是削租税，诸侯王所食之租税被大大削减了。

诸侯王所食租税，虽然仍包括不少项目，但主要来自田租，即土地税。此项收入有多少，怎样征收？由于记载不详，目前还说不很清楚。《史记·货殖列传》说："封者食租税，岁率二百，千户之君则二十万，朝觐聘享出其中。"这是我们了解当时"封者"租税收入的重要资料。据近人的研究，西汉的田租是按实物征收的，包括租谷和刍蒿两项。田租的税率，景帝后按"三十税一"征收。所谓"岁率户二百"，是指封者向封户征收田租的平均数。这个数字，并不是实征数字，而是司马迁折算出来的。即按照当时物价情况，将"封者"每年向封户按亩征收的谷物，折合成钱数，约当每户二百钱。

由于丧失"诸侯皆赋"的特权，租税收入又遭削减，诸侯王财源萎缩，其经济实力大大削弱。此后，诸侯王财政入不敷出，甚至出现"诸侯贫者或乘牛车"的现象。千里做贼只为钱，当年吴王就是因为富甲天下，才招来了大批亡命之徒为之效命。现在诸侯王穷到这个份上，还有谁来？随着经济的衰败，诸侯王已经不再具有同中央相对抗的物质条件，汉初以来的王国问题基本上获得解决。

六

只有一个地方除外，那便是梁国。经过汉景帝里里外外多种削藩手段，原来的老牌诸侯王国皆被分割，对中央的威胁大大减弱。而在平叛中立下了大功与景帝关系"最亲"的梁国，却一跃而为头号大国。梁居天下膏腴之地，梁王武又很能经营，"府库金钱且百巨万，珠玉宝器多于京师"；他自恃平定吴楚叛乱有功，日益骄横，"大治宫室"，"得赐天子旌旗，出从千乘万骑"，"出言趶，入言警"，"拟于天子"。（见《史记·梁孝王世家》）不仅如此，他还一天比一天更有自信，觉得自己比谁都更适合继承汉景帝的天子之位。他逐渐不满足于"拟于天子"的地位，要做汉朝真正的天子。因此，他开始了一轮又一轮的运作。

可以说，梁王的坐大乃至产生夺嫡之心，是汉景帝削藩的必然成本。没有梁王在前面抵住吴楚叛军的主力，汉朝不可能有时间调集人马，也不可能以逸待劳，用最小的战场代价平定叛乱。但世上没有免费的午餐，在战场上免得了的，就要从战场之外支付。更何况，那句酒后之言是那么的真切。

——"千秋万岁后传位于梁王。"

咬文嚼字《梁园赋》

汉景帝前元四年三月，梁王刘武在睢园忘忧馆召集门客，饮酒赏园。

在平定七国之乱的过程中，梁王刘武厥功甚著，可谓与汉朝相等。汉军斩首十万余级，梁王所杀也当不下于此数。考虑到梁王是以一国一城而有此绩，更属难得。最重要的还不是数字，而是其战略意义。要不是梁王在叛乱最嚣张的时候扛住了吴楚主力的进攻，很可能叛军就已经一鼓作气杀入长安，成其事了。梁王死守孤城，让叛军不能越睢阳而西，从而保住了长安的安全，也为景帝调兵遣将留出了时间。所以，如果说下邑之战是斯大林格勒战役，那么睢阳之战就相当于莫斯科战役。因此，在平乱结束后，窦太后、汉景帝、汉朝廷对梁王刘武大肆封赏，梁王之爱宠、声望一时达到了顶峰。

梁王刘武时年约三十岁，春秋鼎盛，英姿勃发。他在旧时吹台的基础上大兴土木，营造了轰动全国的睢园。"筑东苑，方三百里，广睢阳城七十里，大治宫室，为复道，自宫连属平台三十里。"（见《史记·梁孝王世家》）自未央宫落成之后，汉朝已经很久没有这么盖房子了。汉文帝曾经想做一个露台，不过百金之费，还是心疼了一番放弃了。汉景帝虽富有四海，却也继承了汉文帝的抠搜。这么花钱，舍不得，舍不得。

梁王不光舍得花钱盖园子，更喜好召集文人雅士，做园中之会。投至梁王门下的文人很多，最出名的有七个，分别是韩安国、枚乘、邹阳、庄忌、路乔如、公孙乘、羊胜、公孙诡。

韩安国本身就是梁国人，又很早就追随梁王，可谓梁王身边的老人了。在平乱过程中，他和张羽两人一文一武，一攻一守，立下了汗马功劳。加之他年纪稍长，因此，在梁王身边的文人集团中，韩安国可谓德高望重。枚乘、邹阳、庄忌三人自吴国来，在最关键的时刻站在了梁王身边，出谋划策，分担忧劳，也是梁王可信赖的人。要论文才，此三人可是整个汉朝都能排得上号的。尤其是其中的枚乘，因为在睢阳最危急的时候上书吴王，并在文中惊人地预测到了周亚夫的平叛路线图，成了当时最有名气的文人。连一向不喜欢文人的汉景帝，都对此人十分欣赏，一直想要招至麾下。因此，枚乘还做过一段时间的弘农都尉。可是他心中最念念不忘的还是梁国，所以没过多久，就辞去官职，再次投奔梁王府中。重返梁国的枚乘，受到了梁王的厚待，金玉珠宝、娇妻美妾应有尽有。其中一位美妾还为枚乘生了儿子，取名枚皋。关于路乔如的记载比较少，甚至有说此人是春秋战国时期人，在此存疑。公孙乘也是一样的身世不显，只知道此人在汉武帝继位之后还在世，也就一并列在此处了。

羊胜、公孙诡二人，是梁王身边鬼魅一般的人物。他们的身世同样不详，只知道是齐国人，多奇邪计。其中的公孙诡，在第一次见到梁王的时候便受赐千金，可见绝非等闲之辈。此人在梁王身边甚得宠信，官至中尉，号"公孙将军"。真不知道张羽将军听到之后，该怎么想。

梁王在睢阳忘忧馆的这次游园，因为他的突发奇想，而成为一段史上有名的佳话。兴致旺盛的梁王趁着酒意，要门下文人们就园中景致一一作赋。韩安国一听，立即上前对梁王说，此计甚好，还说他可以作为主考官，监督诸位才士。梁王板起脸来说，你也要写。还为此立下军令，在座诸位谁都不准推托，限时完成。文章好者有赏，差者有罚，做不出者重罚！看着梁王一脸正经的样子，韩安国叫苦不迭。他虽然饱读诗书，可他并不能算是经典意义上的文人，因为他的才华全在行政方面，不在写诗作赋上。梁王明知道他不会写辞赋，还要这样下令，这不是故意要找他的难堪吗？

就在韩安国纠结的时候，大才子枚乘已经构思完毕，"嘁唰唰"地写完，取名《柳赋》，其辞曰：忘忧之馆，垂条之木。枝逶迤而含紫，叶萋萋而吐绿。出入风云，去来羽族。既上下而好音，亦黄衣而绛足。蜩螗厉响，蜘蛛吐丝。阶草漠漠，白日迟迟。于嗟细柳，流乱轻丝。君王渊穆其度，御群英而翫之。小臣瞽聩，与此陈词，于嗟乐兮。于是罇盈缥玉之酒，爵献金浆之醪。庶羞千族，盈满六庖。弱丝清管，与风霜而共雕。铪锽啾唧，萧条寂寥，隽乂英旄，列襟联袍。小臣莫效于鸿毛，空衔鲜而嗽醪。虽复河清海竭，终无增景于边撩。从这篇辞赋中，我们可以想象睢阳园中景致，又可以想象梁王沉静端详，还可以探究枚乘作赋时的心理状态。无疑，当时的枚乘可谓志得意满。贤王、美景、盛名、美人，古往今来文人们追求的无怪乎这些。而枚乘该有的都有了，此生心愿已足，夫复何求？

梁王见了此赋大喜，果然是大才子！因此不等其他人写完，先将其署名第一。

第二个交卷的人是路乔如，其赋名曰《鹤赋》：白鸟朱冠，鼓翼池干。举修距而跃跃。奋皓翅之翙翙。宛修颈而顾步，啄沙碛而相欢。岂忘赤霄之上，忽池薄而盘桓。饮清流而不举，食稻粮而未安。故知野禽野性，未脱笼樊。赖吾王之广爱，虽禽鸟兮抱恩。方腾骧而鸣舞，凭朱槛而为欢。

就在梁王夸赞枚乘路乔如二人的时候，第三个交卷的人来了，公孙诡。梁王展卷一读，见其辞名《文鹿赋》，内容写的可谓字大行稀，仅五十六个字：麀鹿濯濯，来我槐庭。食我槐叶，怀我德声。质如细缛，文如素綦。呦呦相召，《小雅》之诗。叹丘山之比岁，逢梁王于一时。梁王看过，微微一笑，放在一边。此时邹阳已经写完《酒赋》，呈上去之后瞟了一眼公孙诡的文章，瞬间读完之后，猛打了一个冷战。公孙诡向来投机取巧，写了一篇短赋交差争前三名这没什么，问题是此人在文中还玩儿微言大义。这是要干什么，邹阳飞快地想，蛊惑梁王吗？鹿者，社稷也。公孙诡这是要诱惑梁王，不要放弃到手的机会，捉住那送上门来的鹿啊。怪不得梁王那么宠信他，原来是一直在怂恿梁王夺嫡！看来，梁王总说没有没有，心里却一直惦记着汉景帝那句酒后之言，唉！七国之乱中诸王的下场尽在眼前，梁王怎么能视而不见呢？公孙诡！你们把齐地诸王们害得家破人亡，现在又来害梁王吗？枚乘狠狠地瞪了公孙诡一眼，公孙诡却一直跟梁王左右谈笑，视枚乘为无物。然而公孙诡也不忘了看一眼邹阳的辞赋，当他看到邹阳文中写的"嗟同物而异味，叹殊才而共侍"一句时，也不禁冷笑了一番。

邹阳忧心忡忡，左看右看，只见韩安国正在那里冥思苦索。韩安国见他看过来，正如久旱逢甘雨，急忙把手一揖。言下之意，就是要邹阳帮帮忙。邹阳立刻会意，提起笔就帮韩安国写了起来。也真是上天弄人，韩安国的题目是《几赋》。几者，凭几也；几者，动之微也。还记得楚王谋反之端刚刚显露的时候，穆生怎样对白生、申公说的吗？——知几其神乎！君子见几而作，不俟终日。眼下梁王大功既立，难免雄心万丈，目空一切。要是再有坏人乘机怂恿他，还真不知道会做出什么样的事情来。这一个《文鹿赋》和一个《几赋》，好似上天给邹阳的暗示，让他在转瞬之间洞悉了一个惊天秘密，他也因此无限惆怅，历史真的要重演吗？他又看了一眼韩安国，突然间醒悟过来。

此时公孙乘的《月赋》、羊胜的《屏风赋》都已经完成，纷纷交卷。这俩人文字加起来都没有邹阳、枚乘多，其内容也不过是一般的颂圣之作，可谓乏善可陈，这里就不再赘述。

这时候邹阳代写的《几赋》已经完成，其辞曰：高树凌云，蟠纡烦冤，旁生附枝。王尔公输之徒。荷斧斤，援萝薜，攀乔枝，上不测之绝顶，伐之以归。眇者督直，聋者磨砻。齐贡金斧，楚入名工，乃成斯几。离奇髣佛，似龙盘马回，凤去鸾归。君王凭之，圣德日跻！在这篇文章里，邹阳凭借几的制作过程，给梁王说的满是创业的艰辛和不易——王尔公输之徒。荷斧斤，援萝薜，攀乔枝，上不测之绝顶，伐之以归。眇者督直，聋者磨砻。齐贡金斧，楚入名工，乃成斯几。这篇文章的最后以圣德作结，既是对梁王的赞颂和期许，也是对梁王的无比坚信。他相信，好梁王，一定不会误入歧途的！

所有的辞赋都上交了，置于王案。梁王一一品评，对《柳赋》《酒赋》《几赋》三篇文字爱不释手。最让他想不到的是，韩安国竟然也能作出这样文字来，亏他还在开始时一再谦虚、推辞呢。看来老夫子是要有意降低人们心理预期，然后平地出惊雷啊！不过说实话，这声惊雷确实不一般，谁都知道韩安国不擅长辞赋，怎么这次就能超常发挥呢？心情大好的梁王决定要重赏枚乘、邹阳、韩安国三人。这时候，有人将邹阳代韩安国作赋的事情报告给了梁王，梁王脸色突然一变。梁王拉下脸来，怒斥邹阳、韩安国二人大胆，竟然在王上面前弄虚作假。韩安国急忙说，是自己实在才疏学浅，写不出这样文字来，不得已才请邹阳先生帮忙，请王上恕罪。梁王不为所动，一脸严肃地说道，提名路乔如的《鹤赋》为第二，不设第三名。鉴于韩安国、邹阳二人串通作弊，故对邹阳、韩安国等人，不光取消名次，而且还予以重罚！梁王极为严肃地说道，韩安国、邹阳二人听罚！两人急忙下拜，跪而听宣。只听梁王大声宣布，罚两人各饮酒三升，说罢哈哈大笑。这回梁王亲自监督，看到两人将满满三升大白浮尽，梁王连叫快哉，快哉！当日，梁王众人在睢园中流连忘返，长乐达旦。

我王何太痴耶！

这次园游会在历史上非常有名，可以说是第一个文人集体创作的案发现场。从此之后，文人们往往仿效此例，择一个风景秀美的地方集体创作，以成佳话。千百年来，还真诞生了不少名篇，其中就有书法名作《兰亭集序》，也有名传千古的《滕王阁序》。《红楼梦》中贾宝玉也在大观园组织过一次盛大聚会，薛蟠大爷就是在这次集会上留下了著名的《哼哼诗》。《神雕侠侣》中，新五绝也曾仿效古人，在华山胜地聚会，留下了一首震撼武林的四言诗："东邪西狂，南僧北侠。"甚至，据说此风气后来也传到了外国。1879年夏天的一个夜晚，莫泊桑、阿莱克斯、瑟阿尔、厄尼克、于斯曼五位青年作家，在法国自然主义大作家左拉的梅塘别墅聚会，商定以普法战争为背景，每人各写一篇中短篇小说，结成《梅塘之夜》作品集出版。莫泊桑就是在这次聚会中福至心灵，写出了成名作《羊脂球》的。

那段时间，梁王可谓春风得意，一而再再而三地组织这样的聚会，大行欢乐。

直到有一天，长安传来消息，汉景帝立其长子刘荣为太子，才将他从迷梦中惊醒过来。

刘荣？太子！不是说是我吗？

——是刘荣。

梁王手托脸颊，郑重地对我们解释道，不对，不对。我的哥哥，也就是当今的皇帝，曾经亲口给我说："千秋万岁后传位于梁王。"我作为弟弟自然不敢当真，可他作为哥哥也未必是在作假。更何况君无戏言。当年周成王手持树叶对弟弟说："以此封汝"，后来周公果然将叶县封给那个王子。而哥哥说将皇位传给我，我尚未明确表示拒绝。他怎能在不跟我商议的情况下，就再传他人？

我想梁王肯定有一个从不敢相信、不敢当真，到越想越激动、越想越动心的过程。世间事，如果他完全没有机会也就罢了。偏偏有人拿来诱惑他，怂恿他，戏弄他，还怎能责怪人家动了心？

清人金圣叹年轻的时候考生员，考官信手从《孟子》中拈来一句："如此则动心否乎？"原文中，孟子的回答是："我四十不动心。"而金圣叹却在考卷中写道："空山穷谷之中，黄金万两；白露蒹葭之外，有美一人。试问：夫子动心否乎？曰：动！动！动！动！动！动！动！动！动！动！动！……"一连写了三十九个"动"字，正好将白卷填满，还解释说：孟子曰，我四十不动心；孔子曰，四十而不惑。就是说，人在四十岁以前还是很容易"动心"的，很容易被"迷惑"的，孔孟亦不例外——四十岁以前的孔孟见到黄金万两、绝色佳人，即便动心也是正常的。所以一连写了三十九个"动"字，一个"动"字代表一年，正好在四十岁以前。超过四十个"动"字，就有辱孔孟之道了。

在莎士比亚的戏剧《麦克白》中，麦克白凯旋，途中经过树林时，遇到三个女巫。第一个女巫称呼麦克白为葛莱密斯爵士，第二个女巫称麦克白为考特爵士，第三个女巫称他为苏格兰国王。三个女巫用三个称呼预言了麦克白的一生，给了他很大的诱惑，最终怂恿他走上了弑君篡位之路。

论年龄，梁王刚过三旬；论战功，梁王不下于麦克白。也难怪他动了心。

然而，世间事让人动心的还少吗？为什么人们走过去还当没看见一样？就因为这其中有个无形的秩序存在，无形中约束着人们的心理，也无形中约束着人们的手脚，使得人们不能喜怒随心，不能随意予取予求。金圣叹笔下自由的结果，是一生不得志，混得比蒲松龄还惨，最后叛逆罪处斩；麦克白跟随巫师预言的结果，是被巫师诓骗，被人杀死，做了一个短命的国王。可见"动心"二字，向来都是由鲜血书写的。所以人们才会在面临种种诱惑时，如老禅入定，非不动心也，不敢动心也。

自然，梁王是不会把我这套歪理邪说放在眼里的，他是天潢贵胄，他是汉景帝亲弟弟，他有一个十分宠爱他的老太后。严格说来，这天下不就是他们母子三人的吗？难道不是吗？

我王何太痴耶！

历来人情最爱者，莫过于妻子儿女。兄弟之间，往往娶妻之前是一番模样，娶妻之后又是一番模样。娶妻之前，兄弟手足是真手足；娶妻之后，兄弟手足往往就有了自己的一处私心。对于汉景帝来说，他想传位于诸皇子，难道不是世间最大的人情吗？也别怪汉景帝有这样的私心。设身处地地想想，换成梁王在那个位置上，也会那样做。再者说，你梁王要真把汉景帝当成你亲哥哥，就应该知道汉景帝当时最想要的是什么，是削藩。那你为什么不干脆交上梁国土地，顺了他的心愿？

而且从历史上看，父传子家天下是古代最稳固的交接方式，兄终弟及往往引发各种意想不到的动乱。春秋时期最强大的霸主晋国，就是因为长期无法理顺兄终弟及的交接关系，最终导致王权旁落公卿，从而一分为三的。就算有人能勉强理顺这一关系，也会存在很多不确定性。宋太宗继位之后，其合法性就一直遭到世人非议。到了北宋灭亡之际，好事者甚至编出"金主面貌似太祖"这样的传说，来恐吓、诅咒赵光义的子孙。最终，宋高宗赵构只好顺从民意，选择赵昚来做他的继承人，从而使皇位又回到太祖一脉。从这一点上说，北宋之所以速亡，而南宋在金人、蒙古的轮番蹂躏之下还能支撑那么久，就是因为宋太祖的血脉能得到更多人的认可，从而更愿意、更甘心为之舍命。

从当时的汉匈对峙的大环境上来看，也不允许汉朝出现这样动乱的可能。汉朝必须和平交接，才能将好不容易积累起来的国家实力传承下去，从而在汉匈之大争中取得胜利的可能。

无论是人情还是国情，无论是前人之事还是后人之事，都决定了梁王不能得到继承权。

然而梁王终究不能甘心，君子一言尚且驷马难追，更何况堂堂天子乎？周成王……

好吧，周成王确实有以叶封弟的前例，可那不过是周公教育周成王谨言慎行的手段。汉景帝确实也说过那句话，可那不过是当着太后的面，说句让老人家高兴的"好听话"而已。真要一字一句都当真的话也可以，汉景帝说的可是"千秋万岁后传位于梁王"，从说这句话开始到现在不过一年，离着千秋还有九百九十九年，离着万岁还有九千九百九十九年。就算汉景帝仁义，不让你等长的，那就让你等个九百九十九年好不好？到那时，你尽可以来继承汉景帝的皇位！这是你要的结果吗？

再者说了，叶国不过一县，跟天下能比吗？跟你的梁国都没法比。周室那么大方，前提就是因为叶县太小不值一提，给了就是给了没什么好心疼的。而你要的可是皇位，是天下，能轻易给吗？

最关键的一点，决定将周成王戏言当真的是周公，周公是当时的辅政大臣，真正的统治者。在当今汉朝，可有这样的人？梁王微微一笑，谁说没有？我朝以孝治天下，有太后在，难说此事不成。好吧，汉朝确实以孝治天下，可那孝道如何做也不是你那么简单理解的。就连孔子都反对愚孝，为此还专门说过一句"小棰则待过，大杖则逃走"。窦太后要真逼着汉景帝传位给梁王，那无异于将汉朝置于动乱的边缘。汉景帝明知这样的结果还要遵从，那就是要陷太后于不义，是不孝。汉朝以孝治天下，天子怎能陷太后于不义，使自己背负不孝之名？到那时候，都不用汉景帝自己出面，文武大臣就能把梁王的美梦给毁了。别忘了就在汉景帝说那句话的当场，窦婴就敢直接跳出来反对。汉景帝表面上遵从太后懿旨，将窦婴贬斥。后来不一样找了个机会，把他提拔起来了吗？这态度还不明显吗？

做一个南面称孤的大王还不够吗？而今吴楚已灭，天下诸侯，数你最大，还有什么不满足的呢？

梁王冷笑一声说，你有你的道理，我有我的道理。你的道理很好，动心忍性，貌似没有什么不对的地方。你应该也是一直按照这样的世界观去行事，所以你贺龙宾现在还不过一个小白领。每个月拼死拼活，才领那么几张叫作人民币的红花纸。到现在还是跟媳妇挤在那么一座小房子里，车也买不起，孩子也不敢生，生了也养不起。我高祖要是也按照你的道理行事的话，到死也不过一个亭长，什么大汉朝，什么文景之治什么汉武盛世根本就不会存在。小子！做你的太平梦去吧！

选择太多也是一种痛苦

梁王应该非常后悔，自己没有听从公孙诡先生的意见，错过了立储的大好时机。公孙诡先生要他马不停蹄一刻不止地开展夺嫡，可是梁王呢？自以为大功已就，帝位肯定是自己的。于是躺在功劳簿上睡大觉，不是盖院子，就是跟文人学士们诗酒唱和。千古佳话是留下了不少，最高理想呢？唉！

对于汉景帝来说，这一招真的是瞒天过海。为了稳住梁王，汉景帝对梁王所求无不与，而且赏赐还大大超过想象。就是要用极大的物质享受填满梁王的整个身心，让他在无限的物质文化享受中忘掉一切。当然，他这么做的目的，不仅仅是转移梁王的注意力、消磨他的心志，更重要的是给自己争取时间和空间。战争的善后工作都马虎不得，没有了晁错的汉景帝，好多时候都要亲力亲为。

在安排好诸王之后，汉景帝论功行赏，封周亚夫为丞相，无为丞相陶青从此淡出了政治中央。周亚夫可谓真正意义上的出将入相，从此达到了人生的巅峰。接着，汉景帝封刘非为江都王，赐天子旌旗。将军程嘉官拜江都国相，封建平侯。实话说，刘非的赏赐并非不高。可是按照他在平叛中的表现，于汉景帝诸子中可谓独一无二，而汉景帝当时尚无太子，何不就势将其作为储君人选？我不得不怀疑，所谓江都封王，不过是后宫另有高手运作，借此将刘非排除出了皇位竞争的范围内而已。

对于战场上勇冠三军的韩颓当，汉景帝的赏赐似乎很吝啬。既没有加封官职，也没有多与封邑、金钱，而是让他的孽孙韩嫣和汉景帝的儿子刘彻交朋友。韩颓当生前，其名与其功相去甚远，似乎都是汉景帝有意为之。然而在惊心动魄的政坛上，韩氏家族却因低调而安稳长久，可谓有失有得。卫绾因功封为中尉、建陵侯，苏息被封为赵国丞相、江阳侯，直不疑被封为塞侯，公孙昆邪被封为平曲侯。三起三落的将军郤昭也再次封侯，而且得到了儿子尚公主的待遇，连周亚夫都不曾有。李广得大将旗鼓，按说也该封侯，但是他坏就坏在没有政治觉悟，竟然私下接受了梁王的将军印。是以李广虽然有功，却没有封侯。同样失落的是颍阴侯家，灌孟死而无功，灌夫徒有其名，可谓无所获。

窦婴方面，窦婴本人被封为魏其侯，后官拜丞相。窦婴可真是最舒服的一位，叛军主力有周亚夫、梁王顶着，齐赵诸王有栾布、郦寄，后来又有韩颓当、平阳侯诸将去平定。他自己呢，背了一个大将军的壳子坐镇后方，最后齐赵各地平定的功劳他算首功，纯捡便宜。第一次世界大战的时候，东线德军在鲁登道夫的指挥下屡屡获胜，士气大振。而鲁登道夫不过是副帅，全部荣誉都要归在统帅兴登堡名下。因此，当记者来统帅部采访时，鲁登道夫抱怨说："这里是元帅战前睡觉的地方，这里是元帅战中睡觉的地方，这里又是元帅战后睡觉的地方。"兴登堡尚有无为而治之功，窦婴则纯属无能。

栾布因功封为俞侯、燕国国相。郦寄却没有得到明显的褒奖，这与他在战争中的表现有关。关于此人的生平，有段比较有趣的记载。史载，六年之后即中元二年，郦寄因为想娶平原君的姐姐，被景帝怒而废除其侯爵。他们家传了几十年的曲周侯爵位就此断绝，后来再也没有得到续封。历来爱美人不爱江山的人不多，郦寄虽然在战场上表现不佳，情场上倒是个痴情儿。

对于在七国之乱中，因为忠贞不屈、为国殉难的人，汉景帝也予以了褒奖。楚国太傅赵夷吾之子赵周被封为商陵侯，国相张尚之子张当居被封为山阳侯。所谓功臣，不光是运筹帷幄之中、决胜千里之外的大将。那些临大节而不屈、赴大难而不惧的人，同样值得尊敬和崇仰。

最后剩下的是平阳侯曹奇，虽然他在最后关头被汉景帝起用，也迅速平定了齐国的叛乱，可是这一切都跟他预想的相差太远。他一生都在策划平定吴楚叛乱，最后却阴差阳错，平定了齐国地区的叛乱，而最重要的平定吴楚叛乱的战场，他却没有任何机会。所幸的是，他终于代表曹家，将家族与齐地诸王的历史问题做了一个了断，让曹家再也没了历史包袱。对平阳侯一直以来的心理，汉景帝无疑是很清楚的。当他发现，平阳侯几乎是唯一一个可以与周亚夫相抗衡的角色的时候，他还是起用了平阳侯。看到平阳侯能果断与齐地诸王切割，汉景帝自然对平阳侯的猜忌少了一层。然而人算不如天算，平阳侯却在平叛之后，很快便去世了。汉景帝悔不当初，于是兴复平阳侯家却再无顾忌。他给了沉寂已久的平阳侯家最大的回报，将其最得宠的女儿嫁给了新一代平阳侯——曹寿。

在善后期间，汉景帝不是没有考虑过立储，然而兹事体大，汉景帝每每想起，就觉得头痛。

原因就在于，汉景帝的选择太多了。在西汉十二帝中，汉景帝的儿子是最多的，有十四个儿子。这一点，我们只需列出《汉书》中历代皇子们传的传名，就能一目了然：

汉高祖的儿子们——《高八子传》；

汉文帝的儿子们——《文三王传》；

汉景帝的儿子们——《景十三王传》；

汉武帝的儿子们——《武五子传》；

汉宣帝、汉元帝的儿子们——《宣元六王传》。

以上诸皇子传，合计皇子三十五人。汉惠帝、汉昭帝、汉成帝、汉哀帝、汉平帝、孺子刘婴六代帝王，不是没有生育，只是因为种种原因，儿子没有成人，所以在汉书中阙而不录。

由此我们就可以看出来，汉景帝的儿子数量在西汉一朝是最多的，占到总数的三分之一强。我们印象中伟大的汉武帝，应该子嗣很多对不对？然而汉武帝的儿子，算上继承皇位的刘弗陵，也仅仅六人而已。汉景帝总共生有十四个儿子，分别是：临江闵王刘荣、河间献王刘德、临江哀王刘阏、鲁恭王刘余、江都易王刘非、胶西于王刘端、赵敬肃王刘彭祖、中山靖王刘胜、长沙定王刘发、广川惠王刘越、胶东康王刘寄、清河哀王刘乘、常山宪王刘舜，以及伟大的汉武帝。在汉景帝立储的这一年，除了刘舜、刘乘之外，所有的皇子都已经出生。其中长子刘荣十八岁，末子刘寄一岁。

一下子面临十二个选择，汉景帝当然会感觉棘手，谁让他的儿子们几乎个个都很特别呢？

——长有刘荣，嫡有刘彻，文有河间王刘德，武有江都王刘非，论能生则有中山王刘胜，论狡狯则有赵王刘彭祖。甚至汉景帝不曾留意的长沙王刘发，竟然有极大的后福，给汉朝顺延了两百年江山。

看到这里，我不禁沉思，汉景帝怎么这么多儿子？汉武帝统治华夏五十多年，才有六个儿子，怎么汉景帝要远远超出他？这个问题，我们要归功于汉景帝的姐姐窦长公主。是窦长公主接连不断地向汉景帝进献美女，汉景帝才能生有这么多儿子。窦长公主之所以这么殷勤地办理此事，不仅仅是为了向弟弟邀功，当然这是最主要的，但还有一个原因就是遵从窦太后之命。窦太后以平民之身，跃登富贵之顶，她当然知道是因为她给汉文帝生了两个儿子并且都成年了，而别的嫔妃生的儿子却几乎都夭折了。所以，她会比谁都看重自己儿子的生育，希望儿孙满堂。可偏巧，她本人眼力不好，诸事不能亲自操办，只好交给最亲近也最信任的人，这个人只能是女儿窦长公主。窦长公主喜欢过的邓通，被汉景帝杀了，可并不代表汉景帝、窦长公主姐弟关系会产生什么嫌隙，况且时间会冲淡一切。

当然，汉武帝也有这么一个姐姐，就是平阳公主。平阳公主有样学样，也是不断地给皇帝弟弟物色美女，这其中就有著名的卫子夫。按说有人专门给汉武帝物色美女，而且汉武帝寿命那么长，总不该比汉景帝子嗣更少吧？然而，汉武帝的姐姐不同于汉景帝的姐姐。平阳公主过早地跟卫氏捆绑在了一起，导致她后期的主要精力，都用在了维护卫氏一族的利益上，可谓殚精竭虑。在这种情况下，汉武帝的儿子，还能多得了吗？平阳公主为汉武帝进献美女时候，究竟有没有猫腻？这个秘密随着平阳公主的死，而永不为人所知了。有意思的是，平阳公主死后不久，常年不育的汉武帝就生了刘弗陵。

窦长公主后来也跟王皇后捆绑在了一起，但这个时间被大大地延后了。所以在很长的时间里，窦长公主都是心无偏私地向汉景帝进献美女。这些美女为汉景帝生了十四个儿子，优秀者六个。

长子刘荣为栗夫人所生。还记得栗夫人吗？那个汉景帝第一个爱上的人，她为汉景帝生了三个儿子，刘荣便是第一个。可是刘荣为人在史书上记载很少，还都是他被废之后的苦情。至于其为人如何，我们不得而知。不过，我们也可以从中得出两个结论，要么此人一生战战兢兢，要么此人真的平庸。而且很有可能的是，此人两者皆备。因为平庸所以战战兢兢，因为战战兢兢所以越发平庸。这两者合在一起，就导致刘荣为人言无可采，事无可录。但是刘荣本身的长子地位，却是谁都抢不了的。在古代，立长从来都是立太子的第一选择，所以刘荣在汉景帝诸子当中的优势还是很大的。

河间王刘德也是栗夫人所生。世人对栗夫人有很多误解，觉得她是个愚蠢不可理喻的人。可是假如他们能了解一下刘德之为人，恐怕就不会那么轻率了。史载，刘德修学好古，实事求是，文化水平极高。汉武帝继位之后，刘德来朝，献雅乐，对三雍宫及诏策所问三十余事。其对推道术而言，得事之中，文约指明。刘德死后，汉朝也给了他很高的评价："王身端行治，温仁恭俭，笃敬爱下，明知深察，惠于鳏寡。"（刘德评价见《汉书·景十三王传》）包括刘德的谥号，也是取"聪明睿智曰献"之意。然而这么一个被人赞誉的刘德，最终却与太子之位无缘，无他，汉景帝本人不好辞赋。汉景帝作为一个通"术数"的帝王，心中再清楚不过，那种文章辞赋类的东西中看不中用。越沉迷其中，越不能付以大任。这一点，还是后来的汉宣帝说得明白："汉家自有制度，本以霸王道杂之，奈何纯任德教，用周政乎？"（汉宣帝原文见自《汉书·元帝纪》）

江都王刘非似乎很符合汉宣帝的标准。江都王血气方刚，浑身是胆，在诸王中可谓出类拔萃。然而汉景帝疑惑的是，此儿可知道执中之术？汉景帝在给刘彻的遗诏中说："人不患其不知，患其为诈也；不患其不勇，患其为暴也。"他不担心刘非临大事不勇，他担心的是他当大位不仁。

中山靖王刘胜一生太能生育，千载之下鲜有其匹。要是按照康熙"看皇孙"的标准，此人多半能入选。可是中山靖王刘胜太沉迷于床榻之事，已经到了荒淫无耻的地步，还能要吗？

赵王刘彭祖是汉景帝诸子中很狡诈的一位，史载刘彭祖："为人巧佞，卑谄足共，而心刻深，好法律，持诡辩以中人。"（见《史记·五宗世家》）此人可谓依法治国的典范，每每装出一副老好人的样子，暗中给人下套。抓住证据之后，以此要挟国家官员。谁要是不听他的，他就借此告发，管你是什么达官显贵，通通不惧。汉武帝一朝，能人可谓不少，其中尤其不乏酷吏，可没人能治得了刘彭祖。刘彭祖玩弄起手段来，汉朝自武帝以下无人能及。著名的政治家主父偃和酷吏之王张汤大人，就是死在此人的奏疏之下，可见其厉害。知子莫如父，刘彭祖大概就是汉景帝说的"不患其不知，患其为诈"的那种人吧。

有意思的是，中山王刘胜和赵王刘彭祖还互相看不起，中山王讽刺赵王曰："兄为王，专代吏治事。王者当日听音乐，御声色。"赵王亦曰："中山王但奢淫，不佐天子拊循百姓，何以称为藩臣！"（见

《史记·五宗世家》）

看赵王一脸正气的样子，让人都不好意思拆穿他。他说的"佐天子拊循百姓"是怎么做法呢？第一步，上书愿督国中盗贼。赵王不愧是懂法之人，知道先请示。得到允许之后，赵王就连夜带着一群大兵们出去，横行邯郸。最后是"坏人"被赶跑了，但好人也不敢来了。诸使过客谁都知道赵王阴险狡诈，没有一个人敢留在邯郸。所以我认为，赵王应该是景帝诸子中最像刘濞的一个人。

其实，汉景帝于诸子当中，最偏爱的是王夫人所生的刘彻。

王侯将相宁有种乎？

王夫人的出身非常特殊，她是汉初燕王臧荼之后。秦二世元年七月，陈胜吴广大泽乡起义，中原大地燃起了气势冲天的亡秦大火。为了发动更多人，陈胜派赵人武臣经略赵地，武臣却在赵地站稳脚跟后自立为赵王。接着武臣派韩广安抚燕地，结果韩广有样学样，一到燕地就立为燕王。作为韩广部将，臧荼完整目睹了这一裂变过程，深信：一个人只要有胆有力有机会，什么事情都能做出来。

很快，韩广为部将李良所杀，赵国后裔赵歇被推为赵王。这个新的赵氏政权引起了秦帝国极大的恐慌，因为这意味着，那个跟秦国争霸数百年的赵国复国了！于是秦国调集精兵强将，围攻巨鹿，誓将这个伟大对手的后裔掐死在摇篮中。起义军也从陈胜吴广被杀的教训中醒悟过来，在强大的秦国面前，任何希图自保、自私自利的行为都是要不得的，要想活命只有跟秦国火并。于是，各地义军纷纷驰援赵国。作为燕国代表，臧荼就在此时登上历史舞台，参与了震动千古的巨鹿之战。

战后，项羽成为诸国上将军，统帅大军西入长安，进而号令天下。由于项羽也是自立为王，所以他对诸王是既不屑又忌惮。在分封诸侯的时候，他有意地撇开诸王本人，而分封其部将。臧荼因为参与了巨鹿之战，又从入关，所以很幸运地被项羽封为燕王。臧荼立为燕王之后，立即率兵驱逐了旧主韩广，后又将其杀害，并有燕及辽东两地，庶人出身的臧荼进入了个人的全盛时代。两年后，韩信在赵国背水一战，大胜之后顺势招降臧荼，臧荼转而背楚。又两年之后，楚汉胜负已分，臧荼和楚王韩信、韩王信、淮南王英布、梁王彭越、长沙王吴芮、赵王张耳共同尊奉汉王刘邦为皇帝。而刘邦也与诸王剖符作誓："使黄河如带，泰山若厉，国以永存，爰及苗裔。"臧荼诸王因此取得了与汉室相始终的地位。可以同传说中姜子牙姜太公一样，享国几百年。人生至此，夫复何求！然而，臧荼不明白，他之所以有今天的地位，之所以汉王能高看他一眼，完全是因为项羽在。项羽死后，刘邦就开始收拾诸王。燕王臧荼因为实力最小，酒色消磨时间最长，所以第一个被刘邦迫反。仅仅两个月后，臧荼就兵败被俘。至于战争的过程，无论是《史记》还是《汉书》，都是一笔略过。

通观臧荼崛起的过程，我们会发现他似乎没有什么可称道的表现。然而，秦末大乱中，被卷入时代潮流的何止成千上万，从中能脱颖而出的人又有几人？臧荼能成为项羽十八路诸侯之一，又成为汉初八大王之一，无疑是豪杰中的豪杰。只不过比起淮阴侯韩信、英布等人，稍微逊色了一些。

然而，福祸相依。实力强大的韩信、彭越后来各个被灭了三族，而臧荼因为实力最小，所以受到的惩罚最轻。史书甚至都没记载臧荼被俘后何时被杀，是否被杀，他的后人也得以保全。

臧荼孙女臧儿因为家道中落，嫁给了一个叫王仲的平民为妻，生有一男两女。为了减轻家庭负担，臧儿将长女王姁早早嫁出。只要对方能好好对待女儿，好好过日子就可以了，不希图是什么富贵人家。本来臧儿和她的子女的命运就这么定了，谁想天有不测风云，王仲中年一命呜呼。原本安然度日的臧儿，瞬间失去了倚靠，真是想为长安布衣都不可得。《霍小玉传》中，老玉工见到霍氏典卖头上紫钗，凄然下泣曰："贵人男女，失机落节，一至于此！"想臧儿当时凄凉情景，当不亚于霍氏。

鸟出木空，千载不昧。前有双眉，重施粉黛。已近中年的臧儿，不甘心人生从此沦落。她下定决心，要再一次为自己寻找依托。而且这一次，臧儿决不允许自己糊里糊涂嫁个常人。人生艰难，只有富贵才能保人安稳！十分幸运的是，臧儿竟然实现了梦想，嫁给了长陵田氏。长陵田氏可是关中大族，往上可以追溯到关东齐国的王室。汉朝定鼎之后，刘邦听取娄敬的意见，将原齐、赵、楚等国的王室大族迁入关中，安置于长陵。田氏便是此时迁入关中。经过几代人的生息繁衍，原本就富贵未央的田氏，很快就成了关中望族。到了臧儿嫁入的时候，田氏更是到了烈火烹油的时代，高台广宇、车水马龙、丝竹舞乐、锦衣玉食……如此奇幻而又真实的一切，怎能不让她扬眉吐气！

嫁入田氏的臧儿很快就连产两子，一为田蚡，一为田胜，基本站住了位置。然而臧儿深知，倘若丈夫有个三长两短，自己孤儿寡母难免被人逐出家门，再遭不幸。她不能让这样的悲剧重演，她要为自己准备万全之策。很自然的，她想到了联姻。是的，田蚡、田胜还小，可她还有两个女儿啊！这两个女儿哪个不是美若天仙，尤其是长女王娡，怎能便宜了金王孙这小子！臧儿请来相士为两女算命，相士果然说两女都是命中富贵。其实相士此言绝对不差，既然母已贵矣，女又何能贫贱？他的意思是田氏肯定能照顾金王孙、王娡夫妻。可是臧儿偏偏瞧不上金王孙，她要王娡和自己一样，重新为自己谋取前程。金王孙这才明白，原来丈母是要拆散他们夫妻，他无论如何不能答应。然而此时的臧儿已经今非昔比，她倚仗夫家势力，硬是从金王孙手中夺走了王娡。又通过田氏的通天门路，将王娡送入了太子宫中。这样一来，臧儿就将女儿与田氏一门的命运紧紧地绑定在了一起。

当时在太子刘启身边，除太子妃薄氏之外，另有栗夫人、程姬、贾夫人、唐姬等人，争奇斗艳。王娡虽然借由田氏的财力入了太子宫，可要想得到刘启的宠幸，还真不是一件光凭钱就能解决得了的事情。说到底，这事还要看刘启本人是何态度。假如刘启不喜欢，王娡一生困居冷宫还是好的。如果再有人将王娡的婚史和生过一个女儿的事情抖出去，田氏、臧儿兴许还会被灭门。田氏这才回过神来，自己是被臧儿拉着干了一起什么样的买卖。当初怎么就没再多一刻思量，导致现在进退两难！唉，事到如今说什么也都晚了，只能继续跟着这个胆大妄为的人一起，共同为梦想窒息吧！

真是不可思议，粉黛无数的刘启竟然对王娡一见钟情，甚至很快就让她怀上了自己的血脉。消息传来，臧儿、田氏俱都喜出望外，于是一不做二不休，将王娡的妹妹王儿姁也送入了宫中。

得宠之后的王娡一连为刘启生了三个女儿，在第四次怀孕的时候，她延请名医看过，确信自己怀的是男孩。于是她将母亲早就为她准备好的梦境告诉汉景帝：在她怀孕之前，曾有太阳入其怀中。刘启当然知道，这个精心策划的梦境意味着什么，但他爱王娡确实胜过其他人，于是恩准了这个梦。不光如此，他还进一步告诉王娡，自己也做了一个梦，梦见高祖亲口对他说："王夫人所生的儿子，可名为彘。"可想而知，当刘启说出这个梦之后，王娡是如何地感动。当时汉文帝已近弥留之际，刘启与王娡对此事没有过多宣扬。等到汉文帝于后元七年六月驾崩，刘启继位，王娡于七月七日在猗兰殿生下一男。按照"高祖谕旨"，此男果然被命名为彘，这便是历史上大名鼎鼎的汉武帝刘彻。

汉景帝对刘彻的喜爱，不仅仅出自对其母王夫人的爱，更源于刘彻本人的优异。《汉武帝内传》记载，刘彻三岁时，汉景帝将其抱于膝上，抚念之，深知其心藏洞彻。因而试问："儿乐为天子否？"汉景帝这个问题，在不出意外的情况下，绝对是可以转变态度的关键问题。也就是说，这个问题不管怎么回答，都有可能让刘彻失去宠爱，除非发生意外。然而刘彻就是那个意外，他对汉景帝说："由天不由儿。愿每日居宫垣，在陛下前戏弄，亦不敢逸豫，以失子道。"汉景帝闻而愕然，想不到，这个孩子才三岁，居然能说出这样的话来。换成刘荣、刘非等儿，是断断说不出来的。

臧儿看了一眼田氏，微微一笑，王侯将相宁有种乎？

长幼之间，不可失序

　　可以说，能问出这样的问题，就意味着汉景帝有意立刘彻为太子。然而当时的情景是刘彻太小，虽前途远大，却终需时日。更何况舍长立幼，向来都为君王所重，不可不慎。

　　在汉景帝之前，中国历史上有几次重要的舍长立幼事件，其中最重要的是秦二世代扶苏继位。按照传统史学的观点，此事乃赵高、李斯隐瞒遗诏，擅行废立之后的结果。然而这一观点有很多隐秘费解、不经推敲之处，又有很多新的思路，给人新的启发。按照李开元先生的观点，正因为扶苏身上有疑似楚人的血统，所以秦始皇才始终不肯将帝位传给他。此论虽属一家之言，却有根有据，不得不让人重新审视秦始皇迟迟不立扶苏的真正原因。当然也有人据理反驳，我们只好省去过程，只看结果。无论如何，胡亥毕竟是幼子继位，这是确信无疑的。秦二世继位之后是怎样一种情况，想必国人尽知，不必赘述了。可以说，秦二世继位事件对中国历史影响太大了，大到连远在泰西的卡夫卡都写了一篇《万里长城建造时》，来阐述胡亥留给中国人心中的阴影，把中国人心中那份千年的遗憾给掏了出来，写在纸上——当年要是扶苏继位，这个原本可以流传久远的伟大帝国，肯定不会草草崩溃。

有鉴于此，汉高祖刘邦在选择继承人的时候，明知长子刘盈不成器，更兼怀疑其血统有问题，还是不得不将其扶上太子宝座。对于自己真正喜爱的刘如意母子，只能相视痛哭，后事不敢思量。再向上追溯，就会发现舍长立幼几乎没一个好下场。春秋时期，庄姜意欲立幼子共叔段为王，结果被长子寤生用计杀掉共叔段，囚禁了庄姜。西周时期，晋穆侯仅仅因为给长子取恶名仇，给少子取好名成师，便给家族埋下了分裂的种子。此后少子一系经过长达六十七年的经营，通过五次战争，最终取代了长子一系，成为晋国的大宗。这便是历史上不甚有名，但却影响深远的"曲沃代晋"事件。

当然，历史不是没有反例，舍长立幼也有很成功的案例。周太王古公亶父生有三子，长子太伯，次子虞仲，三子季历。按照周室嫡长子继承制的传统，周太王身后的继承人必属长子太伯无疑。然而季历娶妻挚任氏之女太任，生子姬昌。周太王在看到姬昌之后便断定，这是一个有圣瑞有神性的孙儿，比谁都能担当起光大周室的任务，所以就有了立季历为后的想法。太伯、虞仲在得知后，果断出走荆蛮，文身断发，以让季历。后来姬昌果然继位，躬行仁义几十年，完成了取代商朝的所有准备。

姬昌和刘彻有一点是相同的，有圣瑞有神性。汉景帝眼前一亮，激动不已。然而周朝同样也因为周幽王爱少子伯服，而废长子宜臼，导致申侯联合缯国和犬戎进攻幽王，从而断送了西周两百年江山。真是成也立幼，败也立幼，悠悠苍天，此何人哉！汉景帝不得不放下立储计划，专心国事。

函谷关是关中关外分界处的一座著名关口。此关建于春秋战国之际，因在谷中，深险如函而得名。函谷关扼守崤函咽喉，西接衡岭，东临绝涧，南依秦岭，北濒黄河，地势险要，道路狭窄，素有"车不方轨，马不并辔"之称。《太平寰宇记》中称"其城北带河，南依山，周回五里余四十步，高二丈"。关城宏大雄伟，关楼倚金迭碧，因其地处桃林塞之中枢，崤函古道之咽喉，素有"天开函谷壮关中，万古惊尘向北空"（唐·胡宿诗），"双峰高耸太河旁，自古函谷一战场"（金·辛愿诗），"一夫当关，万夫莫开"之说。周慎靓王三年（公元前318年）楚、赵、魏、韩、燕五国伐秦，秦据函谷关天险大败六国军队。秦始皇六年（公元前241年），楚、赵、魏、韩、卫五国伐秦，"至函关，皆败走"。战国时魏占函谷关而锁秦，秦占函谷关而出山东。六国合纵攻秦也全是以函谷关为战场。

自春秋战国以来的两千多年中，函谷关历经了七雄争霸，楚汉相争，黄巢、李自成农民起义，以及辛亥革命、抗日战争、解放战争的狼烟烽火，无论是逐鹿中原，抑或进取关中，都是山东入关中的重要通道，可见函谷关的重要性。函谷关历来都是兵家必争的战略要地。长达五十公里的峡谷，东头是函谷关，而西头就是潼关。"历史上发生在函谷关的重要战争达十三次，而潼关则多达四十五次。"常驻重兵，少则数万，多则几十万，这段峡谷在军事上的作用被历代君主铭记。

说函谷关是一座铁血雄关一点不为过。然而历史之所以让人沉迷，就在于它几乎完全按照阴阳相克相生的逻辑演进。这样一个血肉横飞的古战场，却也同样是中国文化重地，甚至还发生了一件影响中国整个文化史的伟大事件——老子出关。传说在公元前491年，函谷关令尹喜，清早从家里出门，站在一个土台上看见东方紫气腾腾，霞光万道。见此天象奇景，他欣喜若狂，大呼："紫气东来，必有圣人通过。"忙令关吏清扫街道，恭候圣人。果然见一老翁银发飘逸，倒骑青牛，向关门而来。尹喜忙上前迎接，通报姓名后，诚邀老子在此小住。老子欣然从命，在此著写了彪炳千秋的洋洋五千言《道德经》。以后，函谷关一带的门楣或春联都刻写"紫气东来"，流传至今，表示吉祥。

老子以降，在函谷关留下盛名的有名家大师公孙龙，汉武帝时期的名士终军。

公孙龙是赵国人。有段时间传说，赵国一带的马正流行一种烈性病。秦国得知后，在函谷关贴出告示："凡赵国的马概不得入关。"这天，公孙龙骑着白马，来到函谷关。关吏拦住说："你人可以过关，但马不能过关。"公孙龙不悦，"白马非马，怎能不让过呢？"关吏说："白马也是马呀！"公孙龙说："难道我公孙龙就是龙吗？"关吏被问愣了。他又说："白马者，马与白也，或白与马也，譬如说要马，给黄马、黑马都行，但要白马，给黄马、黑马就不行了。这说明白马和马是两回事，也就是说白马就不是马，为什么不能过呢？"关吏还没明白过来，他就骑着马过了函谷关。关令知道了此事，决心要治治他。后来，公孙龙从秦国返回，出关这天，关令故意站在关前，验过符后，却不叫他过关，说："你要出关，请到别处过。"公孙龙说："自古从赵到秦，此关是必经之路。我不从此过，还能从哪过？"关令说："这里是函谷关，不是你说的关。"公孙龙苦笑着说："函谷关怎么不是关呢？"关令说："先生不是说过'白马非马'吗？"这时公孙龙才意识到遇到了对手，只好跪求过关。

白马非马的论说虽然有点滑稽，但他却是要以这种夸张甚至类似诡辩的方式，追求名实之辩。

终军少年得志，十八岁即被选为博士弟子。西入函谷关时，守关吏卒交给他一件帛制的"繻"。终军初不识此为何物，当得知这是一个返回过关的凭证时，慨然掷之于地："大丈夫西游，终不复还。"守关吏卒为之瞠目。到长安后，终军以上书称旨，官拜谒者给事中，奉命巡视东方郡国。他手持朝廷符节，骑高头大马，再过函谷关时，守关人员惊呼："此使者乃前弃繻生也。"无不叹服。

这样一座文武兼备的雄关堪称中国历史的耶路撒冷，谁都知道它的重要性。然而在西汉开国之后，由于承平日久，函谷关甚至一度被废弃。直到七国之乱爆发，汉朝上下这才知道函谷关的重要性，匆忙予以守备。平乱之后，汉景帝下令重修函谷关，选派精兵强将驻扎于此。为了麻痹梁王，也为了挖梁王的墙脚，他还特意挑选了枚乘为弘农都尉，负责函谷关所在县制的治安。但是很快，他就为自己这一得意之作给打脸了。开关之后，入关军民无不称颂梁王功德，更有人在隐约传说汉景帝要传位给梁王的消息。汉景帝这才知道，决不能在如此重要的位置上，安排一个信不过的人。恰好枚乘也不乐于在此为官，正要称病请辞。于是汉景帝借此机会，很快就撤销了枚乘的职务。

汉景帝知道，有一股势力，在为梁王大造舆论。留给他的时间不多了，必须早做决断。想起梁王，他突然醒悟，梁王不也是先帝少子吗？我要立少子刘彻，还怎么堵得住悠悠众口？

看来，只能立刘荣了。

梦想照进现实

前元四年四月，七国之乱平定整整一年之后，汉景帝终于下定决心，立刘荣为太子。一旦立了太子，那什么时候都要按照规矩来。汉景帝依照旧例，为太子任命一整套的保、傅系统，这些人都将是他成长以至继位过程中的重要辅助力量。特别是太子太傅窦婴，在当时更是红得发紫。当年还曾公开表态过反对汉景帝兄弟相传，为此不惜得罪梁王和太后。由这样一个人来做太子太傅，想必谁也不会有什么意见的。由此可见，汉景帝虽然话不多，但谁能用谁不能用，心里还是有数的。

为了弥补对王夫人母子的歉疚，汉景帝同日立刘彻为胶东王。在"刘荣立为太子"这一头条消息的衬托下，胶东王的二条消息颇显落寞。人们把几乎全部的注意力都放在了刘荣身上。

最先表态支持的是以窦婴为首的保傅系统，尤其是窦婴本人。四年来，通过艰苦卓绝的、不断转换立场和思路的斗争，他终于得到了汉景帝的信任，荣任太傅一职。多么不易啊！当年为了反对晁错反对削藩，弄得自己被打入冷宫。可他始终相信，不管是怎样的政治观点和私心，只要自己能摆出一副公忠体国的样子来，就总能有机会把自己洗白。而且他也确实有胆有识，在"兄终弟及"还是"父死子继"这样大是大非问题上，亮明态度支持后者。为此，他甚至不惜当众"数落"汉景帝。他"数落"得越狠，汉景帝就越开心。可以说，正是这一心照不宣的君臣表演，成功挑战了晁错在汉景帝心中的地位，埋下了晁错失宠甚至被诛的种子。谁让你在最关键的时刻，既不听又不看呢！

因了这一数落，窦婴在被太后削除门籍之后不久，便被重新起用。在平定七国之乱的过程中，窦婴这个大将军一仗未打，却毫不影响他揽下北方军团的全部战功，不影响他封侯拜相。此刻，汉景帝把太子的保傅之责交给他，他当然是踌躇满志。从今以后，他将尽全力保佑太子，安然登基。

跟着窦婴一起表态的重量级人物，还有周亚夫。此二人可谓股票市场上的一致行动人，又都因为主导了平叛而德高望重，"每朝议大事，条侯、魏其，列侯莫敢与亢礼"。窦婴成为太子太傅，周亚夫当然要支持。他的支持，就意味着军方的整体性支持，所以含金量还是很大的。这一重量型加持，使得刘荣的太子之位，在文武大臣之中，在天下诸侯之中，在汉朝王室之中，都得到了广泛的承认。

面对这一局面，最尴尬最忧心的便是王夫人了。母亲臧儿说"王侯将相宁有种乎"，似乎过于狂妄了。古往今来，能由平民而至天子者不过汉高祖一人，像她这样由一介民女而为皇帝宠妃者也寥寥无几。若是能给儿子争取到太子之位，当然是梦寐以求的好事，可这样的好事真能有人一手掌握吗？生死有命富贵在天，这并不是什么消极的思想。人生于世，更要面对现实。眼前的现实就是，刘荣已经被立为太子了，将来就是皇帝，栗夫人将来就是太后。自己因为争宠，已经和栗夫人结下了深深的怨结。这怨结必须想办法化解掉，不然就要落得戚夫人一样的下场，儿子被杀，而自己甚至还要被做成"人彘"。想到这里，王夫人不由得打了一个冷战。必须要化解掉。怎么化解呢？

　　王夫人不愧是能屈能伸的女中丈夫，她很快就转过态度来向栗夫人示好。虽然栗夫人还不能一时转变过来，可是依照王夫人的手段，这也是迟早的。此外，她还从戚夫人有限的经验中了解到，必须搞好刘彻和刘荣的关系。可是刘彻实在太小了，培养两个人的感情不能直接入手。很快，她想到栗夫人母子此刻最信任、最倚仗的人便是窦婴。要想和解，离不开这个人的首肯。而且太子、栗夫人都在宫中，什么事情都讲究一个规矩。相比之下，窦婴在宫外，很多事情反而好办得多。于是，她把弟弟田蚡叫来，面授机宜。没多久，田蚡便主动找到窦婴门上去，全心全意为窦婴家服务，跪起如子侄。要知道田蚡可是出身长陵田氏，那可是大家族，向来都是享受他人伺候而从来没有伺候过别人的。甚至可以说，田蚡有可能连父母都没有跪拜过，却转过来跪拜窦婴。就算田蚡年纪不大，以少侍长也不算太过丢人。可是毕竟他是王舅，一天王舅之尊都没有享受过却要来服务别人！更别说窦婴家从来都是宾客如云，家里丢了一只猫都能让全长安的人知道。一个王舅上门给他家刷盘子洗碗开挖掘机，那还不成了轰动全城的新闻！从今以后，他的脸还要不要了？可见，当时的形势对于王夫人、田氏来说，已经严峻到了什么程度。以至于素来骄贵的田蚡，也不得不拿出卧薪尝胆的决心来。

　　看到堂堂王舅居然如此低三下四，怨结于心的栗夫人，终于长长地出了一口恶气。不过，窦婴对此并不感冒。他太清楚田蚡这些人想要什么了，所以不能轻易让对方如愿。他要吊足了对方的胃口，让对方开出更多的价码来，彻底地臣服于他和太子。他有十足的把握，帮太子掌控全局。果然，他越是对田蚡不予理睬，田蚡就越是恭恭敬敬。甚至他有时候故意叱骂田蚡，田蚡也不得不笑脸相对。

　　心术，心术，一切都是心术。在窦婴的运作下，太子的地位一下子就树立了起来。长安城的权贵们纷纷赶来攀附，一日胜过一日。窦婴也很沉迷这些，这是他性格上的不成熟之处。虽然他之前曾被皇帝冷落，被太后削除门籍，可是他很快就又复出了。所以他不曾真正地跌倒过，不懂得"一死一生，乃知交情"的道理。在我小时候，曾听人说过这样一件事情，现在都印象深刻。说是有一天，有钱有势者听说县长家死了人了，一窝蜂地过去看望，唯恐落于人后。等进了县长家门，才知道死的是县长本人。这些来吊唁的人，一个个转身就撤——县长都死了，还来这里干吗？这样的故事，想必窦婴也听过不少。可是当时"太子党"风头正盛，每天都有人来锦上添花。他倒是想居安思危，可那个危在哪儿？

梁王吗？他是不服气，可是他要想动摇太子的位置，无异于痴人说梦。他就不相信，汉景帝真会把皇位传给兄弟。更何况，朝中还有个周亚夫挡在前面。梁王在京中，如何施展得开？江都王之前倒是个人气王，可是现在已经远远发配到了地方上，弄不出什么动静来了。胶东王母子倒是识时务，很快就服了软，看样子已经不足为虑。痛饮吧！万事不如杯在手，一生几见月当头。

身在宫中的栗夫人也是同样的心情，为了今天，她等了太久了，整整十八年！而今，三个儿子，两个为王，一个为太子。苦守寒宫之后，梦想终于照进现实，看来所有的付出都是值得的。

可以想见，她当时是怎样的得意。可是与窦婴不同的是，她对所有攀附者一律采取了冷嘲热讽的态度。除了窦婴之外，她几乎没有给过任何人好脸色。正是在这种情况下，她得罪了一个最不该得罪的人。窦长公主刘嫖看到刘荣立了太子，顿生攀附之心。与他人不同的是，她想要跟栗夫人结成姻亲。长公主生有一女阿娇，正好可以配给太子。这样将来刘荣继位，阿娇就是皇后，将来阿娇再生太子，自己就是太子的外祖母了。刘嫖越想越激动，立即找到栗夫人说亲。谁想到她刚一说明来意，栗夫人便拉下脸来，冷笑一声，休想。当初你给陛下推荐了那么多狐狸精，害得我守了多少年的活寡。现在，你看到刘荣立了太子，就想过来和我攀亲，你早做什么去了？我就算让他娶宫门前卖烧饼的女儿，也不让他娶你家阿娇！刘嫖见状，只好拉下脸来解释，当年是我做得不对。可你也不能完全怪我，身为皇帝的，有哪个不是三宫六院？我不给他推荐，他自己也会去找。兴许他找来的更多，更喜欢呢？你不就是他自己找来的吗？是不是比薄皇后更得宠？好夫人，希望你能既往不咎。和我结为姻亲之后，我保你家刘荣顺利登基。这宫中之事你也是知道的，处处机锋，岂是你一个人应付得了的？

栗夫人"呸"的一声骂道，我不能让刘荣和仇人之女结为夫妇。这十八年来的风浪我都熬过来了，不信还有什么事情是我母子过不去的！至于你，要想做成阿娇和太子的婚事，下辈子吧！

看到栗夫人如此果决，刘嫖冷笑一声，说道："夫人，你可别后悔。"

可
惜
急
转
直
下

　　前元四年秋七月，仅在刘荣被立为太子之后不满三个月，临江王刘阏于薨。刘阏于与刘荣、刘德同为栗夫人所生，而且是栗夫人三个儿子之中最小的一个。按照自然规律，人往往是十二岁之前多病多灾；十二岁之后，身体渐渐健壮，灾病渐少。刘阏于死时十六岁，即便在生子存活率低的古代，也已经脱离了夭亡的危险期，进入了健康强壮的青年时期。除非刘阏于平素就身体不好，否则他青年丧命，死的时点又这样蹊跷，不由得不让人怀疑，是有人借此警告栗夫人。栗夫人自然悲恸欲绝。可惜她虽则悲痛，性格却不肯有任何改善，甚至越发乖戾。没多久，她就听到了刘彻和阿娇结亲的事。

　　原来长公主在栗夫人那里碰了一鼻子灰，心中老大不爽。自她有生以来，何曾如此没面子过？她越想越气，狠下心来，要做一件大事。创投公司一旦看中某家企业，便会想尽一切办法入股。在说服对方接受的时候，往往会半开玩笑半认真地说，如不接受则会把资金投给竞争对手。这样一来，企业往往会接受投资。长公主的做法跟创投企业类似，在攀附栗夫人不成之后，便把目光投向了王夫人。

　　与栗夫人不同的是，王夫人几乎没有丝毫的犹豫，便答应了亲事。长公主大喜，将刘彻抱置膝上，问曰："儿欲得妇不？"刘彻曰："欲得妇。"长公主为了逗弄他，于是像《唐伯虎点秋香》里的华夫人一样，找来左右长御百余人，让他从中挑选。谁想刘彻皆云不用。长公主顿生好奇之心，早就听说刘彻心藏洞彻，没想到真的不一般。她最后试着把女儿叫来，问刘彻："阿娇好不？"只见刘彻笑着说："好！若得阿娇作妇，当作金屋贮之也。"长公主闻言大悦，这孩子小小年纪，可比那刘荣等人强太多了！于是长公主立即去找汉景帝提亲。可就在汉景帝这里，长公主碰到了挫折。试想，那阿娇本来是配十八岁的刘荣的，现在又来配四五岁的刘彻，这年龄差距也太大了吧？既然能配刘荣，说明阿娇即便不满十五岁，也当有个十二三岁，总不能比刘彻还小吧？年龄相差这么多还非要配在一起，这种事也只有长公主才能做得出来。看来，王夫人要长公主去找皇帝直接说，未必没有借皇帝之口拒绝之意。然而长公主究竟是长公主，在她看来，女比男大个十来岁算不了什么。人家刘彻都说喜欢了，做父母的何必再说不愿？汉景帝经不住长公主的苦苦请求，最终答应了两人的婚事。

这次联姻在历史上非常有名，从此之后"金屋藏娇"的故事几乎尽人皆知。然而除此之外，心细如发的长公主还同王夫人达成了另一桩联姻，即长公主之子陈蟜和王夫人之女隆虑公主。

这两桩联姻的达成，标志着长公主一方和王夫人一方彻底绑在了一起，达成了生死同盟。双方的目标很明确，就是要把刘荣拉下来，换刘彻做太子，做皇帝！双方的分工也很明确，王夫人一方继续装白莲花，迷惑对手；长公主则利用身份之便，频频出入未央宫，在汉景帝面前尽言栗夫人之短。

虽说众口铄金积毁销骨，然而要想真正毁掉栗夫人谈何容易。栗夫人的坏脾气也不是一天两天了，个中缘由众所周知。更何况栗夫人新近丧子，脾气坏乱也情有可原。以后少理她就是了，犯不上又去主动触霉头。所以在很长时间内，长公主的诋毁并没有起到什么效果。说到底，要想成事者，必须天时地利人和三者俱备才可以。所谓天时，一是必须过了栗夫人丧子的同情期，二是坚持不懈，三是遇到一定的触发条件；所谓地利，则是出入宫禁之便，这一点长公主具备；所谓人和，就是要抓住汉景帝真正的痛点，精准打击。事实证明只要三者俱备，汉景帝是能够被"日夜诋毁"这一招拿下的。前有晁错后有周亚夫，都是实例。但在三者俱备之前，不可操之过急，亦不可中途放弃。

汉景帝五年正月，在临江王死后六个月，汉景帝作阳陵邑。这就意味着，他开始给自己考虑后事了。古时天子一旦登基，即做陵寝，而汉景帝自恃年富力强，迟迟不做陵寝。然而，可能是临江王的突然薨逝，提醒了他天命终不可违背，是以半年之后，汉景帝终于为自己建陵了。

又过了几个月，汉景帝遣公主嫁匈奴单于。这是七国之乱后，汉匈双方修复关系的重大举措。关于和亲的流程我们之前介绍过，却没有说过和亲之痛。和亲之痛，历来不绝于书。春秋战国之时，和亲只在中夏诸国之间，尚有赵太后之悲。汉朝之后，皇室公主千里迢迢，奔赴沙漠高原，将自己托付给异族首领。道路之遥，远超春秋；异族之陌生之敌意，更远其战国。如此征程，纵是男子，尚有中行悦般不情不愿。换为女子，更不亚于以身饲虎！"一帆风雨路三千，把骨肉家园齐来抛闪。"千百年后，贾探春远嫁海疆尚且如此伤感，汉景帝遣公主远嫁单于，即便非亲生子女，也当为之洒泪。

修陵寝，和亲……千秋万岁之后，孩子们怎么办？正好那段时间汉景帝本人身体欠安，经常思前想后，越发为子女的将来担心起来。这件事如大石一般压在汉景帝心头，越来越沉。

长公主探知了汉景帝这一心事，挥起锄头在景帝心头重重地挖了一挖。提醒他不要忘了，当年高祖就是因为舍不得废掉刘盈，导致吕后上台后，残杀赵王如意母子，又连杀高祖之子数人。最后，到了吕后驾崩，高祖之子只剩下汉文帝、淮南王刘长两人。前车之鉴，不可不慎！汉景帝心头猛然一惊，要真如此，刘彻诸儿死无葬身之地矣！

转念又一想，姐姐又在危言耸听了。吕后什么人，跟着高祖一起打天下的女中豪杰，其手段之狠，岂是栗夫人所能比得了的。栗夫人虽有怨言，可她并不是个坏人，断然不会对刘彻诸儿下死手的。不过，她毕竟心中有气，弄不好还真会让刘彻他们受苦的。

汉景帝终究不放心，他想要栗夫人能看在他的面上，好好看护诸子。当然，他知道栗夫人心中有怨言，知道这些年来自己对不起她。他为了向栗夫人弥补过错，做了一件大事——废掉了薄皇后。

薄皇后是薄太后的族中女子。薄太后在弟弟薄昭自杀后，为了巩固薄家的地位，将其嫁给时为太子的刘启。可是刘启并不喜欢这个女子，两个人的婚姻毫无感情可言。所以薄皇后无宠无子，一生落寞。自从刘荣被立为太子之后，世人都知道，皇后之位也该换人了。此时薄太后已经逝去多年，薄皇后无依无靠，没有任何人瞧得上她。可也奇怪，她天天等着有人来传诏书废了她，却始终没有人来，弄得她好不自在。最后，薄皇后索性不管那么多了，爱来不来，反正这个皇后之位我也不稀罕。这样一来，日子反而过得更自在。可惜，良辰美景总有破败时，那一天终于来了。汉景帝派人传来诏书，废掉薄皇后。因为她也没有什么过错，所以汉景帝也没有怎么处罚她，只是换了一个偏殿而已。薄皇后接到这道诏书，心里的一块石头终于落了地。至于这道诏书中，为什么没有新人皇后的名字，她也来不及细想，也不想关心了。她接诏谢恩，从容离开旧居。可毕竟那是住了多年的地方啊，人也是用了多年的人啊，总归是有感情的。于是悄然之间，泪流满面，见者无不动容。

废掉薄皇后之后，汉景帝亲自登门来找栗夫人。自从诸妃得宠以来，汉景帝来栗夫人处的日子越来越少，最近几年更是常年也不来一次。栗夫人由爱生怨，由怨生忧，由忧生恨，最终夫妻之情沦为漠然。听到汉景帝到来的宣报后，栗夫人懒洋洋地上前来，道声："恭迎陛下。"汉景帝哈哈笑道："免礼。"因而说起家常话来，絮絮叨叨没个条理。一会儿说梁王马上要入朝了，他们兄弟二人已经四五年没见了。一会儿说长公主刘嫖又要请封田宅、土地和金钱，简直就是贪得无厌。最后说起姐弟三人之中，毕竟还是自己有福气。这福气不是说自己是皇帝，而是说就子嗣而言，他们谁都没有自己多。梁王刘武生有五子五女，姐姐刘嫖生有二子一女，可自己却生有三女十四子，总共十七个孩子！此等天伦之乐，就连高祖也不如他！汉景帝大笑之余，向栗夫人说道："这是我的孩子，也是你的孩子，等我百年以后，你要好好对待他们。"栗夫人越听越烦躁，最后没好气地说道："陛下，您现在已经没有十四个皇子了。你忘了，临江王刘阏于已经死了，你上哪里有十四个皇子去？好吧，死了一个自然还会有人再给你生，给你凑够十四个，将来兴许能突破二十个、一百个！让你在姐姐、弟弟们面前占尽优势，出尽风头。作为父亲，你为他们的将来打算是应该的，可你干吗让我看护他们，我有那个能力吗，我连自己的亲生儿子都保不住！你把他们交给我，还不如把他们交给各自的母舅家，他们哪个不是高门大户的出身，哪像我这样无依无靠？你说刘阏于的死你也很难过，可我就不明白了，刘阏于年纪轻轻就死在宫中，这事情就那么难以查明吗？你的难过难道都是嘴上说说吗？"栗夫人越说越激动，她拨乱自己的头发，像个疯子一样骂道，"你这个薄情寡义的男人，见了新欢忘了旧爱；你这个不负责任的到处发情的老狗，你不配做父亲！""你！"汉景帝被气得说不出话来，于是拂袖而去。

早已知情的长公主，看到汉景帝怒气冲冲地回来，冷笑一声道："如何？"

注：1. 汉景帝给栗夫人交代后事见《史记·外戚世家》："景帝尝体不安，心不乐，属诸子为王者于栗姬，曰：'百岁后，善视之。'栗姬怒，不肯应，言不逊。景帝恚，心嗛之而未发也。"

2. 栗夫人骂汉景帝为"老狗"出自《汉武故事》："栗姬怒弗肯应。又骂上老狗，上心衔之。"

六朝何事，竟成门户私计？

　　长公主和王夫人知道，火候到了，再来个临门一脚，一定可以把栗夫人母子拉下马。这次王夫人亲自上阵，唆使大臣立栗姬为皇后。那时候，几乎所有人都看不明白，为什么废了薄皇后不立新皇后。陛下做事，怎么总是这么拖泥带水？既然太子已立，原皇后已废，就该立太子之母为皇后。陛下不好意思做的事情，就该由大臣催劝，事成之后陛下一定欢喜。那大臣果然上当，积极上表，奏请立栗夫人为皇后："'子以母贵，母以子贵。'今太子母无号，宜立为皇后。"汉景帝正在气头上，大怒道："这是你该说的吗?!"这个倒霉的大行令本想借此高攀栗夫人，没想到反而因此丢了性命。

　　事情发生之后，几乎所有人都蒙了。这年头怎么越发看不清了，劝皇帝立太子的母亲为后，也能被杀头？皇帝是怎么样想的，不想立栗夫人，干吗要立栗太子，干吗要废掉薄皇后？眼下竟然因此杀掉大臣，这是心中有多大的仇恨发泄出来了啊。真是，天意由来高难问，世事茫茫不可知。

　　窦婴也对此感到奇怪。他奇怪的不是为什么陛下会杀掉大行令，而是大行令怎么就突然上了这么一道奏章。作为太子太傅，作为"太子党"的掌舵人，劝立皇后这样的大事，非他本人亲自运作不可。正因为其中涉及的因素太多，而且很多都是汉景帝、栗夫人本人的利害因素，所以连他都感觉棘手，不敢贸然推进。即便薄皇后被废，他也没有轻率地劝汉景帝立栗夫人为后。与此同时，他也严格约束着"太子党"，不可操之过急。这个大行令，本来就不是"太子党"的人，怎么就越俎代庖了呢？还偏偏选在这样的节骨眼，刚巧夫人和陛下大吵一架后，上了这么一道奏章，这不是火上浇油是什么？这不是帮倒忙是什么？他死不足惜，却坏了夫人的大事。本来窦婴已经费尽口舌，成功劝说栗夫人去给汉景帝赔罪，栗夫人都已经在路上了。没曾想大行令的奏章间不容发地就送上了，时间怎么就选得这么准！

好厉害的大行令，你就这么急于一死吗？

窦婴深知，事情绝没有这么简单。暗中调查一番之后，发现事情果然与王夫人一系有关。终于亮出獠牙了是吧王夫人，你果然是个野心勃勃的女人。都怪我当初对你太过轻视，太过轻视了！当然，还有表姐长公主，你们两个自从结成姻亲之后就一直鬼鬼祟祟，没想到果然有不可告人的目的。

对于窦婴而言，现在一是要尽力调和栗夫人和汉景帝之间的关系；二是做好最坏的打算，万一调和不成要及时切割刘荣和栗夫人之间的关系。栗夫人和汉景帝毕竟是二十年的夫妻，是第一个给汉景帝生子的后妃，所受的恩宠不少于旁人。兼之临江王之死，对她打击很大，所以栗夫人情绪无常也情有可原。这些汉景帝都是知道的。他应该不会为了这么一次口角之争，就对栗夫人大动干戈。大行令之死，是他自己没长眼睛，非要往枪口上撞，未必就能代表汉景帝真有什么别的想法。但是陛下毕竟生气了，从来没有人真让他如此生气过。窦婴还要做好栗夫人的工作，认认真真、诚诚恳恳地向汉景帝道歉。依照多年来的夫妻感情，实在不行看在死去的临江王的面上，汉景帝应该会原谅栗夫人的。但是，现在难就难在不清楚汉景帝究竟是什么态度。这也怪窦婴自己疏于防范，对王夫人、长公主一系平日里留心不够，不知道她们究竟给汉景帝灌了多少毒鸡汤。如果真的到了不可挽回的地步，就不得不舍栗夫人保刘荣了。当然，母子一体，要想切断两者之间的联系很难很难。可是毕竟犯错的是栗夫人，刘荣本人没有犯什么错啊。刘荣还是那个老老实实的孩子，父母争吵凭什么要波及他啊？

真到了最后关头，为了保住刘荣，劝栗夫人自杀谢罪也是可以的。

当然，这一切都是防守的手段。以窦婴之才，不可能没想到进攻才是最好的防守。而且长公主、王夫人一系本身就有很多弱点，甭说别的，就从田氏入手就能查出很多不法的事情来。还可以从舆论方面入手，散布汉景帝有意立爱妃王夫人之子的流言，给汉景帝制造压力，逼他放弃。可是问题是，敌人是有备而来，你能想到的敌人早就已经防备好了，而对方是不会给你时间的。

很快，未央宫中就传来消息，汉景帝有意废黜刘荣。其实汉景帝不是不顾念与栗夫人多年的夫妻之情，不是不痛惜临江王之死。然而近来查出的栗夫人母家大量的不法事实，让他对栗夫人一系越来越不放心，所以他越来越倾向于废黜刘荣。窦婴一下子就急火攻心，立即入宫去找汉景帝理论。自古以来，太子乃国之根本，根本稳固则天下安，根本动摇则天下危。我大汉肇造不过五十年，赖祖宗之灵方才平定诸王叛乱，可谓侥幸过关。然东方诸国虽定，有异心者却未能尽数攻灭，不过暂时蛰伏耳。又北方匈奴一向虎视眈眈，见利则起。即便中国无事，也会常来试探。如今，陛下若真要废立太子，动摇国本，这不是主动给内外之人以可乘之机吗？况且太子刘荣自册立以来，所行无过，即便其母失宠，也不当就此废黜。陛下若果然以妇人之爱而废天下之本，臣恐天下人由此耻笑陛下！

汉景帝本来还在犹豫中，一听窦婴之言，立刻火冒三丈。果然窦婴真是一个满嘴国家利益，内心全是个人私欲的人。他明明是为了保住自己的权力地位，说出话来却好像是为天下人考虑。汉景帝从窦婴的言语中，醒悟到自己犯了一个致命的错误，就是给刘荣找了一个强势的太子太傅。自古以来，君王与太子就是一个矛盾体。君王既希望太子来继承自己的权位，又不希望太子威胁到自己的地位，所以君王对于太子向来是既培养又防范。依照窦婴的争强好斗脾气性格，他能把太子培养成什么样子？吴王刘濞的太子那样吗？更重要的是，窦婴出身于窦太后家族。窦家本身就是外戚，已经享受权势达数十年之久。而今，又让窦婴担负起"培养"太子的任务，可想而知窦氏将来会扩张到什么程度。保不齐栗夫人拒绝长公主，就是因为窦氏家族自身就有这个打算。即便他们之间没有联姻，以窦婴为首的窦氏外戚也将全面掌控刘荣。那刘荣向来羸弱，而窦婴素来强势，喜欢掌管一切。后看四十年，这天下到底是姓刘还是姓窦？汉景帝最不愿看到的，就是汉家再次出现像吕氏外戚掌握朝政。汉景帝终于意识到，此事非同小可。君王要是不能看到这一点，就是对后世不负责任。

对于窦婴来说，他还有一个理由，就是祖宗成例。汉朝自立国以来，从来没有换过太子。以高祖、文帝之明，尚且以长子为后。陛下自问，英明能过于祖宗否？况且，正是因为汉文帝以长子为后，才有了汉景帝登基的机会。如今，汉景帝偏偏要立少子为后，这要人怎么看待陛下？汉景帝冷冷地看着窦婴，高祖、文帝虽然都立的是长子，但祖宗家法有哪一条说过后世也一定要立长子？自古以来，立嗣制度都是立长、立嫡、立贤三种。后世人君在选择继承人时，根据具体情况来办，哪有固定之理，哪有不变之法？若非要较真，那高祖皇帝也不是太上皇长子，难道就不能执掌天下了？这满朝诸侯又有多少是长子继承的，有多少不是长子继承的？他红着脸跟窦婴掰扯，越说越气，越跟窦婴辩论就越意识到，刘荣已经跟窦氏家族分不开了，就只好废黜他！汉景帝终于下定了决心。

栗夫人听说窦婴劝谏失败，又急又气，又惊又怕，几次昏死过去。她生怕刘荣真的被废，哭着喊着要见汉景帝，欲痛陈心曲，然而汉景帝拒而不见。栗夫人自此日夜哭泣，撕心裂肺。

　　窦婴规劝汉景帝无效，索性豁了出去。事已至此，他已经什么都不在乎了，只想把事情搞大。于是他把废立消息传播出去，而且添油加醋，颠倒黑白，总之就是要给汉景帝脸上抹黑。如此一来，群臣大哗。丞相陶青、太尉周亚夫等文武大臣纷纷上书，希望汉景帝能收回成命。汉景帝见这么多大人物跟窦婴一党，越发认为废黜刘荣是正确的。且不说二十年后这天下保不齐姓窦，眼下就有这形势！既然如此，这太子我还非废不可了！一方是太子太傅前大将军、丞相、太尉三个国之重臣联合文武百官集体反对，一方是汉景帝铁了心要做。双方互不相让，弄得朝廷上下极为紧张。

　　就在汉朝君臣争执不下的时候，一位远方客人的到来打破了僵局。

这是梁王自七国之乱平定后第一次入朝。为了这次入朝,梁王已经苦等了四年之久。对母亲窦太后的思念,对关中政治生活的关注,对皇位隐秘而又执着的期盼,使得他无时无刻不想飞到长安。可是碍于汉家礼制,梁王只能在规定的时间朝觐。在此期间,尽管他是太后的爱子,尽管他曾经立下了平叛大功,也只能老老实实地窝在梁国境内,半步不得逾越。在这样望眼欲穿地等待了四年之后,梁王带上了大批的珍宝、图册、飞禽走兽以及精英人士倾巢而出,以浩大的规模踏上了朝觐之路。

对于梁王这次入朝,汉景帝其实非常抵触。眼下他正和朝中大臣为了废立之事闹得不可开交,哪有工夫去处理朝觐之事。更别说这个来朝的弟弟,本身也对皇位觊觎许久。他这一来,不是要把事情搞得更乱吗?可是很快,汉景帝就转醒过来,梁王的到来是可以帮他的大忙的!

于是,汉景帝立即派人持乘舆驷,迎梁王于关下。古时乘舆驷乃是皇帝专用,诸侯若用则为逾制。汉景帝以这样的规格接待梁王,实际上是给予了梁王以天子的待遇,使之位列诸侯王之上,仅次于汉景帝本人。梁王朝见之后，按照规定需要及时回国。可他四年才能来一次，怎舍得离去？于是他向汉景帝上书留京，要多逗留一段时间，汉景帝很快就批准了。梁王有了充足的时间伺候太后，游玩京城。那段时间，梁王心情非常舒畅。史书记载，因为与汉景帝同属一母所生的原因，梁王入则侍帝同辇，出则同车游猎上林中，可谓风光无限。梁王受圣眷之隆，以至于连梁王的侍中、郎、谒者都能在天子殿门挂号引籍，自由出入，与汉朝宦官无异。至于梁王的子女，就更受欢迎了。

梁王的儿子刘贾当时年幼，甚得太后宠爱。老太太爱孙之切，恨不得当时就给他加冠兼配婚。汉景帝以太后之爱为爱，对梁王说这个孩子可以加冠了。梁王顿首谢曰："臣闻礼二十而冠，冠而字，字以表德。自非显才高行，安可强冠之哉。"汉景帝哪理会这一套，笑着说："儿堪冠矣。"过了几天，汉景帝又对梁王说，这个孩子可以配婚了。梁王顿首曰："臣闻礼，三十壮有室。儿年蒙悼，未有人父之端，安可强室之哉。"觉得孩子还小，配婚太早。可是汉景帝又不同意，笑着说道："儿堪室矣。"（见于《西京杂记·卷四》）

在汉景帝的特殊关照之下，梁国来客也享受到了与一般诸侯国人不同的待遇。他们可以从容地接触汉朝各界人士，开展社交活动。一代赋圣司马相如，就是在这个时候与梁国人搭上线的。

司马相如字长卿，蜀郡成都人。此人少时好读书，学击剑，名犬子。成年之后始读书，慕蔺相如之为人，乃更名相如。对于司马长卿改名司马相如之事，很久以来，重视的人不多。根据我的看法，一个人仰慕另一个人很正常，但要说仰慕到了给自己改名的程度，那就很不一般了。改名者连名字也要用偶像的，说明他是发自内心地要以对方为榜样，要做出相似的功业，或者以同样的行为标准来要求自己的。然而考之蔺相如与司马相如生平，好像并没有什么"相如"之处。蔺相如位列赵国上卿，是当时著名的政治家、外交家，生平最重要的事迹有完璧归赵、渑池之会与负荆请罪这三个事件。而司马相如一生基本上处于政治的边缘，外交上倒是出使西南夷两次，安抚当地父老。其最重要的成就是在文章辞赋方面，与耍嘴皮子的蔺相如形成了鲜明对比。非要将这两个人扯在一起，似乎有些牵强。

所以，才有古人都看出其中破绽，写成一副对联：

> 上联：魏无忌，长孙无忌，你无忌我也无忌；
> 下联：蔺相如，司马相如，名相如实不相如。

可名字是他自己改的，说明不管别人认为如何不"相如"，至少他自己认为是"相如"的。秘密在哪儿呢？秘密就在两个人仕进之路的入口，都曾受宦官的提携。蔺相如是受了宦者令缪贤的举荐，才有了出使秦国的机会；而司马相如也是受了宦官杨得意的推荐，才被汉武帝所熟知的。依靠宦官的推荐，完成人生中最重要的崛起，这才是两个人"相如"的地方。司马相如之所以改名，不是因为崇拜蔺相如。而是因为嫌人说他倚靠宦官得见天子，这才引蔺相如为奥援，树之为"榜样"的。这一改名之举简直有点石成金之效，不光洗刷了恶名，甚至因此扬名。看来，他真不愧是个大文学家。

当然，这是汉武帝时期的事了，现在的司马相如还叫司马长卿。司马长卿跟梁国客人枚乘、邹阳、严忌等人一见如故，畅聊甚欢。在三人的引荐下，司马长卿见到了梁王，并奉梁王之命作《如玉赋》。此赋辞藻瑰丽，气韵非凡。梁王极为高兴，就以自己收藏的"绿绮"琴回赠。"绿绮"是一张传世名琴，琴内有铭文曰："桐梓合精"。后来，司马长卿"琴挑文君"，用的正是这张琴。

与梁王的这次会晤让司马长卿大受感动。汉景帝不好文章辞赋，司马长卿虽为武骑常侍，却常有明珠暗投之叹。而梁王则不然，梁王对他的才华予以了充分的肯定，积极的鼓励，还有珍贵的赏赐，这才是他要找的主公。是以司马长卿在梁王回国后，也称病辞官，转投梁王去了。

汉景帝对梁王及其从人的厚待、宽容甚至放纵，收到了丰厚的回报。不仅把大臣集体反对的被动形势转化为主动形势，使得皇家面子一片大好，更重要的是给自己树立了一个强大的帮手。七国之乱平定以来，周亚夫、窦婴等人凭借战功，在关中耀武扬威，几乎无人可制。而梁王的到来，则给两人带来了前所未有的压力。从战功上说，梁王之功与汉家相等，也就是他一人之功则可与周、窦二人相敌；从血缘上说，梁王是汉景帝的亲兄弟，比谁都要亲；从地位上说，梁王居诸侯王之上，自然也在周、窦等大臣之上。最关键的，是梁王在战前、战中与周、窦二人积下了深深的仇恨。当初汉景帝说千秋之后传位于梁王，是窦婴站出来反对。后来在平叛过程中，是周亚夫见死不救，害得他几乎死在睢阳城。两种大仇，哪一个都可以算作不共戴天。所以梁王无论公开场合还是私下场合，对汉景帝是各种感恩和颂扬，对窦、周二人则是百般攻击。而梁王手下的人又多是能言善辩之人，梁王的言论经他们的嘴一传播开去，长安城的舆论态势立刻反转，让汉景帝取得了压倒性的优势。

平心而论，周、窦二人不是没有可指摘之处。窦婴贪诸将之功，之前我们已经一再说过。而周亚夫用兵问题，也没有后世吹得那么神。周亚夫的方略是要正合奇胜，以逸待劳战胜叛军。可是吴王也不是傻子，周亚夫的方略他能看不出来？所以吴王到底没有在睢阳一条道走到黑，而是在还有大量兵力的情况下转攻汉军。这就意味着，周亚夫的战略被大打折扣了。而且周亚夫的战略以牺牲梁国为手段，不把梁国人当人，自然也休想得到梁国人的支援。这就等于不用吴王动手脚，他自己就把盟军关系给离间了。假如周亚夫独当叛军不胜，看他有什么脸面去见陛下？所以梁王的到来，引发了人们对七国之乱的诸般思考，有些地方甚至完全推翻了之前的结论，让周、窦二人气愤不已。

梁王的舆论攻势帮助汉景帝实现了压制周、窦二人的目的，却也带出了负面影响来。大批汉朝将领，尤其是参加过平定七国之乱的汉朝宿将，对梁王肆意抹杀他们战功的行为极为不满。眼看事情就要转向反面，汉景帝及时出手，把斗争的矛头仅对准周、窦二人，范围局限在储君废立一事上。

对此，梁王更是双手双脚赞成。这么多年来，就是因为刘荣的存在，让他心中的那个病根一直不得好。刘荣倒了他才有机会，这是他存于中而无法形于外的事情。而汉景帝所做的正是他求之不得的，他为什么不支持？就算他自己做不了皇帝，也不能让刘荣当，否则窦婴、周亚夫二人将来还不得把他往死里整？是以汉景帝咨询他的时候，他是一百个同意，同意，又同意。汉景帝开心极了。到底是亲兄弟，关键时刻还是梁王靠得住。就是在这种态势下，他正式下诏，废掉太子刘荣。此时窦婴、周亚夫等人的力量已如强弩之末，再也不能跟汉景帝抗衡，只能眼睁睁地看着他废掉刘荣。

汉景帝终于达到了自己的目的。

之后的一天，梁王之子刘贾再次朝见汉景帝。出殿门时，竟然找不到自己的靴子了。汉景帝叹道，这个孩子真的还小唉。于是对窦太后回复说，暂时还不能给他加冠、配婚呢。

无缘只是无缘

从薄皇后被废，到刘荣被废，不过两个月而已。汉景帝两番举措，在朝野上下引发了极大的震动。尽管他使尽浑身解数，将消极影响降到了最低。可无论是皇后被废，还是储君被废，都是西汉开国以来的头一遭。因此，难免有人非议。"庚寅晦，日有食之。"这段日食的记载，隐晦地表达了这一思潮。非议过后，人们很自然地就要将目光转移至下一个问题，谁是刘荣的替代者？多种猜测就跟被打开了魔盒一样，瞬间就传播开来，孰是孰非，根本分不清楚。事实上，因了刘荣被废，各方势力在瞬间的震惊之后，全都急速地运作起来，争夺刘荣身后的巨大真空，这就更加造成了人们思想的混乱。

梁王在听到刘荣被废的消息之后亢奋不已。原本以为已经没有机会的他，没想到还有这样一天。大汉朝从来就没有废过太子，这次居然破了例，这不是天助我也是什么？果然人不可自己先失去信心！

然而梁王很快就会发现，就在他的法驾左右就有不同意见。人气之王邹阳先生首先表示反对，人不可以不知足，梁王之位富贵已极，何必再做痴心妄想？此时的梁王哪里听得进，枚乘、严忌等人见状，再不敢有所言语。如此机密大事，本也不需要更多人议论。能参与谋划的，无非韩安国、羊胜、公孙诡等人，尤其是羊胜、公孙诡，号称有奇计，可以帮助梁王夺嫡。具体是怎样的奇计，我们不清楚。但从历史的记载中看，无非就是死死地把住窦太后，借窦太后之口，向汉景帝求为汉嗣而已。不得不说这是一种典型的巨婴心态，可是两千年前梁王还真是把它作为撒手锏来用的。汉景帝素来孝顺，梁王要真是觍着脸求太后，汉景帝还真不好办。这就是梁王、羊胜、公孙诡等人的奇计。

梁王忘了，窦太后有三个子女，除了汉景帝、梁王本人之外，还有个窦长公主。窦长公主跟王夫人联姻难道是闹着玩的吗？你羊胜公孙诡既然有奇计，怎么就没想到要梁王和窦长公主联姻，反而被陛下和王夫人抢了先？你们只知道太后爱少子，怎么没想到窦长公主也是太后的心头肉？可是羊胜、公孙诡不这么看。此一时彼一时也，往年梁王要想夺嫡，首先要过的是窦婴、周亚夫等朝臣的关卡。现在陛下为了废太子之事，已经和窦婴、周亚夫等人闹翻，等于自去臂膀。此时不争，更待何时？至于联姻，可以一并向窦长公主提出，阿娇是嫁刘彻还是梁王的哪个王子，对她来说都是一样的，利益都能得到保全。窦长公主要是不愿意，那就跳过她，直接去见太后。窦太后早就想立梁王，是以刘荣被废时她一言不发。如今则亲自置酒招待汉景帝——这次她吸取了当年教训，连窦长公主也不通知——微笑说道："安车大驾，用梁王为寄。"汉景帝见状，只好跪席举身曰："诺。"

酒罢，窦长公主才知道，太后单独召见汉景帝是想立梁王为后，气得她当即去见太后。长公主走后，汉景帝陷入了沉思。废太子一事，正是借助了梁王才取得了最后的胜利。而今，梁王也展现出了对皇位的渴求，这种局面的出现，原本在他预想之中。他既然敢借助梁王，就知道该怎样挫败他，首先窦长公主就能完成一大半任务。可是，这毕竟也是国事。汉景帝需要有位大臣能站出来，站在国家的角度帮他找找理论根据，谁来呢？眼下朝中无人愿做此事。兴许，还有人等着看笑话呢。

礼失而求诸野。汉景帝居天子之位，每天接报极多，这也练就了他强大的信息分析能力。这天，就在如烟海一般的信息当中，有一件事引起了他的注意，让他想起一个人来。

吴楚兵败后，汉景帝因为晁错的原因，以袁盎为楚相，有贬出外地之意。袁盎只知汉景帝对他心有不满，于是上书解释，又被汉景帝废置。袁盎见状，只好辞官回家，仍居安陵。在朝中大臣纷纷投靠窦婴、周亚夫等人的时候，袁盎作为老友，却没有去凑热闹。而是隐于民间，与闾里浮湛相随行，斗鸡走狗。让他作为新闻人物登上朝报的，是他跟剧孟的关系。那一天，洛阳人剧孟来看望袁盎，宾主相见甚欢。然而这次袁剧会却引起了邻里非议，一位安陵富人对袁盎说，剧孟是什么人？赌徒无赖，将军怎能跟这种人交往？袁盎说道："剧孟虽博徒，然母死，客送丧车千余乘，此亦有过人者。且缓急人所有。夫一旦叩门，不以亲为解，不以在亡为辞，天下所望者，独季心、剧孟。今公阳从数骑，一旦有缓急，宁足恃乎！"（见《史记·袁盎晁错列传》）这句话深深地触动了汉景帝。即便他是帝王，也不能为所欲为，他也有困惑无奈的时候。眼下，可用的人不多，何不找人去问问袁盎，对当下政局是何态度？

有一天，袁盎回到家中，见多了一位陌生人。此人亮明身份，乃是汉景帝身边心腹，为陛下而来。他先要袁盎保守秘密，随即开门见山，问袁盎道："太后要陛下立梁王为后，先生以为何如？"袁盎当即答道："不可。昔宋宣公不立子而立弟，以生祸乱，五世不绝。小不忍，害大义，故《春秋》大居正。"陌生人得到袁盎的答复，道声"告辞"，即闪身出门，消失在茫茫黑夜之中。

得到袁盎的答复之后，汉景帝竟有一种说不出的感动，没想到袁盎对自己是如此坚定地支持。而且，这个袁盎总能在关键时刻给出关键思路。上次七国之乱起，也是在关键时刻，听了他的建议杀了晁错。此事虽然招毁甚多，但是毕竟断了吴王等人的法理依据，收到了立竿见影的效果。这就是袁盎的损招结果，缺德而又管用。朕对不起晁错，但晁错以一人一家之死，换来了天下太平，也算是死得其所。而今，又到了相似时刻，能倚靠的竟然还是袁盎。他说得对，事关大是大非问题，不能和稀泥。这个国家不能陷入动乱的恶循环之中，必须对继承制度予以明确，兄终弟及就是不能！

此时窦长公主也派人传来信儿，说太后那里已经不再坚持由梁王为嗣了。汉景帝当即决定，去长乐宫。见到窦太后，汉景帝再拜说道，非是儿臣不愿弟弟为后，只是兹事体大，不敢自专。咨询大臣之后，均道大汉若行兄终弟及之法，祸乱将无穷已。查上古历史，无不如是。昔吴王寿梦有子四人，少子季札最贤，寿梦欲立之。于是先立长子诸樊，约定彼兄弟四人递次相传，定要将王位传给季札。从此开启吴国数十年祸乱之根源，其间骨肉相残之事，尤其使人痛心。最后公子光使专诸刺杀吴王僚，彻底终结兄弟相传之制度。今臣弟刘武之贤，不输季札，季札犹不愿见吴国之乱，而吾弟刘武又何忍心？窦太后闻之下泪，窦长公主也在一边帮着说话，母亲你如何这等偏心，只想着立弟弟为皇帝？哥哥自继位以来，夙兴夜寐，安内除外，不曾须臾有所懈怠。从哪一角度上看，都是少有的明君。对于母亲，哥哥虽忙于公务，每日朝请从不敢有所缺失，每有大事必与母亲商议。比起孝心来，哥哥未必不比刘武做得好。这些年来，哥哥无论家事还是国事，从来都是任劳任怨。母亲，难道您觉得他做得还不够吗？哥哥所生十四子，刘彻等人尤其聪慧，难道就不如刘贾他们更惹您疼爱吗？

窦太后叹息一声，说道："你们都是我的儿女，我从没有偏向哪一个。从今以后，立储一事你就放心去做吧，立哪个都成。我只愿你们兄弟二人，兄妹三人，能手足和睦就好。"

汉景帝、长公主走后，窦太后找来刘武，跟他细细地谈了谈，要他从此放弃奢望，做一个安分守己诸侯王。要像从前一样尊重你的哥哥，顾全皇家体面，今天的事情就权当没发生过，不然的话，没有人能保得住你，懂吗？刘武向来孝顺，他边听边流泪，哽咽着答应了太后的要求。看到爱子难过，窦太后也哭成了个泪人。想必这位老太后也知道什么叫形势比人强，就算她是太后，也不能完全称心如意。人，还是要知足，已经是天字第一家，荣华富贵极于天下，还苛求什么命运的恩赐？

不久，梁王入朝期满，就要回国去了。汉景帝、王夫人、长公主等人集体欢送，场面如来时一般浩大。王夫人给刘贾塞了很多礼物，对他抱了又抱，亲了又亲。长公主对刘武也说了很多体己的话，汉景帝则亲自为之捧卮酒，又亲自送其上马。梁王屡屡回头，依依不舍地离开了长安。

刘彻终于被立为太子

　　送走了梁王之后，汉景帝授意左右，要想办法请窦婴出山。最好能让他主动站出来，支持汉景帝废刘荣而立刘彻。可是窦婴已经被伤透了心，汉景帝如此强硬地废掉了刘荣，让他这个太子太傅颜面尽失，还怎么站出来？他还是不明白，刘荣到底有什么过错，为什么一定要废掉他？就算栗夫人出言不逊，可他毕竟是长子、太子，怎能说废就废？于是窦婴铁了心，任凭多少人来劝说，他就住在蓝田南山下的别墅里不出来。反正那里也有好山好水、金钱美女供其享受，才不会出山呢。

　　汉景帝没办法，只好继续向袁盎讨教。本来袁盎和窦婴是好朋友，面对此种形势，理当代劳。可是袁盎没有，他躲在暗处不断地给汉景帝出主意、拿方案，唯独没有站出来请窦婴。

　　很快，汉景帝免除了陶青的丞相职务，改周亚夫任丞相，同时废除太尉官职。汉朝实行秦法，于中央设立三公：丞相、太尉、御史大夫。然而在实际执行过程中，只有丞相、御史大夫为常设官职。太尉一职因掌管军权，故而并不常设。汉景帝为了平定七国之乱才重新恢复太尉官职，由周亚夫担任。此时废除太尉一职，将周亚夫改为丞相，进而剥夺其兵权，可谓明升实降。此时汉景帝已经有冷落周亚夫之意，因其功劳太大，同时还要用以震慑梁王等诸侯，所以暂时予以保留。

剥夺周亚夫军权之后，汉景帝任命太仆刘舍为御史大夫。刘舍本姓项，按辈分来讲当是项羽的族弟。项氏失败之后，刘邦赦免项氏子孙罪过，将其一一封侯。项氏因此进入汉朝统治阶级行列，刘舍甚至最后官拜丞相。所以，那些说中国人胜者为王败者为寇的人，可以闭嘴了。

汉景帝还格外签发了另一个任命状——以济南太守郅都为中尉。中尉的官职有多重要，我们不用再多说了吧。当年周亚夫就是由中尉升任太尉，程嘉就是以中尉身份当街杀的晁错。这一职务掌管禁卫军，可谓汉朝的九门提督，历来非亲信不能任此。而郅都在此之前的职务分别是济南太守和中郎将，要么远离长安是非之地，要么身处君王卧榻之侧。这样一个人，真可谓爪牙不过。而郅都的行事风格也极为严酷。汉初，济南郡大族有三百余家，他们强横乡里，无恶不作。尤其是瞷氏家族，仗着宗族户多人众，称霸地方，连官府都敢欺压。而地方官循于常法，"莫能制"。于是汉景帝拜郅都为济南郡太守。郅都一到济南，二话不说即诛瞷氏首恶。吓得其余大族人人股栗，再不敢跟官府对抗。郅都到济南一年多，把济南郡治理得道不拾遗，而旁十余郡守畏之如大府。

勋贵富豪都知道此人的厉害，纷纷想办法与之拉近距离。然而郅都为人勇悍公廉，不发私书，问遗无所受，请谒无所听。常称曰："已背亲而出身，固当奉职死节官下，终不顾妻子矣。"（见《史记·酷吏列传》）在我看来，郅都对晁错当年的矛盾心理了如指掌，所以他就跟不愿喝酒的人一样，干脆滴酒不沾。所有想跟他套套近乎的人，最后都白费力气。等到郅都就任中尉之后，连丞相周亚夫这样一人之下万人之上的贵人，见到他都不得不客客气气的。郅都执政严酷，行法不避贵戚，谁的面子都不给。列侯、宗室既怕又恨，都不敢

巷陌之间有马

经过十几年的治理，汉景帝取得了很大的成就，那时候除非遇到水旱灾害，老百姓家给人足，天下粮食堆得满满的，少府仓库还有许多布帛等货材。京城积聚的钱币千千万万，以致穿钱的绳子朽烂了，无法计数。太仓中的粮食大囤小囤如兵阵相连，有的露积在外，以致腐烂不能食用。普通街巷中的百姓也有马匹，田野中的马匹更是成群，以致乘年轻母马的人受排斥不许参加聚会。居住里巷的普通人也吃膏粱肥肉，人人知道自爱，把犯法看得很严重，崇尚行义，厌弃做耻辱的事。这幅画表现的就是"普通街巷中的百姓也有马匹。"马匹是高级玩意儿，最能表现古代盛世的成就。

正面瞧他，号之曰"苍鹰"。这些背后妄议中央的人，自此再也不敢乱嚼舌根。

至于梁王的人，很快就不敢再在长安活动，夺嫡之事竟然被生生地摁下。

夏，四月，乙巳，汉景帝立王夫人为皇后。田氏满门喜气洋洋，王夫人本人则喜极而泣。十余年来，王夫人以一介民妇而成为皇后，连小说都不敢这么写。而这一切就实实在在发生在王夫人身上了。此刻她最该感谢的当是母亲臧儿，要不是臧儿当年的狠心，就没有今天这一切。

十几年来，王夫人、田氏简直是把全天下的好运都揽在了身上，历史何其偏心哉！然而这还不算完，接下来的，王夫人、田氏将要迎来更大、更长远的荣耀——立储。王夫人立为皇后之后，长安城顿时就都知道太子的真正人选了。这个年仅七岁的孩子，引发了世人极强的好奇心。到底此人有什么特异之处呢？坊间都在流传，当年王夫人怀孕期间，曾梦日入怀。及长，又有种种神异之处。更有人不知道从哪里得来消息，说刘彻此人虽小，却有惊人的记忆力。喜读书，讼伏羲以来群圣，所录阴阳诊候龙图龟册数万言，无一字遗落，圣彻过人。王夫人、田氏身处这种种艳羡之中，既激动又恐惧。他们一路走来经历了太多的坎坷，见惯了太多的风雨，最知道功亏一篑是什么样的感觉。栗夫人的外家亲属栗卿等人就是被郅都捕杀，殷鉴不远，王夫人和田氏一定不能半途而废。

——天地四方所有受飨的大神，不要让这一切都成为一场空啊！

那些天王夫人和田氏忙个不停，他们要不断地接见刘彻未来的身边人。秦汉时，东宫官制已经初具规模，属官有太子门大夫、庶子、洗马、舍人。另有詹事掌管太子家，设丞，辖太子率更、家令丞、仆、中盾、卫率、厨、厩长丞。还有太子宾客赞相礼仪，规诲过失……与当年汉景帝时候一样，在这所有的太子属官之上，有太子太傅一人统领。有鉴于窦婴的教训，汉景帝并没有再给太子挑选一个尊贵又强势的太子太傅，而是选择了老熟人卫绾。卫绾出身卑微，素来忠厚，正当其职。他的副手，则是太子少傅王臧。两人皆出于儒门，自然会将儒学植入未来大帝的头脑，以行政力量将儒学发扬光大。

到了四月丁巳这一天，所有活动达到了最高潮。汉景帝正式下令，立胶东王彻为皇太子。

汉景帝这一个决定，深深地影响了中国的历史。据称，俄罗斯人对叶利钦只有一点是肯定的，就是他把普京推上了总统宝座。可见，选择一个优秀、伟大的继承人，同样是为政者的功绩。当然，这是我们从上帝角度，才能做出的评价。对于没有上帝角度的汉景帝来说，这何尝不是一场惊险的赌博，一如他当年决意削藩时候。这两次赌博，甚至连很多明君都不敢做，而汉景帝都做了。例如在立储一事上，刘邦就没有下定决心废刘盈立刘如意，导致吕氏专权十余年；汉宣帝就没有下定决心废刘奭立宪王，导致王氏崛起，夺了汉室江山；司马炎就没有下定决心废司马衷而立他子，导致晋朝大半江山沦为胡人之手；而李世民也因为舍不得废掉李治，导致武后篡权，为乱唐室数十年。汉景帝于废立之间不是没有过犹豫，所为也绝不鲁莽，而一旦他认定孰能孰否，他就敢冒天大风险去做。

不管面临多大的阻力，不管面临多少人的反对。

蓝田南山下，窦婴窦大人还在悠闲度日。面对窦氏家族和门客的种种恳请，窦大人都丝毫不为所动，把一干人等急得团团转。最后还是梁国人高遂有本事，跟他挑明了说，将军你就别再矫情了。你知道这些天外面都发生了什么吗？那个出言不逊的栗夫人死了，她的外家栗卿等人也被捕杀了，这就是夺嫡失败的结果，血淋淋的啊！就连窦太后，也在皇上和窦长公主的联手施压之下，放弃了要梁王为嗣的主张了。而梁王的人，现在甚至都不敢在长安公开活动，灰溜溜地跑回了国中。不仅如此，皇上还把周亚夫的兵权给夺了，太尉一职说废就废。还任命郅都掌管禁军，长安宗室大臣、列侯无不胆寒。最后，陛下还真凭借铁腕手段，把王夫人立为皇后，把刘彻立为太子，让他们母子风风光光地坐了上去。这就是你隐居几个月内发生的巨变，是不是足够天翻地覆？可见，我们这位陛下已经成熟了，再也不是那个可以被宗室大臣玩弄、左右的年轻人了。他像先帝、高祖一样成熟，将军难道就没有一点危机感吗？能富将军者，陛下也；能亲将军者，太后也。将军给刘荣做太子太傅，太子被废时，将军不能争又不能死，可谓枉称太傅。如今自引谢病，却又拥赵女屏间处而不朝，只是不断地加慭自明，以扬主上之过。有如长乐、未央两宫同时对将军翻脸，则将军妻子无遗类矣！

窦婴听了高遂演说之后，直吓出一身冷汗。他急忙坐起来，穿戴好衣冠，入宫朝请。在未央宫，他终于低下头来，向着小小的太子刘彻拜了两拜。笑靥如花的王夫人连忙将窦婴扶起，招呼落座。窦婴则使出十二分的心力，夸奖太子聪明伶俐，仁义盛德，将来自然是明君无疑。王夫人春风满面，连称谬奖。这场持续数月的废立风波终于落下了帷幕，虽然，窦婴没有见到汉景帝。

袁盎在听到窦婴朝请的消息之后，冷笑不止。窦婴啊窦婴，还是如此地矫情和幼稚。

在这一年年末，汉景帝正式改元，从此进入了中元时期。

吾王不反矣！

汉景帝中元元年，关中地区发生了一次地震。由于这次地震就发生在长安，因此朝野上下都很重视。汉景帝亲自下诏，大赦天下，另赐民爵一级。在这两项常规操作之外，汉景帝还做了一个耐人寻味的动作——封故御史大夫周苛、周昌孙子为列侯。周氏兄弟是跟着刘邦一起打天下的老革命，周苛在战争中死去，周昌则平安活到了西汉开国，甚至活到了吕后执政时期。其人一生中最著名的事迹，是他顶住压力，用一种朴实憨厚又执着的方式，成功地劝止了刘邦废黜太子刘盈的打算。将这两个人续封说明，汉景帝有意修补太子废立以来失和的君臣关系，提升臣下的向心力。人心惟危，道心惟微，惟精惟一，允执厥中。汉景帝及时纠偏、执中平衡的操作，完美体现了帝国文化的精髓。

我们向来不主张极端，即便是曾经的仇人、敌人，只要对方能改过自新，也能握手言和。

这一年在西汉帝国的历史上没什么重大事件，汉景帝显然把维稳放在了第一位。然而熟悉世界历史的人会知道，在地球的另一端，四处征战的古罗马在这一年干了一件大事。

他们借口迦太基未经罗马允许就自行建立武装，发动了第三次布匿战争。这场战争持续了三年，迦太基人在拼尽全力之后失败了。罗马人在七天的时间里，逐街逐屋地追击迦太基人。迦太基民众纷纷跳入火海中，誓死不做罗马人的奴隶。沦陷后的迦太基，城墙、神殿、房屋、市场等建筑全部遭到破坏。石头、泥土成堆的地面被犁耕平。罗马人根据习惯，在这个遭到诅咒的地方撒上盐，要让这个城市寸草不生。罗马毁灭迦太基的行为，历来遭到世人的非议，即便罗马人自己也觉得野蛮。波利比乌斯与罗马统帅小西庇阿是好友，他详尽探查了被毁灭后的迦太基，并记述了小西庇阿当时的心态：

小西庇阿的眼睛没有离开过暴露在自己眼前的迦太基城，眺望着这座自建以来长达七百年的岁月……尽管他是胜利者，但是他忍不住思绪万千。不仅是人类，就连城市、国家、帝国等，一切的一切，命中注定都要灭亡。他不能不感慨万千。特洛伊、亚述、波斯以及二十年前还在的马其顿王国，历史向人们展示了盛极必衰的事实。不知是有意识还是无意识，这位罗马的得胜将军吐出一句荷马史诗中的话，据说是特洛伊总司令官赫克托尔的话："特洛伊迟早会和国王普里阿摩斯以及追随他的所有战士一起灭亡。"当时，波利比乌斯就站在他的身后，于是问这位罗马常胜将军为什么会想起这样一句话。西庇阿·埃米利乌斯回头看着波利比乌斯，拉起这位希腊人、同时又是好朋友的手，回答说："波利比乌斯，迦太基曾经享尽荣华，然而现在，我们却站在这一帝国灭亡的伟大瞬间。此刻，充满我内心的不是胜利者的喜悦，而是悲哀。我在想，我们罗马或许也会迎来这样的时刻吧。"（引自盐野七生《罗马人的故事2·迦太基衰亡》）

罗马挑起第三次布匿战争后的次年，即汉景帝中元二年，匈奴入燕。这是前元五年以来，匈奴又一次试探性行为。虽然与汉朝达成了和亲，但匈奴从未放弃过侵吞汉朝的野心。汉景帝吸取文帝时教训，下令立即中止和亲，并命令边郡吏民予以抵抗。汉朝这一快速反应，让匈奴一点便宜没有占到，只好老老实实地恢复和亲。所以《汉书》

记载说：终景帝世，时时小入盗边，无大寇。

从这一点上来说，中国需要有强有力的统帅，才能抵御各种内忧外患。很显然，前太子刘荣这样的人选是不足以胜任的。因为他甚至连一点考验、磨炼都经受不住，就自杀了。

关于刘荣之死，史书记载非常简略，却也很完整。说刘荣被废为临江王之后，因侵占宗庙用地修建宫室，而被征至长安问罪。刘荣不知此行是吉是凶，乃于江陵北门祝祷，希望能逢凶化吉。祝祷已毕，刘荣登车离国。没想到甫一启程，车轴突然折断，导致座驾报废。前来送行的百姓见到此景，纷纷流涕窃言："吾王不反矣！"刘荣在一片悲戚中离开临江国。到了长安，他按旨意去中尉府接受调查。在那里，刘荣受到了郅都严厉的盘问，惊恐不已。他怎么也想不到，事情会如此严重。于是，他抱着最后一线希望，请求上书汉景帝，又被郅都拒绝。时刻牵挂着刘荣的窦婴知道了此事，暗中给他刀笔，要他把内心的话都写出来。刘荣写下来后，为了证明自己所言为真，于狱中自杀。

有人据此得出结论，刘荣之死是汉景帝为了给刘彻扫清障碍故意制造的冤案。这种观点流传很广，以致成为主流。而汉景帝在刘荣死后的表现，似乎更加印证了这一点。在刘荣死后，汉景帝没有表现出丝毫的悲伤。在窦太后迁怒于郅都时，汉景帝竟然还说郅都是忠臣。那不就等于说刘荣之死，是汉景帝授意郅都干的吗？然而这一观点却忽略了一个基本事实：当时汉景帝春秋鼎盛，身体康健；而刘彻年方九岁，尚在冲龄。两者交班还远远提不上日程，汉景帝至于这么早就把刘荣弄死吗？

除非刘荣是真的威胁到了刘彻的地位。可是我们通观太子废立的过程，虽然有众大臣的反对，可最终不还是汉景帝一人说了算？窦婴、周亚夫最终都向汉景帝妥协，承认了刘彻的太子地位。而汉景帝也在撑够了之后，才以一种微妙的方式与群臣和解。双方达成一致，刘荣变成了废人一个。在这种情况下，还要坚持杀刘荣，你当汉景帝真的铁石心肠吗？难道在汉景帝心中，刘荣的命还不如窦婴、周亚夫的命贵吗？汉景帝能给他们充分的时间，回头认错，就不能给自己儿子一点机会？再推而广之，汉景帝对挑起七国之乱的诸侯国，都没有斩尽杀绝，他会对自己的亲生儿子下死手？汉景帝对成天做着皇帝梦的梁王，都耐着性子与之周旋，他会对自己已经被废的长子如此粗暴？

历史上杀子的皇帝很多，但多数是因为皇子忤逆帝王，甚至同帝王的敌人勾结，帝王一怒之下才会做此不可挽回之事。俄罗斯的伊凡雷帝，就是在激烈争吵中失手杀死了儿子。雍正则是因为弘时反对他的多项政策，甚至跟胤禩等人勾结，这才痛下杀手。至于刘荣本人，史书上也没有任何关于他大逆不道的记载，他仿佛逆来顺受地接受所面临的一切，最后不惜以死明志。显然，汉景帝没有足够的动机和必要去杀他。知子莫如父，刘荣性格上的柔弱和愚昧，汉景帝是很清楚的。这样的人显然跟扶苏很像，恭顺却不灵通，善良却难挑大任。既无从威胁太子，又不敢顶撞皇帝，只能老实被废。

还有一点，便是窦太后还在。窦太后虽然在刘荣被废一事上没说什么话，可真要杀了她的长孙，老太太可是不干的。这一点从刘荣死后，窦太后怒杀郅都就能看出来。汉景帝不会不知道。

那么是不是王夫人集团阴谋逼死了刘荣呢？这种可能性不是没有，但是操作起来难度很大。首先如何收买或绕过郅都就是个难题。在没有汉景帝的旨意之前，郅都不可能对刘荣下毒手。且不说郅都只忠于汉景帝一个人，就是他有心投靠王夫人集团，也要看王夫人要他干什么事。杀刘荣或者逼死刘荣，非同小可。郅都是要有多大的诱惑，才能豁出去干一把？郅都要是无心投靠王夫人，就要保护好刘荣。要真是被人钻了空子，人死在他的地盘上，罪过可就大了。而王夫人集团要真想弄死刘荣，也不会选择在长安下手。弄死刘荣这样的敌人，标准操作是收买刘荣身边的人，在地方上下手。想当年窦太后杀死小梁王刘揖就是这么干的。制造一点事故，人死得莫名其妙，干净利索。何乐而不为呢？要是在长安动手，人多嘴杂，保不齐什么时候就会泄露出去。故而对王夫人集团来说，实非上策。

当然，有人会说你不是暗示过，前临江王刘阏于的死就跟长公主有关吗？刘阏于不就是死在长安汉景帝眼皮子底下吗？首先，当时正处于长公主与栗夫人斗争的激烈期，那时候做出任何不顾后果的事，都是有可能的。再有宫中不同于府中，长公主随意出入宫中，中尉府却不可以。中尉府是汉景帝专门用来对付权贵，加强中央集权的暴力机关。而且刘荣此时是重点关照的要犯，看守更加严密。

综合两方面来看，刘荣之死，很难说是汉景帝、王夫人有意为之。他的死，可能就是一场事故。

事故的主要原因，就在于刘荣性格上的脆弱。众所周知，自前元七年到都上任以来，京城列侯贵人无不人人惴恐。而栗夫人之死以及栗氏家族的团灭，也给刘荣心中留下了很大的阴影。所以刘荣才会在上京之前，战战兢兢。为此他才特意到江陵北门祷告，希望自己能逢凶化吉。然而，就算他做好了各种心理准备，他还是被郅都吓坏了。这个看起来毫不容情的人，让刘荣误以为汉景帝真的把他当成了逆子，真的相信他的所作所为真的是大逆不道。刘荣决不能接受这样的情况，决不能让自己蒙受不白之冤。为了证明自己的清白，他在写下申辩书之后，选择了自杀。然而，我们前面已经分析过，汉景帝无意逼死刘荣，是刘荣自己难以承受被冤枉的可能结果，选择了以死明志。

这当然是悲剧，但也从侧面说明了汉景帝废立一事上的正确。通观栗夫人、刘荣、刘阏于甚至刘德母子四人的生平，我们可以得出一个结论，他们都太过脆弱，太过单纯。他们相信感情而不相信权力运作，他们把全部的希望寄托在汉景帝身上，却没有为未来做好其他的铺垫；他们在生活的坎坷面前，表现得抱怨、无助、出言不逊、方寸大乱。在平静中不知为将来谋划，一出事就往最坏的方面想。他们的抗压性太差，经不住任何一次重度打击，更不能委曲求全，隐忍克己，待时再起。

而这都是一个帝王所应具备的基本素质。以汉朝而言，汉高祖刘邦在打天下的过程中，面对项羽的种种羞辱，都能微笑面对。在击败项羽之后，面对匈奴的蛮横霸道，也能放下身段，选择和亲。而手上沾满了汉朝宗室和功臣鲜血的吕太后，面对匈奴首领的侮辱时，也能打掉牙齿往肚子里咽。甚至到了汉景帝时期，虽然能第一时间反击匈奴的入侵，可总体上还是执行祖宗制定的和亲政策。至于王夫人一家，就更坚韧隐忍了。臧儿中年丧夫，失去生活的依靠后，也没有选择自杀；王夫人面对窦太后的种种刁难和长公主贪得无厌的索取，总能保持理智。田蚡这样的公子哥，甚至都能放下身段，到窦婴家去当下人。刘彻即位后，对窦太后干涉朝政的行为更是隐忍不发，一直等到了老太太去世。

假如刘荣继承皇位，汉朝在面对匈奴的挑衅时，很可能会出现重大失误，带来不可估量的损失。汉朝不可能在脆弱而愚蠢的刘荣领导下，实现对匈奴的防守、反击以及最后的胜利的。

说了这么多，其实我也挺同情刘荣的，刘荣不是一个坏人，相反是一个很好的诸侯王。根据《沙洋县志》记载，刘荣在任临江王时兴修水利，关心民生，深得人民的同情和拥戴。在侵占宗庙土地被发觉后，刘荣没有马上被征诣至长安，而是被贬居在沙洋借粮湖上的一个小岛上。那里芦苇丛生，蛇蝎横行，自然杳无人烟。原本是大汉王朝皇位继承人的刘荣，在岛上独对斜阳，形影相吊。

《七发》与不甘心

　　同样想不开的还有梁王。在他看来，他曾无限接近那个至尊的位置，而今却又失去。人世间还有比这更让人遗恨的吗？他早就忘了，在一开始就有人很清醒地给他点出，他根本没有机会。他始终相信那最好的一种可能，相信自己的命运。于是他一而再再而三地怀抱巨大的期望，最终一次次落空。前元七年入朝之后他是真的失望了，在窦婴、周亚夫双双被陛下冷落、刘荣被废黜的大好局面下，自己竟然像一个秋草一样，随风折断。这天地之间，难道真有什么超自然的力量，主导着万物？可是那王夫人、刘彻又有什么，凭什么，做了什么，就得到了上天的恩准，轻而易举地得到这一切呢？

　　梁王终日惆怅，久而久之，竟得了心病。这种心病人能见得，人能知得，却无人敢说得。尤其是梁王宠信的羊胜、公孙诡二人，自夺嫡失败以来一直战战兢兢，唯恐说错做错。

　　可总是这样下去也不成啊，梁王是所有人的依托，他要真出了问题，大伙谁都好不了。在梁府中人你看你我看我，谁都一筹莫展的时候，还是枚乘有心有才，别出心裁地写了一篇辞赋奏上，想给梁王宽宽心境，这便是历史上著名的《七发》。关于《七发》的"楚太子"

原型，历来众说纷纭。要之，有梁王与吴王刘濞两种，我个人比较倾向于梁王。因为文中无论是楚太子的身份还有"方富于年"的表述，都不可能是吴王。当然，梁王也不是什么太子，可他自己认为自己就是"太子"。并且楚汉自来相提并论，所谓楚汉楚汉。所以，借楚太子来喻"汉太子"梁王，正有心照不宣之妙。

枚乘在文中一上来就揭示了楚太子的病症，并对病因做了合理化解释：

楚太子有疾，而吴客往问之，曰："伏闻太子玉体不安，亦少间乎？"……因称曰："今时天下安宁，四宇和平，太子方富于年。意者久耽安乐，日夜无极，邪气袭逆，中若结轖。纷屯澹淡，嘘唏烦酲，惕惕怵怵，卧不得瞑。虚中重听，恶闻人声，精神越渫，百病咸生。聪明眩曜，悦怒不平。久执不废，大命乃倾。太子岂有是乎？"太子曰："谨谢客。赖君之力，时时有之，然未至于是也"。枚乘说："太子正在少壮之年，料想是长期贪恋安乐，日日夜夜没有节制。邪气侵身，在体内凝结堵塞，以至于心神不安，烦躁叹息，情绪恶劣像醉了酒似的。常常心惊肉跳，睡不安宁。心力衰弱，听觉失灵，厌恶人声。精神涣散，好像百病皆生。耳目昏乱，喜怒无常。病久缠身不止，性命便有危险。"

在这里，枚乘对楚太子的病症说得很对，把那种心神不宁的样子说得很具体。但是枚乘却没有如实写出楚太子的病因，也不能写，只能将其归之为"久耽安乐，日夜无极"八个字。对于楚太子这种人来说，这八个字肯定是有的，但其最根本的原因还在于心病，只有心病才符合以上全部病症。

随后枚乘给楚太子开出了六种药方，分别是音乐、饮食、乘车、游宴、田猎、观涛，一步步诱导太子。天啊，这六种药方哪一种不是"安乐"之方？又如何能让太子振作？枚乘明知太子之病在此，还一味呈上这么多的安乐之法，是唯恐太子病得不深吗？如此显而易见的矛盾表述，说明楚太子的病根根本不在此。不惟不在此，还正好是在其反面。也就是说，太子的病正需要这种安乐的生活方式来疗养。用安乐的生活愉悦他的身心，排遣他内心的忧愁。当然，这是治标之术，要治本还要抓住病根对症下药。枚乘在第七"发"中，将最重要的药方呈上来，即由方术之士"论天下之精微，理万物之是非"。尤其需要有枚乘这样的人，以微言大义去感化太子，才能除去心魔，获得新生。

枚乘这篇文章开创了"七体"，后世仿效者有傅毅的《七激》、张衡的《七辩》、李尤的《七款》、马融的《七厉》、刘世广《七兴》、曹植的《七启》、徐克的《七剑》、黑泽明的《七武士》等。当然，后两个是我胡扯的。总之，这篇文章影响深远。然而枚乘毕竟是个文人，他在文中设想的七种"发"没有一种真能对梁王起到作用。事实上，文中设想的太子最后"涩然汗出，霍然病已"，也不过是他想当然的结果。梁王看了他的文章，确实稍有宽慰，但不久又像从前那样烦躁不安，动辄发怒了。羊胜、公孙诡二人偶因一两句说得不对，便被梁王数落半天，后来更毫不留情面地骂道："奇计，奇计，你们的'奇计'在哪儿？要真有奇计，寡人还会有今天的结果吗？——你们俩甚至都不如邹阳、枚乘等人，他们还能写篇软文来宽慰寡人，你们就知道捣鼓那些见不得人的东西，最后还一无所获。看来，你们就是骗子！"羊胜、公孙诡二人吓得浑身战栗，汗出如浆，深有朝不保夕之感。

自从两人来到梁王身边，就同很多人结下了仇怨。尤其是公孙诡，他一来就被梁王看重，称之为公孙将军，要将内史一职封给他。窦太后得知后，直接下诏梁王，将内史改为韩安国。从此之后，公孙诡极力排挤韩安国，以致梁王在很多大事上都不再找他商议。窦太后喜欢的韩安国不支持梁王夺嫡，支持梁王夺嫡的公孙诡太后不喜欢，从这一点也可以看出梁王的夺嫡不可能成功。邹阳与羊胜等人更是合不来，以致被其中伤下狱。狱中的邹阳写了一篇《狱中上梁王书》，狠刷了一次屏才出狱。出狱之后邹阳与韩安国走近，联合起来反对羊胜、公孙诡。韩安国本来就有张羽为盟友，邹阳身边又有严忌、枚乘、司马长卿等人为伴，这样一来，梁府中几乎所有人都站了羊胜二人的对立面。梁府之外，还有窦太后、长公主的反对，两人简直成了世界上最不受待见的人。他们唯一能倚靠的对象就是梁王本人，而梁王也因为对两人寄予的希望落空，逐渐迁怒两人，使得两人陷入了深深的恐惧之中。他们甚至能感觉到，韩安国等人就在等着看他们的笑话，甚至随时都有可能给他们一击。两个人出于自保的本能，无论如何都不会坐以待毙，他们千方百计地寻找机会，嫁祸于人。无奈夺嫡一事，其他人都未经手；想从枚乘的文章中挑出毛病，孰料人家写得全无破绽。给自己脱罪，可不是一件容易的事情。

刘荣死后，郅都被迫离任，并很快被窦太后寻了个理由杀掉。这样一来，京师的城防一下子松了很多，相应的，一些流言蜚语又开始传播开来。有人开始言之凿凿地说起梁王曾有意争夺大位的事情，说得有鼻子有眼。甚至还能说出一些不为人知的细节，引发多人关注，并议论纷纷。无论是居于京师的汉景帝，或是身处梁国的梁王，对此都没有引起重视。直到有一天，有人向梁王透露了一个秘密，引发梁王的勃然大怒。原来，此人告知梁王，在夺位最惊心动魄的时候，本来汉景帝都已经答应窦太后了，可是因为袁盎等一些大臣的反对，才又一次落空。梁王听后气愤不已，一拳砸在了桌案上。"袁盎！当初如果不是我梁国骑兵救了他，兴许他早就死在吴楚叛军的铁蹄之下了。这个老杂种，居然敢坏我的好事！"羊胜、公孙诡二人立刻反应过来，说道："大王对袁盎有救命之恩，可他非但没有一丝一毫以报我王，反而恩将仇报，使我王痛失大位。不杀此人，难消我王心头之恨！"

袁盎本是安陵群盗出身，后来又转而入朝为官。此人狡猾多变，寡廉鲜耻，一生中曾多次假公济私，落井下石。在吴国时就跟吴王勾勾搭搭，为其打掩护。导致朝廷懈怠，戒备松弛，而吴王得以偷袭我梁国，困我王于城中。到了现在，仍旧死性不改，和剧孟等盗贼有来往，不知道做了多少见不得人的事情。闻听陛下早就对与剧孟勾结的大臣表示不满，正可以借此机会杀之，以儆效尤。况且袁盎早年投靠吕氏，乃罪党余孽。当年淮南王刘长杀了投靠吕氏的审食其，先帝也没有怪罪。如今我杀袁盎，有何不可！别忘了，袁盎背后就是窦婴、周亚夫，此人不杀，留下来羞辱我们吗？

梁王心中最后一丝顾虑被羊胜、公孙诡消除，他瞒着韩安国等人派出刺客，前往长安。此时长安因为没了郅都，治安较为松懈混乱，刺客从容潜入长安，很快就传来了袁盎被杀的消息。

袁盎之死是梁王所为吗？

中元二年，两朝老臣、前楚国国相袁盎被刺杀于长安。一同被刺杀的，还有十余位反对梁王夺嫡的议事大臣。如此明目张胆的不法行为，为汉朝立国五十年来所未曾有。汉景帝闻之大怒，严令捉拿凶手。因为被害人的政治观点相似，很多传闻和证据又都指向梁王，所以汉景帝很快就断定，背后主使跟梁王有关。果然，捉到刺客之后一审问，确是梁王府上羊胜、公孙诡所主使。于是立即遣使者到梁国缉拿二人，活要见人死要见尸。为了此案，汉朝使者前后来了十余批次，用了一个多月的时间，将梁国国相以下查了个遍，还是没能得到案犯。最后汉景帝派出老臣田叔来梁国亲自督阵。到了这个地步，谁都知道二人藏在哪儿了，可谁都没有权力到梁王府上亲自搜查。田叔责怪梁国大臣不明是非，陷君王于不义。梁国国相轩丘豹泣血谏王，韩安国则直接找到梁王，与之披肝沥胆，分析此事。

袁盎一案，历来定评为梁王帐下公孙诡、羊胜二人所为。我在前一章里，也详细分析了梁王及两人有作此案的动机和必要性，还有自我开脱的借口。因此，从主观上讲，他们是有作此案的可能的。然而，主观意愿是一回事，真正做没做又是另一回事。此案其实疑点重重，让人不敢轻率定论。

根据《史记·袁盎晁错列传》的记载，"刺客"到了关中，向人打听袁盎为人，没想到人人称颂。于是见到袁盎后就开门见山，说自己是梁王派来的刺客。因为看到袁盎是长者，不忍杀之，已经决定放弃。希望袁盎能多做提防，后面还有十余位刺客会相继前来，不可大意。袁盎听到之后，心中不乐，又因为家中多怪，于是到一个叫棓生的人那里问卜。在回家的路上，被人刺杀于安陵郭门之外。又根据《史记·梁孝王世家》的记载，刺客来杀袁盎时，问谁是袁盎，袁盎顾之曰："我所谓袁将军者也，公得毋误乎？"刺客说："是矣！"于是一剑刺杀了袁盎。刺杀成功后，刺客还将其剑留在了袁盎身上。办案人员见是新磨之剑，于是访问长安磨剑作坊，得知是前几天梁国某郎官来磨过此剑，这才认定刺客是梁王派来的。对于这两段记载，《史记疑案》的作者李全华先生说，刺客受命杀人，必事先熟悉被刺人形貌、活动规律，选定好最佳行刺时间和地点；行刺后，清理作案现场，而后全身而退。岂有梁国刺客去长安行刺袁盎，到了长安才去磨剑之理！磨剑也罢了，还告诉磨工，他是梁国郎官某某人，通名报姓，生怕人不知道！杀人之后，又生怕官府找不到作案证据，在尸体上留下行刺的剑。

天下间竟有如此愚蠢的刺客！很显然，这是有预谋的栽赃陷害！

李全华先生的分析很有道理，我补充几点，与先生商榷。首先，刺客受命杀人，未必要事先熟悉被刺人形貌、活动规律，也不需事先选定好最佳行刺时间和地点，他只要听命令即可。让他杀谁他就杀谁，既简单高效，同时也能避免节外生枝。《史记》两处记载的真正破绽，是将刺杀的权力交给了刺客本人，这是绝对不可以的。我们受《刺客列传》的影响，以为刺客都是像专诸、荆轲那样，有高度的自主权。其实绝大多数刺客只是工具而已，他们不需要，也不想知道自己要杀的人是谁、长什么样，他只需要知道眼前要刺的人穿着什么衣服、拿着什么物件等特征即可。而这一切，都是那个身边的指挥人员临时告诉他的，在此之前，他甚至都不知道自己要杀的人是男是女。当然，李全华先生说的事先，可以理解成动手之前。但我要说的是，刺杀是有组织的行为。一级有一级的权限，一级有一级所知道的事，多一点都是不允许的。另外，指挥人员的另一作用是节制刺客，避免刺客胆怯、反水。很显然，第一个刺客就临时"反水"了，他"背叛"了他的恩主。根据文中的记载，当时是有一个"梁国郎官"在的，郎官级别比刺客高很多，是可以充当指挥、节制角色的。最终的结果那么糟，既走漏了风声又留下了证据，说明这个"郎官"是不想把事情办好的。而第一个刺客也违背了他的职业守则，擅自打听被杀人姓名、品行，将计划告诉被刺人，说明他也不是一个真正的刺客。他此行不是来刺袁盎，而是与郎官一起来演一出戏的，这出戏的名字就叫——《一件事先张扬的凶杀案》。

事先询问袁盎为人，直接告诉袁盎刺杀计划，到了长安再磨剑并且将身份告诉作坊主，刺杀完毕之后故意将剑留在袁盎身上，为了扩大轰动性效果又接连刺杀了十余位大臣，都是出于这个目的：将袁盎之死指向梁王。再加上十余位大臣都很"巧合"地反对梁王夺嫡，所以汉景帝才能在根本就没捉到刺客的前提下，就能断定是梁王所为。然而梁王是什么人？他是经历过七国之乱的人，是带过兵打过仗的人，是见过大世面的人，杀人手段会有这么低级吗？他的手下会这么愚蠢和不忠吗？即便他在一时冲动之下，派人刺杀袁盎，手下也会从维护梁王出发，将事情办得滴水不漏，即便被人发现也绝不会牵连到他。而不是处处留下线索，让人一看就知道是梁王所为。这也是梁王拒不肯交出羊胜、公孙诡二人的原因所在，因为他根本就不曾策划刺杀袁盎，也没有授意羊胜二人杀袁。

梁王虽然对夺嫡失败甚为遗恨，但他比谁都清楚，真正阻止他夺嫡的不是别人，正是汉景帝本人。起初，正是汉景帝在夺嫡一事上的暧昧态度，才让梁王自以为有机会奋力一搏。然而他也正是在一而再再而三的努力下，经过一轮又一轮的失败，才最终明白汉景帝对待梁王夺嫡的真正态度，是不想让他继位。所谓袁盎等大臣之言，不过是汉景帝的传声筒、挡箭牌而已，谁要真的相信是袁盎等人成功阻止了梁王夺嫡，谁才是真正的傻瓜。梁王对此心知肚明，虽然晚了一些，但是毕竟明白了。况且他此前的夺嫡方式，是在积累巨大的政治资本之后再争取汉景帝本人，用恳求的方式争取大位。正因为梁王功劳巨大，且夺嫡方式一向有礼有节，所以汉景帝一直不好意思拒绝。最后没了办法，才只好借大臣之口，说出内心的真实想法。汉景帝是用尽了迂回曲折的方式回绝了梁王，但自始至终双方都保全了兄弟情义。假如梁王真的杀了袁盎等人，就是跟汉景帝撕破脸皮，所谓打狗给主人看。要真的这么做了，就把此前在汉景帝面前的所有努力全部清零，后果可就太严重了。连窦太后那么自私任性的人，都不敢在此事上跟汉景帝撕破脸皮，一向仁孝的梁王，又怎么敢在"太后议格"之后乱来？除非他已经彻底地自暴自弃了，否则不可能有这样的想法。然而当时的情况是，刘荣自杀不过数月之前的事，其警示作用就在眼前。梁王看不到别的可以，连前太子之死也看不见吗？

事实上，假如非要认定袁盎之死是梁王所为，恐怕就连袁盎本人也不会同意。《袁盎晁错列传》里，倒数第一段写的是袁盎之死，倒数第二段写的却是袁盎和江湖侠客的关系。袁盎晚年家居，与季心、剧孟等江湖大佬关系密切，当有人质疑他为何私通大盗时，袁盎说："缓急人所有。夫一旦叩门，不以亲为解，不以在亡为辞，天下所望者，独季心、剧孟。今公阳从数骑，一旦有缓急，宁足恃乎！"这说明，他是把两人当成自己的保护伞，一有危机就准备投奔去的。即便剧孟人在洛阳，季心却长居关中，以侠义闻名。梁王派人来关中，明目张胆地刺杀袁盎，当季心等人是瞎子吗？即便梁王势力大，可以抓捕侠客，但关中之事他也能随意插手吗？更何况袁盎即便亲眼见到了刺客，得知了刺杀的计划，也没有去找季心等人庇护，说明他要么知道对方的来头实在太大，找季心等人庇护，是徒劳无益的；要么就是有人告诉他，这不过是演戏，制造一种梁王要做坏事的舆论而已，不会真对你有什么伤害的。所以，袁盎才会在得知刺杀消息之后，既不惊慌、也不愤怒，其反应却是不安——所谓"心不乐"尔。从人性都有求生欲的角度看，后一种可能性最大，袁盎既然早就做好了一切防护，怎么舍得死呢？

梁王有充分的理由说明，袁盎一案与自己无关。

究竟是谁杀了袁盎

以韩安国的政治智慧，他比谁都清楚梁王是无辜的。韩安国是梁国内史，梁王的上上下下里里外外，没有一件事能逃出他的眼睛。刺杀袁盎这样的大事，要说别人不知道还情有可原。要说韩安国不知道，就怎么也说不出去了。依照他对梁王的了解，梁王尽管有心夺嫡，也对失去机会而抱恨。但总体来说还是识大体的，梁王的夺嫡方式也是很克制、讲法度的。刺杀汉朝大臣这样的事情，不是梁王这种人能做出来的。事实很明显，梁王是被人冤枉的。天底下，敢冤枉梁王的人可不多。

李全华先生是从"谁受益最大，谁嫌疑最大"的角度上去寻找嫌疑人的，这种方式简单粗暴，未免有先入为主之嫌。我本人更喜欢从另一个角度，即"谁跟梁王有仇"的角度上去分析此事。

跟梁王有那么大仇的人，首先是吴楚叛军余孽。七国之乱虽被平定，但因其结束太仓促，大量叛乱分子得以逃亡。其中，吴王刘濞的王子刘子驹就流亡到闽越国内。此人对东瓯骗杀刘濞一事一直耿耿于怀，经常怂恿闽越攻击东瓯。最终在汉武帝建元三年、建元六年，两次鼓动起战事。那时候距离七国之乱平定，已经分别过去了十六年、十九年。到了那么多年之后，他还没忘记当年的仇怨，可见其对当年之事是恨入骨髓的。而在汉朝君臣中，汉景帝、梁王、袁盎三人都是他所仇恨的对象。杀一人而挑拨起另外两人的嫌隙，让他们自相残杀，可谓一举三得！如此一来，他就能实现父亲几十万大军都没能实现的梦想了。而且暗杀手段也符合他的家族传统，当年吴王刘濞就曾在长安城中布下了大量间谍、刺客，并曾谋划刺杀太尉周亚夫。所以袁盎一案，刘子驹是有很大的嫌疑的。

此外，跟梁王有仇的还有周亚夫。本来周亚夫跟梁王无仇，但因为梁王持续不断地在汉景帝、窦太后面前诉说周亚夫的不是，导致他寝食难安。所谓众口铄金，积毁销骨，梁王一天天损害着汉景帝对周亚夫的信任。就算为了自保，他也有理由做点什么事情出来，狠狠地打击梁王一下。后来梁王帐下邹阳因为走了王皇后弟弟王信的门路，给梁王脱了罪。窦太后大喜，要给王信封侯。没想到周亚夫竟然坚决反对，直至周亚夫下狱饿死，王信才最终封侯。因此，周亚夫也是可以列入怀疑对象的。

第三个嫌疑人就是王皇后了。王皇后倒不是跟梁王有仇，而是梁王威胁到了王皇后，这一点跟周亚夫有点像。这一点正如李全华先生说的那样：王美人虽已立为皇后，子立为太子，而梁为大国，居天下膏沃之地。其军队能抗击吴楚七国联军长达数月之久，梁王又是窦太后爱子，窦太后有意立梁王为景帝太子，虽已被袁盎等说服，不提立梁王为太子事。王美人知道，梁王的存在始终是她和她的儿子太子的最大威胁，哪一天，窦太后反悔，重提立梁王为太子之事，她就很难对付。只有梁王刘武死了，才能消除这个祸根。派人暗杀不行，追查起来可能露马脚。最好的方法是使梁王落入一个杀人圈套，不能自拔，王皇后再从中怂恿景帝追查到底，则梁王虽有窦太后保护，不至于死，亦不能再起，从而不再成为竞争太子的潜在对手。世人都知道，梁王恨袁盎及汉议臣，如派人暗杀袁盎和汉议臣，天下人必怀疑梁王是刺客幕后主使者，那就可以名正言顺地置梁王于死地。

那么三个嫌疑人究竟谁是真凶呢？袁盎一案的一个疑点，就是袁盎本人在见到第一个刺客之后的反应：他没有告诉任何人，但却到一个叫棓生的人那里问卜。问卜的结果，应该是平安无事。袁盎很信任棓生，于是又反身回家。这里有一个神秘人物是棓生，他知道事情的真相，甚至还是袁盎同那一头的联络人。这就说明，袁盎同主谋的关系十分紧密。很不幸的是，刘子驹、周亚夫、王夫人这三人全中了。袁盎在吴国为相多年，跟刘子驹等人十分熟悉。周亚夫也是袁盎多年的好友，还是当朝丞相，位高权重。王夫人本人就更不用提了，是袁盎秘密支持了王夫人夺嫡，所以王夫人才能最终击败梁王，让刘彻成为太子。这样一来，袁盎同王夫人也建立了紧密的联系。然而再进一步分析，谁能让袁盎即便不乐意也得老老实实地返回家中，继续配合演戏呢？这就不是周亚夫所能做到的了。周亚夫虽然贵为丞相，可在袁盎眼里始终是个小字辈。袁盎当年是跟周亚夫的父亲周勃一起混的，怎么能老老实实听命于周亚夫？这么高的风险，周亚夫得给他多少收益？所以嫌疑人基本可以排除周亚夫。

剩下两个人都有可能。虽然在袁盎眼里，刘子驹也是小字辈儿，但因为有多年前的把柄握在人家手上，所以不得不勉强予以配合。王夫人因为身份极为尊贵且手腕太强，袁盎不敢违拗。要想再从中排除出一个人来，只能用后眼，即"以果导因"分析大法。如果如此大事真是刘子驹等人所为，那么世上没有不透风的墙，汉朝肯定会在事后对叛逆余孽有所行动，也会提前收拾闽越国。而实际上，汉朝对叛党余孽是渐渐放宽的，汉武帝一继位就开始种种赦免，闽越也是战事起来之后才有所行动。

至于王夫人，怎么都难以逃脱干系，她有这个动机，也有这个条件和手腕，收获也最大，于逻辑上也讲得通。在袁盎协助她逼退梁王之后，王夫人对梁王仍旧不放心。她与袁盎他们共同策划了一批谋杀案，要以朝臣之死栽赃梁王。比较难以理解的是，王夫人准备牺牲袁盎时，袁盎为何不逃跑。这一点，只能理解成他被骗了。王夫人认为，朝臣之中没有谁比袁盎更有代表性，因此名单中不能少了袁盎。当然了，她说那是演戏，其他大臣之死是真死，袁盎这边只是虚张声势不是真的。袁盎对此极不情愿，但却不敢违拗，只好勉强答应。在见到第一个刺客之后，他怀疑王夫人有假戏真做的意思，于是前去栒生那里质问。只要栒生一句话不对，他就准备逃跑。而栒生让他只管回家休息，保他无事，他信了。栒生在袁盎走后，让刺客抓紧行动，于是袁盎在安陵门外被杀，所有"证据"都指向梁王！

以上分析，韩安国肯定也能想得到。但是此事干系甚大，大到就算你知道梁王冤屈，也不敢为之洗白。所有人都知道袁盎与梁王有仇，所有证据都对梁王不利，这其实都不是问题。问题在于，当王夫人栽赃梁王的时候，你敢为梁王申冤吗？你若为梁王申冤，则无论成败，都是地动山摇。要么王夫人、太子被废，要么梁王被杀，而韩安国和梁国大臣在两种情况下都难逃一死。

水太深了，深到韩安国这样的人都感到恐惧。于是他入宫去见梁王，一见就哭："主辱者臣死。大王无良臣，故纷纷至此。今胜、诡不得，请辞赐死。"梁王这个时候还不明白他的意思，还问何以至此。不就是死了一个袁盎吗，没什么大不了的。而韩安国一针见血地指出，袁盎不过是个引子，背后的阴谋大了去了。他举例说明："大王自度于皇帝，孰与太上皇之与高帝及皇帝与临江王亲？"这还用问，梁王只能说不如了。于是韩安国语带隐晦地说："太上皇与高皇帝、临江王与当今天子都是父子，然而高皇帝一句'提三尺剑取天下者朕也'，就能让太上皇老老实实地当一个富家翁，要想管事没门。临江王刘荣原本是嫡长子，还被封为太子，可就因为一句话说得不对（这里有我们不知道的内情，刘荣被废的直接原因是在汉景帝面前说错了话），被废为临江王；又因为宫垣之事，不得不在中尉府自杀。"说到这里，韩安国解释说，这是因为治天下终不用私乱公。这句冠冕堂皇的话是为后面一句极为要命的话做掩盖——"虽有亲父，安知不为虎？虽有亲兄，安知不为狼？"（引自《史记·韩长孺列传》）

从逻辑顺序上，亲父可以解释成太上皇，那么亲兄又指的谁？所以韩安国其实是站在刘荣、梁王的角度上讲的，无论亲父、亲兄，说的都是汉景帝！——大王，假如这是皇帝本人陷害您呢？韩安国心中最大的担心，是王夫人、汉景帝是帝后合谋做了此事。仅仅王夫人自己，就已经很难办了。要是汉景帝本人也参与进来，梁王不死也得脱层皮！即便梁王这次能过关，将来也难免再次被人陷害。所以他不无担忧地说道："今大王列在诸侯，诛邪臣浮说，犯上禁，桡明法。天子以太后故，不忍致法于大王。太后日夜涕泣，幸大王自改，大王终不觉寤。有如太后宫车即晏驾，大王尚谁攀乎？"（引自《史记·韩长孺列传》）

话说到这里，梁王早就明白了。他没想到自己竟然如此遭人嫉恨，更不敢想象将来窦太后宫车晏驾，人家会怎样对付他？所以，他深为当年的鲁莽无知而感到懊恼与悔恨，也对茫茫前途感到绝望。

韩安国一席话，说得梁王泣下沾襟，只好答应交出"凶手"。然而羊胜二人得知此事后，随即挥刀自杀。这样一来，事情看似得到了解决，实际上却导致形势进一步恶化。按照田叔、韩安国等人的设想，羊胜二人是应该把所有罪责承担起来的。只有他二人承担起来，梁王才能无事。但是这两个自私的家伙竟然自杀了，这下梁王可就说不清楚了。果然，汉景帝那头得知羊胜二人果真是藏在梁王府上，而且还被梁王杀之以"灭口"，气得肝火大旺，险些要下令把梁王直接押解来京。

韩安国立即前往长安，通过长公主的途径稳住汉景帝，为梁王争取时间。而梁王那里，急切之间发动了全部人马，却个个都束手无策。在他最绝望的时候，想起了被他冷落很久的邹阳先生。当初是邹阳先生苦口婆心地劝谏他，不要去争帝位。是自己一意孤行，这才有了今天。唉！

梁王请来邹阳，深辞谢之，赍以千金，只要能帮他解脱罪责另有重谢。邹阳一向是个有担当的人，对梁王也身怀感恩，于是慨然应之。但是他也深深知道，此事非常棘手，不是他一个人能解决得了的。他素来听说，齐国有位八十岁的王先生，是个绝顶聪明的人，于是前去拜见。当他把来意说明，王先生却摇头叹道："难哉！"在王先生看来，汉景帝对梁王的不满情绪，已经郁积很长时间了。汉景帝通过种种手段，希望梁王能自己知难而退，别再希求大位。可是梁王却总是抱有侥幸心理，一而再再而三地争取。汉景帝嘴上不说，心里却早就已经由怨生恨，不尽情宣泄一番是不可能的。这个问题，涉及的是被压抑的人性、人心的正常诉求，以太后之尊，骨肉至亲，犹不能止，况臣下乎？紧接着，他又举秦始皇当年的例子说明，汉景帝这回如此不留情面，实际上是将他对太后的不满都一同倾倒了出来。是太后在立储一事上过于偏心，使得汉景帝一直处于被动局面。他心中能平衡吗？时间一久，能不怨恨太后吗？秦始皇当年杀二弟而幽禁太后，汉景帝保不齐也会盛怒之下杀了梁王，而将太后幽于冷宫。当年齐人茅焦为了让秦始皇放过太后，廷辩之险，可谓九死一生。而秦始皇即便最后妥协了，心里也是不情不愿的。要秦始皇放过太后都这么难复制，更何况要陛下放过梁王？

邹阳知道，秦始皇生母赵太后与嫪毐私通一事，与窦太后支持梁王夺嫡一事并不相同。梁王和窦太后虽然惹得汉景帝心生怨念，但两人毕竟没有触犯什么国法、家法，事情还有个回旋余地。然而其中因为有了王夫人这一变量，就使得情况之危急，不亚于秦始皇当年。邹阳下定决心，即便访尽天下奇人异士，也要帮梁王想出脱身之策来："邹、鲁守经学，齐、楚多辩知，韩、魏时有奇节，吾将历问之。"王先生看他如此笃定，不由心生钦佩，对他说道："子行矣。还，过我而西。"

邹阳在江湖间奔走月余，仍无所获，只好回来再见王先生。王先生说，其实他上次原本有计，只怕别人有更好的，所以一时未献。如今邹阳既然空手而归，他就没了顾虑，可以说出来了。其实他的计策很简单，就是要邹阳去找王皇后的哥哥王长君："若子行，必往见王长君，士无过此者矣。"

邹阳一听此计，立时开悟。梁案之所以复杂，是因为大家即便知道事情可能跟王夫人有关，但她却深藏背后，让人无处使力。出头的汉景帝占据法律的制高点，拥有无懈可击的绝对优势。是以无论韩安国、邹阳怎样努力，都改变不了被动局面，治标而不治本。既然事情的根源在王夫人那里，那就巧入敌后，从她最薄弱的地方下手。她最薄弱的地方正是她的母家亲人，如果说田氏那里还因为家门显赫，不好收集证据；那么王氏那里则是起身平民小户，所作所为都看在人们眼里，在长安待个几天就能收集一大把。正所谓以其人之道还治其人之身，王夫人抓住梁王的"不法事实"不放，那我也抓住王长君等人的小辫子使劲儿揪。兄妹一体，感到危险的王夫人自然会让汉景帝罢手。此外，王先生计策的另一个立足点是看到了窦太后的力量。窦太后虽然偏心，但毕竟没有完全过线。对待梁王方面，只要一看见汉景帝有所不满，她就会警告梁王收敛，要注意尊重汉景帝。所以窦太后还是很好地保全了自己的政治威望的。假如汉景帝真要逞一时之快，那窦太后也一定会予以报复。双方一旦交锋，一定会大动干戈。谁胜谁负不好说，但有一点是可以肯定的，就是谁也不愿意成为其中的炮灰。当初刘荣事败，身后的人成百上千地倒下。王长君久居长安，不会不知道栗卿那些人是什么下场。

邹阳知道这回有把握了，他甚至来不及回见梁王复命，就直接去了长安。果然，当他向王长君晓以利害之后，王长君立时就软了，惧然问曰："将为之奈何？"邹阳告诉他，解祸之道就是劝说汉景帝放弃深究梁案。这样一来，王长君肯定会为太后所喜欢，会发自肺腑地感激你。你甚至能因此而调和王夫人、汉景帝和太后的关系，让王夫人同时为未央、长乐两宫所爱。即便哪天王夫人色衰而爱弛，也还有窦太后在那里保护着。断不会像栗夫人那样，被人一把火烧了个干干净净。他手把手地教王长君怎么说，王长君听一句学一句，随后找机会向汉景帝进言。汉景帝果然是爱屋及乌，王长君一说就中。此时韩安国也通过长公主做了大量工作，最终让汉景帝的心肠软了下来。

到了这一步，田叔终于可以回京复命了。他行车到汉文帝的霸陵，便停下来，将车上装载的梁王谋反的"证据""供词"悉数取出，一火焚之。烧完之后，空手来见汉景帝。汉景帝问他，梁案究竟是怎么回事。田叔很痛快地答道："确有其事，而且是死罪。"汉景帝问，证据在哪里？田叔却说道："上毋以梁事为问也。"他心里太清楚了，汉景帝之所以选定他当督办大臣，就是看在他"通经术，识大体"。这是一个很隐晦的表达，就是要他做出一个令多方都满意的结果。汉景帝要的是梁王俯首认罪，所以他就很干脆地回答梁王确实有罪。但是汉景帝真要把梁王本人怎么着了吗？未必。其实汉景帝在选定田叔的一开始，就已经为本案圈定了范围。田叔是什么人？他是当年参与过赵王张敖辩诬、平反的人，选这么一个人去办理梁案，你说汉景帝心中隐含的意思是什么？不也是要在狠狠地打击一下梁王势力之后，高高举起再轻轻放下吗？所以他这句话一出，汉景帝就明白自己没有选错人，田叔是真懂他的意思的。剩下的话，就是两个人继续揣着明白装糊涂了。汉景帝问："为什么不问呢？"田叔道："今梁王不伏诛，是汉法不行也；伏法而太后食不甘味，卧不安席，此忧在陛下也。"他给汉景帝放过梁王一个很好的理由，就是为太后着想。这样一来，太后也不得不对汉景帝心怀感激了。

田叔来见太后，给出了太后也能接受的一个结果：梁案是羊胜、公孙诡二人所为，梁王本人并不知情。如今，羊胜二人已经伏诛身死，梁王再也不会被陛下追究了。窦太后已经因为梁王一事病倒在榻上，几日水米不进。听到这个消息，心中的石头终于落地，马上起来吃饭。

袁盎的死，早就不是被人关注的重点了。梁案的进展比什么都牵动人心，最后的结果皆大欢喜：汉景帝削弱了梁王的势力，在太后那里找回了平衡；王夫人消除了梁王的威胁，并从太后那里成功讨好；梁王则保住一命，还保住了他的国家。为梁王奔走的几个人，也都得到了奖励：王先生获得千金之赐，并青史留名；田叔从一个被废的大臣而成为鲁国丞相，还让司马迁单独列传；韩安国最终进入汉朝廷，成为御前大臣；邹阳则被梁王重新信任予以重用，根据邹家老谱记载，邹阳后官为王府太傅、万户侯。梁案成了一道盛宴，甚至连王长君也有份儿。从前读《史记·周勃世家》，看到窦太后无缘无故地要为王长君请封，为此还让汉景帝和周亚夫闹了一架，当时就很不理解。根据我读书的感觉，窦太后并不是很喜欢这个心机深沉的儿媳妇，至少没有表现出什么好感。而王长君又有何德何能，能让太后如此大费周章？这就难怪周亚夫会反对，因为此事站在一般人的角度上看，怎么看都会觉得匪夷所思。直到我读了《汉书·邹阳传》，才知道是因为梁王的缘故，不禁大为感慨。

梁园日暮乱飞鸦

梁案结后，梁王申请入朝，亲自向汉景帝谢罪。汉景帝批准了他的申请，并安排了同样的规格接待梁王，以示二人已经冰释前嫌。然而经历了此次生死大劫之后，梁王已经被吓破了胆。他再也不敢像从前那样去相信这个哥哥了，韩安国那句"虽有亲父，安知其不为虎；虽有亲兄，安知其不为狼"的话，始终在他脑海里回响。既然袁盎能在光天化日之下被人弄死，自己会不会也遭人暗杀？梁王这才后悔，不该未经充分准备，就贸然来长安朝见。如今，自己已然入了关，难道还能回去不成？

据说有个叫茅兰的谋士趁机向梁王建议，抛下大队人马悄悄入京。梁王不与韩安国、邹阳等人商议，就换乘布车，由两个心腹骑士保护着潜入长安，藏匿于长公主后园之中。迎接梁王的汉使到了关下，发现梁王的大队车骑人马都在，而梁王本人却不见了。兹事体大，汉使立即向朝廷奏报。窦太后一口咬定，梁王已为人所害。凶手不是别人，而是汉景帝自己："帝杀吾子！"

在码字的最开始我们说过，窦太后早年参与的宫闱之争非常多。她很清楚，政治人物的各种失踪、堕马、生病等事件，多数都是被对手设计好了的。所以当她听到梁王失踪的消息之后，一个本能的反应就是梁王已经被人害了。然而老太后毕竟是爱子心切，导致她失去了正常判断。汉景帝即便真有杀弟之心，也不会选在这个时候下手。现在的汉景帝正要借机宣示他的大度，又怎能害人？可不管怎么说，找不到梁王，汉景帝就有一千条理由也说不过去。不光是对太后无法交代，就连他自己也非常担心背后有什么阴谋。

正当汉景帝焦急的时候，梁王出现了。他在窦长公主的带领下，身伏斧质，来到未央宫阙下谢罪。窦太后、汉景帝喜出望外，急忙出殿迎接。一个好好的、真切切的、没病没伤的梁王跪在面前，他们一见即难以自持，像寻常人家一样相拥而泣。汉景帝如释重负，悉召梁王从关入关。他这才知道，梁王抛下他们偷偷入关的真正原因。从此之后，汉景帝对梁王越发疏远，再也不与之同车出入了。

是的，当年汉景帝做太子时就同车出入的两兄弟，从此生分了。其实这是可以预想到的结局，既为君臣，便很难再做兄弟。汉朝自开国虽然不过五十年，却已经一而再再而三地印证这一定律。汉高祖时期，刘仲、刘交一个被夺国，一个以读书自隐；汉惠帝时期，赵王刘如意被人毒死，齐王刘肥险些被害；汉文帝时期，淮南王刘长也一样与皇帝同车出入，还一口一个大哥。最后刘长落得一个发配四川，死在中途的下场。到了汉景帝继位，因为都是窦太后一母所生，梁王比谁都亲，所以才一再提出不切实际的请求。虽然这其中也有汉景帝本人的过错，可是站在梁王的角度上，是不能把皇帝的酒后之言当真的，不然真会惹来杀身之祸。观察梁案办理全程，只要稍一用力，就有可能像淮南王刘长一样，被定为谋逆案件。好在窦太后还健在，汉景帝手下留情，梁王才得以平安落地。然而汉景帝、梁王两兄弟之间的关系，却在这场政治斗争中摔出了深深的裂痕，再也难以恢复了。

四年之后，梁王再度入朝。朝觐的时间期满后，梁王上书汉景帝，想在长安多逗留一段时间。这是他一向以来的特权，可以在法定时间之外，多留京一段时间。可是这一次汉景帝却没有批准，梁王只好"忽忽不乐"地回国。为了排遣心情，梁王北猎梁山。竟然有人将一个"足上出背上"的怪牛献给了他，让他极为恶心。在我看来，即便这不是所谓的厌胜之术，也多半没安什么好心。

当年六月，梁王发起热病来。此病来得又快又狠，仅仅六天时间，就要了梁王的命。梁王向来慈孝，每当听到窦太后生病，都担心得吃不下饭，常希望能留在长安侍奉。只是因为汉家礼制，才不能多待。窦太后对这个儿子非常疼爱，怎么也不肯相信梁王是病死的。她不吃不喝，悲恸欲绝，对前来看望的汉景帝指着鼻子痛骂："你杀了我的儿子！"汉景帝也非常痛苦，害怕太后会想不开，坏了身子。于是与长公主商议，将梁国一分为五，尽立梁王五个儿子为王，五个女儿也都分得一块私邑。这个分裂梁国的方案竟然让窦太后非常满意，让人不禁怀疑她的政治水平究竟如何。

梁王的后人中，太子刘买继承梁王王位，次子刘明为济川王，刘彭离为济东王，刘定为山阳王，刘不识为济阴王。太子一支享国直至西汉灭亡，而其余四子都因为种种原因，没有传承给下一代。济川王因为射杀其中尉，被汉武帝废为庶人，发配到房陵。山阳、济阴二王都是因为死后无子，被废黜王国。四子中最离谱的是济东王刘彭离，此人素来骄悍，又不学无术。干什么不好，竟然喜欢在晚上杀人越货。好好的国王不当，他当起了强盗、妖精。被他们一帮人所杀的无辜百姓，多达上百人。济东国都知道这是国王所为，无人敢夜里出门。汉武帝得知后将其废为庶人，发配到上庸。

至于太子一支，虽说享国时间不短，但也是奇葩多多，做出来的坏事数不胜数。梁王生前，财富以巨万计。到他死的时候，府库中剩余的黄金尚四十余万斤，其他财物也多得让人咋舌。在梁王的宝库中，最有名的是一个名为"雷尊"的青铜器，价值千金。梁王特意嘱咐后人，一定要好好保管，不能轻易与人。梁王的孙子刘襄做梁王时，他的正宫任王后非常喜爱雷尊，想据为私有。刘襄的祖母李太后却不同意，说："先王有命，毋得以尊与人。他物虽百巨万，犹自

罗经石上恨悠悠

罗经石是汉景帝墓群发掘出来的一块石头。罗经石位于景帝陵封土东南大约300米处，为一平面方形、边长约1.8米的巨石。石上部平面为直径140厘米的圆盘状，圆盘中心有"十"字形刻槽，标志着四方正方向，当地人称其为"罗经石"。测绘及考古工作者猜测，该石为修建阳陵时所使用的测量标石，有测定水平位置、测量高度、标示方位和规划等作用。也有人说该石所刻两道石痕，分别指向汉景帝一生中最重要的两个女人：王皇后和栗姬。

恣。"除了这个雷尊，什么都可以要。可是任王后无论如何，都要得到这个雷尊，别的她看不上。刘襄不理会祖母的反对，径直让人入库取宝，气坏了李太后。他和他的王后往日里就不怎么孝顺李太后，正好赶上汉使来梁国，李太后想当着汉使的面告发他俩。刘襄知道太后有这样的想法，就指使手下拦着李太后，将其关在房门中不让出来。李太后为了能从里面出来，紧扒着门缝，呼唤汉使，依然无缘得见。

当我读到这里的时候，不禁感慨，李太后可是梁王刘武的结发正妻啊，雷尊可是梁王的心爱之物啊，怎么到了子孙那里，竟然得不到丝毫的尊重？那么慈孝的梁王，怎么生出这样的败类？怪不得梁王一死，梁府的重要人士就都飞花四散：韩安国改投汉朝廷为官；邹阳、严忌、枚乘、司马相如四人各回桑梓。枚乘在返乡的时候，因为爱妾不愿跟从，一怒之下与之决裂。司马长卿更是伤感，流连多日之后，终于狠心离开。走前，他再一次回望，叹息道："梁园虽好，终非久恋之乡。"

刘襄与李太后争夺雷尊的事情，到了汉武帝元朔年间终于得到惩办。一个叫犴反的人，因杀人而被通缉。犴反为了报复梁王，上书汉朝告变，将梁王刘襄与李太后争夺雷尊的事情抖了出来。汉武帝派人查验，确有其事。于是武帝判梁王不孝，趁机削梁五县，将任王后枭首于市。

到了刘襄的五世孙刘立时期，更是荒淫到了登峰造极的地步。通奸、杀人等不法行为屡见报端，汉朝一次次予以惩处。最后刘立向朝廷忏悔："立少失父母，孤弱处深宫中，独与宦者婢妾居，渐渍小国之俗，加以质性下愚，有不可移之姿。往者傅、相亦不纯以仁谊辅翼立，大臣皆尚苛刻，刺求微密。谗臣在其间，左右弄口，积使上下不和，更相眮伺。宫殿之里，毫氂过失，亡不暴陈。当伏重诛，以视海内，数蒙圣恩，得见贳赦。今立自知贼杀中郎曹将，冬月迫促，贪生畏死，即诈僵仆阳病，侥幸得逾于须史。谨以实对，伏须重诛。"（引自《汉书·文三王传》）杀了人又装病，为的是能等到朝廷大赦，得以不诛。而后来还真如其所愿，刘立赶上大赦，再次逃脱处罚。最后到了王莽做大官的时代，才将他废黜。

梁王刘武的一生，可谓轰轰烈烈。他身为皇帝至亲，因在七国之乱中立了大功，所以得享泼天富贵。然而，他也因此动了非分之想，从而遭受打击，郁郁而终。他的奢望随着他的故去而泯灭了，但是他的影响却越发深远。班固颇有微词地说道："梁孝王虽以爱亲故，王膏腴之地，然会汉家隆盛，百姓殷富，故能殖其货财，广其宫室车服。然亦僭矣。"（引自《汉书·文三王传》）以梁王为代表的汉朝贵族大事奢靡，严重败坏了当时的社会风气。为此，汉景帝不得不特意下诏，重倡重农、节俭之风："雕文刻镂，伤农事者也；锦绣纂组，害女红者也。农事伤则饥之本也，女红害则寒之原也。夫饥寒并至，而能亡为非者寡矣。朕亲耕，后亲桑，以奉宗庙粢盛、祭服，为天下先；不受献，减太官，省徭赋，欲天下务农蚕，素有畜积，以备灾害。"（引自《汉书·景帝纪》）汉景帝苦口婆心地劝诫，并亲做表率，务农桑，不收奉献。还要减少冗员，降低徭赋，积贮粮帛，以备灾荒。如此种种，就是希望天下人能崇本抑末，回到正路上来。

然而，汉景帝也深知，铺张奢靡从来都是跟强弱兼并、贫富分化相关联的，而后两者又往往跟地方豪强勾结官员有关。钱权勾结，方能使贫者愈贫，富者愈富。所以，铺张奢靡表面上看是一种社会风气，实质上却反映了深刻的经济问题，将来还有可能演变成社会问题、政治问题。

任酷吏，行重典

所以，同样在这份诏书里，汉景帝对社会上的贫富分化、恃强凌弱等现象忧心忡忡，责令严加治理："强毋攘弱，众毋暴寡；老者以寿终，幼孤得遂长。今，岁或不登，民食颇寡，其咎安在？或诈伪为吏，吏以货赂为市，渔夺百姓，侵牟万民。县丞，长吏也，奸法与盗盗，甚无谓也。其令二千石各修其职；不事官职、耗乱者，丞相以闻，请其罪。布告天下，使明知朕意。"

汉朝初年，由于奉行"重农而不抑商"的政策，社会经济得到了全面发展。在长期宽松的经营环境培养下，一大批富商大贾渐渐浮出水面，成为当时社会上的风云人物，为世人所瞩目。

根据《史记·货殖列传》的记载，当时有头面的商业大佬有蜀卓氏、程郑、宛孔氏、鲁曹邴氏、齐刀间、周师史、宣曲任氏、桥姚、关中无盐氏、田氏、韦家栗氏、安陵杜氏、杜杜氏等。这些都是司马迁笔下所谓"章章尤异"之人，因此为之立传。那么这些人都是怎么一个"形状"呢？当然，他们绝大多数人都是勤奋和精明的，但是世上勤奋精明的人千千万，怎么他们就富家了呢？司马迁无意中给我们透露了一些细节，让我们知道他们是怎样出奇制胜，积累起这样的身家的。

首先，囤积居奇，大发国难财。楚汉相争时，米价每石涨到一万钱。囤积了大量谷物的宣曲任氏趁机售出，大发其财。七国之乱时，长安城中的列侯封君资用不足，需要借钱出征。子钱家认为他们的食邑均在关东，而关东成败未决，无人敢借。最后是无盐氏拿出钱来放贷，利息为本金的十倍。

其次，结交权贵，从中盈利。宛县孔氏经常车马成群地访问诸侯，借此牟利。表面上，孔氏挥金如土，乐善好施，实际上他从中得到的好处大大超过了自己的付出。所谓"游闲公子"之名，不过是庸人的浅见而已。齐刀间在结交权贵方面更有规模，他竟发展到让大批奴仆去替他办理。结交权贵让刀间受益巨大，连他的奴仆都能自家富足，以至于当地人说"与其出外求官，不如刀家为奴"。剧孟的交游则更高端，直接跟太尉周亚夫、大将军窦婴这样的人交往，其母死，自远方送丧盖千乘。

最终，大事兼并，尤其是土地兼并。蜀卓氏原为赵国人。秦始皇统一六国时，迁徙富豪离开本地，卓氏也在其中。但与其他富豪不同的是，卓氏并没有选择留在近地，而是远处的临邛。原来，卓氏早就看中了那里肥沃的土地，要将其尽可能地据为己有。果然，卓氏到了临邛之后，经过几代人的努力，占据了那里大片的土地和矿山。又经过精心筹划，最终势压一方，家养童仆千人，田池射猎之乐，拟于人君。同样对土地感兴趣的是宣曲任氏，任氏专买好田好地，世代富有。他们还在自己的庄园中形成了一个经济内循环，非自己田里种的不吃不穿，可见其规模之大、品类之丰。

有意思的是，富豪们的第一桶金却很值得玩味。比如那个宣曲任氏，他家先祖原为督道仓吏。所谓督道仓吏，乃是秦朝官名，说白了就是负责粮仓管理、粮食运输的吏员。按照司马迁的记载，秦末大乱时，豪杰皆争取金玉，而任氏独窖仓粟。所谓豪杰"争取金玉"，就是抢夺官家的金银珠宝。那么任氏"独窖仓粟"呢？原来是将国家的储备粮据为己有，就这样得来的第一桶金！殊不知正是任氏这样的仓鼠，在大乱之世监守自盗，将国家财产据为己有，才导致当时的物价腾跃，人民易子而食。

富豪们以末致财，用本守之，以武一切，用文持之。在获取经济地位之后，又开始向政治层面渗透，千方百计地影响政策的制定。把关乎国计民生的政策，变成私人的武器，责令人民遵守。而官员们早就与之沆瀣一气，更何况有的如石庆之辈，本身就是大富豪，怎么能不为自己考虑？

司马迁在《日者列传》中借司马季主之言说出了当时官场的真相：他们低声下气地趋奉，过分谦恭地讲话；凭权势相勾引，以利益相诱导；植党营私，排斥正人君子，以骗取尊宠美誉，以享受公家俸禄；谋求个人的利益，歪曲君主的法令，掠夺农民的财产；依仗官位逞威风，利用法律做工具，追逐私利，逆行横暴；譬无异于操白刃劫人者也。刚做官时，竭力耍弄巧诈伎俩，粉饰虚假的功劳，拿着华而不实的文书去欺骗君王，以便爬上高位；被委任官职后，不肯让贤者陈述功劳，却自夸其功，把假的说成实的，把没有的变成有的，把少的改为多的，以求得权势尊位；大吃大喝，到处游乐，犬马声色，无所不有，不顾父母亲人死活，专做犯法害民勾当，肆意挥霍，虚耗公家：这其实是做强盗而不拿弓矛，攻击他人而不用刀箭，虐待父母而未曾定罪，杀害国君而未被讨伐的一伙人。

对于官商勾结、鱼肉百姓的情况，汉景帝洞若观火。除了责令臣下洁身自好、各修其职之外，还大量起用酷吏，以严刑重典来整治无法无天的恶人们。用霹雳手段，显菩萨心肠。

汉景帝时期，涌现出来的酷吏有晁错、郅都、宁成、周阳由、赵禹等五人。晁错掀起了削藩大案，郅都将前太子软禁在狱，赵禹监督太尉、丞相周亚夫，所有这些非常之举，都不是一般官员所敢做的。周阳由在汉景帝时为郡守，所居郡，必夷其豪。这个人不管自己职位高低，总要做老大。假如他是太守，则视都尉如县令。假如他是都尉，就会欺凌太守，侵夺他的权力。由此到了武帝朝，周阳由成了二千石高官中最为酷虐骄纵的人，甚至连同为强狠的汲黯、善用法令害人的司马安之都不敢与之同坐。

宁成是穰县人，以侍卫随从之官事汉景帝。他为人好胜，做小官时，定要欺凌他的长官；做了长官就反过来，用司马迁那句话说就是"操下如束湿薪"。控制属下就像捆绑湿柴一样，属于极度控制型人格。他狡猾凶残，任性使威，积官至济南都尉。这时的济南太守正是郅都，人人畏惧的主儿。之前的几个都尉在进见他时，就像县令进见太守一样，规规矩矩、小心翼翼。等到宁成前来，却一直越过郅都，走到他的上位。郅都早就听说过他的名声，于是非但不怪罪，还与他结成了至交好友。——看来，古人说的神鬼怕恶人，一点儿不错。后来郅都因刘荣一案被诛，长安附近的皇族中人多凶暴犯法，败乱治安。皇上召来宁成做中尉，宁成仿效郅都的治理方法，搞得皇族豪杰人人惴恐。

后来汉武帝即位，宁成改为内史。外戚多诽谤宁成之短，将其抵罪髡钳，判处剃发和以铁缚脖子的刑罚。对于九卿级别的官员来说，这已经算是很重的刑罚。宁成认为自己再没有机会做官了，干脆打翻看守，私刻公文，出逃函谷关回家。几年以后，遇上大赦，才敢亮出真面目。

我这人喜欢刨根问底，遇事总想寻个明白。读到宁成的经历时，我总想知道，他当年到底是得罪了谁。通过上文可知，宁成在倒台时，毁谤他着力的是外戚。而外戚中，在汉景帝末年有过牢狱之灾的人又有谁呢？没有明确记载。但是在《张汤传》中我们可以看到，武帝初年张汤之所以能白衣崛起，就是因为他曾经回护过犯事的田胜。田胜是汉武帝的舅舅，因此在汉武帝登基之后大用外戚之时入狱的可能性比较小。又因为是王夫人的弟弟，因此在王夫人正得宠的郅都时代入狱的可能性也比较小。综合来看，他最有可能是在汉景帝末年，王夫人色衰爱弛之际犯法入狱，这也正好与张汤出道的时间相吻合。

三证合一，确属田胜无疑：宁成正是因为得罪了田氏外戚，而非窦氏外戚或者别的什么宗室子弟，所以他才会在汉武帝登基之后，觉得自己再也没有机会做官了，索性越狱回家。

无论是晁错，还是郅都、宁成、赵禹、周阳由，他们都不是传统意义上的好官。晁错苛刻却有大略，郅都愚忠却正直无私，宁成骄纵却敢对权贵亮剑，赵禹酷急却从不冤枉好人。只有周阳由最为横暴无法，所爱者，挠法活之；所憎者，曲法灭之。然而周阳由也遭到了报应，畏罪自杀。可以说，汉景帝起用的这批酷吏属亦正亦邪之辈，考虑到当时世风日下的大环境，矫枉过正是必须的。

不患其不勇，患其为暴也；不患其不富，患其亡厌也。汉景帝任用酷吏，对不法权贵狠狠打击，拆掉了地方豪强的后台，而郅都等人又在地方上直接对不法豪强下手，使之不敢公然兼并土地、欺凌弱小。洛阳剧孟、符离王孟、济南瞷氏、陈周肤均以豪猾闻名。景帝闻之，使使尽诛此属。汉景帝以其雷霆手段，给《货殖》豪强们发出了严厉的警告。从此之后很长一段时间内，货殖豪强们不得不奉公守法，低调从事。那个宣曲任氏，还因为节俭持家，成为闾里表率，"富而主上重之"。

周亚夫之死

梁王死后，汉景帝再次改元，仿佛生命又进入了一个新的周期。他每天接受群臣的朝贺，按部就班地临朝施政。在保持这个国家的稳定的同时，也在尝试对失政之处进行修补。他进一步减轻了笞刑，一再劝勉农业，不断地增强战备。整个国家在他的治理下，渐渐达到了一个政治清明、经济繁荣、和平稳定的黄金时代。然而他的身体毕竟一日不如一日，他敏感地察觉到自己已经进入了倒计时。苍天对任何人都是公平的，即使是帝王，也不能真的万岁，这一点他看得很开。所以他从不相信方术，迷信什么长生不老之药。正因为知道自己大限不可避免，所以汉景帝一早就开始为身后准备。说一千道一万，他最担心的还是刘彻。刘彻才十三岁，怎么能平平稳稳地继承皇位，掌管这个国家呢？

于是他以卫绾为丞相，以直不疑为御史大夫。卫绾是刘彻的太子太傅，跟刘彻有师生之谊，他同直不疑二人都是真正的君子。有他俩做辅政大臣，刘彻当不至于被人架空，被人欺负吧？可是汉景帝很快又担心这俩人太弱势，恐怕不能震慑内外群臣，尤其是在野的军部大佬周亚夫。

周亚夫是汉文帝预留给汉景帝的一柄屠龙宝刀，汉景帝用他平定的七国之乱，立下了不世之功。可是这个人也给汉景帝带来了巨大的烦恼，早在七国之乱时，他就发现周亚夫为人专横霸道。要他解救梁王，周亚夫公然抗旨不遵。不光霸道，他还形迹可疑，同剧孟这种人有交往。最关键的是，周亚夫在立储一事上，曾经坚决反对立刘彻，而主张保持刘荣的地位不变的。别人反对刘彻也就罢了，周亚夫也反对刘彻，可是一个很严重的问题。综合这三方面的因素，无论如何不能让汉景帝放心。

所以他很早就在周亚夫身边安插了眼线——赵禹。赵禹是右扶风斄县（今陕西武功西南）人，因为才华卓著，年纪轻轻就以佐史的身份出任京都官府吏员。汉景帝三年，周亚夫统兵数十万平叛。为了防止武将专权，赵禹被汉景帝派往太尉身边侍奉。赵禹在周亚夫幕府，将太尉的一举一动都详细记录下来，向汉景帝汇报。时间一长，周亚夫感到浑身不自在。后来周亚夫担任丞相，赵禹又被汉景帝钦定为丞相长史，府中都称他廉洁公平。可是周亚夫却说："极知禹无害，然文深，不可以居大府。"我很了解赵禹才能无比，但他执法深重苛刻，不可以在大府工作。周亚夫就是如此直白地告诉大家，他不喜欢赵禹，也不欢迎赵禹在他身边工作。这简直就是对赵禹下了逐客令，要他滚蛋。可要不要赵禹滚蛋，周亚夫说了不算。赵禹在汉景帝的支持下，硬是在周亚夫身边工作到他被罢相，甚至罢相之后还以各种方式监察他。根据《史记》记载，赵禹后来与张汤制定"见知法"，要求官吏相互监视，相互侦察，相互告讦。能有这种创意，相信跟他在周亚夫身边的长期工作经验是分不开的。

对于周亚夫私交剧孟，汉景帝一直耿耿于怀。他最忌讳大臣与江湖人士有来往，越是高层越得守规矩。虽说剧孟在七国之乱中支持汉朝，可是这种人素无根基，反复无常。今日投机汉朝，将来谁知道又向着哪里？自古侠以武犯禁，剧孟这种人本身就是太平盛世的危险分子。周亚夫一个太尉、丞相级别的人，跟这种人搅和在一起干什么？

就算什么也不干，起码也起到了一个很坏的带头作用。听说除了周亚夫，连袁盎等人都与之交往，背后还不知道有多少人。真是上有所好，下必甚焉。长此以往，难保他不会打着朝廷的旗号做坏事。正是出于这样的心理，后来汉景帝果然抓住了剧孟，将其处死。

剧孟的落网和处死，既是汉景帝对周亚夫的一个严重警告，也是对周亚夫暗黑势力网的沉重打击。汉景帝从中收集了周亚夫的部分不法事实，更密切地掌握了周亚夫本人的一些关键信息。可以说，这是对周亚夫的一次精准打击，值得周亚夫收敛锋芒、谨慎从事。可是周亚夫向来以元勋自居，并没有把这小小信号放在眼里。或许是他觉得自身坦荡，没有人真能将他怎么样吧。所以周亚夫依然故我。

世间所有的悲剧，就是诞生在类似的剧情中。俄狄浦斯王在大灾来临之时，还在向神明祈求赐给他启示，告诉他是什么原因使得神明如此动怒，降下这样的灾祸来。当他知道，原来这灾祸竟然是他无意之间亲手造成时，他顿感命运的捉弄："神们都恨我！"周亚夫可能从不觉得，自己在皇帝心中成了巨大的威胁。然而汉景帝却决不能忽视可能存在的风险，他既然选择了刘彻就要为他解决路上的障碍，让他平平稳稳地继位。所以他一而再再而三地约束、削弱周亚夫的势力，将周亚夫对刘彻可能的威胁，降低到一个可控的范围内。只要能控制住，汉景帝就没有必要非得下狠手。

周亚夫被罢相四年之后，汉景帝觉得有必要亲自测验一下周亚夫现在是不是已经驯服了。于是在后元元年，汉景帝单独召见周亚夫，于禁中赐食。赐食的方式很独特，只在案板上放了很大一块肉，不切开，也不给筷子。当年鸿门宴上也有过类似的一幕：项羽赐给樊哙很大一块肉，还是生的。樊哙拿随身佩剑将其切开，大口大口地吃掉。汉景帝这么做的目的，就是要用这种近乎刁难的方式，看看周亚夫究竟如何表现。汉朝立国之后，规定武将不能带剑上殿，所以周亚夫没法复制樊哙模式。那么他该如何做呢？这就是汉景帝想知道的。假如周亚夫能站起来手撕大肉，痛痛快快地吃掉，说明周亚夫还是那个耿直的汉子，但对汉景帝的安排还能坦然接受，威胁性也降低多了。假如他能像石奋老先生那样，趴在案板上恭恭敬敬地吃，那么汉景帝会认为周亚夫已经完全不具备威胁了。而周亚夫最终的表现则是最不该有的"心不平，顾谓尚席取箸"。一脸的不满意不说，还想向庖厨索要筷子，这就是完全没有被驯服了。汉景帝全都看在眼里，冷笑道："你还不满足吗？"周亚夫听到皇帝发话，似乎对自己有所不满，因此顿首谢罪。汉景帝要他起来，他则顺势请辞，用这种方式向汉景帝表示不满。

所以汉景帝才会看着他的背影，一字一句地说道："此怏怏者非少主臣也。"

汉朝历史上负有怏怏之名的，之前就只有一个韩信，韩信是什么结局大家都知道。所以这样的定性是非常可怕的，其结果只有死路一条。到了这个时候，汉景帝俨然已经对周亚夫动了杀心。

没过多久，就有人上书告变，说周亚夫父子私自买卖武器，图谋不轨。《史记》中说，这是周亚夫的儿子预先为父亲准备下葬之物，所谓图谋不轨纯属下人诬陷。而我却认为，所谓诬陷则有之，所谓葬器则不可信。当年周亚夫统兵数十万，尚且没有谋变。如今赋闲已久，敢不安分？而见不得人的交易被发现，就说是葬器，如此一来几乎任何违禁物品的持有都能做此开脱了。其实，这就是一个简单的违法案件，不是图谋不轨，但也绝不是葬器，而是"都这么干"。可能有人会觉得我这是在污蔑，没关系。还记得七国之乱时候的情景吗，汉军为了采购甚至都到了不惜借高利贷的地步。作为两大主帅，窦婴把皇帝的赏赐都拿出来分享，周亚夫则没有任何的表示。当然了，这是皇帝给主帅个人的赏赐，但这最起码说明了在国家危机之时，两个人对于财富分别是什么样的态度。由此推理，和平时期周亚夫家族倒卖军火一点不奇怪，他也完全可以拿"风气"为自己辩护。所以当吏员奉旨责问周亚夫时，周亚夫甚至都懒得回答。有什么大不了的，在他看来。

这样的态度彻底激怒了汉景帝，汉景帝要他到廷尉府去交代。这就是将案件上升到了法律层面，一是一二是二了。果然，廷尉一上来就问道："君侯欲反何？"周亚夫没想到廷尉会这么定性，只好解释道："臣所买器，乃葬器也，何谓反乎？"廷尉冷然笑道："君纵不欲反地上，即欲反地下耳！"

杀人诛心。周亚夫这才明白，原来这一切就是要置他于死地。明知道这就是倒卖军火而已，明知道这是军队里的潜规则，居然还故意上纲上线，利用潜规则不便明说的特点，将其解释成谋反。苍天！苍天！枉做了一世英雄，如今这样被人定罪，真是可笑啊！周亚夫打定主意，再也不发一言。当初在廷尉府来抓捕他，周亚夫就曾想自杀，但被夫人阻止。如今进了监狱，他就没再打算活着出去。父亲周勃在狱中所经历的一切屈辱，他也不想再有。他不想见汉景帝，不想求宽恕，也不想对狱卒低头抢地，花钱出去。他只想有尊严地死去，快点死去。于是五日之后，他就在狱中饿死。

遥想当年，许负算定周亚夫会被饿死，而他让汉景帝动了杀心的竟然是一次赐宴，大块的肉食。更令人唏嘘的是，当年许负算定周亚夫是祸从口出，谁承想压倒他的最后一根稻草，竟然是沉默。

毫无疑问，平定七国之乱的第一功臣是周亚夫。要不是周亚夫在平叛中提出了"以梁委吴"、后发制人的一系列狠招，并冒着抗旨的风险，坚决予以贯彻执行的话，七国之乱很有可能是另外一番样子。这绝对不是危言耸听，不信的话，我们可以参照安史之乱中相关人士的表现以及后果。

天宝十四年，安禄山率领十五万大兵，以讨伐杨国忠为名，杀向洛阳、长安。唐军一路败退，甚至连洛阳都丢了，只得退守潼关，坚壁不出。这时，唐玄宗想到了病废在家的哥舒翰，命其领军二十万，赴潼关拒敌。哥舒翰乃一代名将，对当时形势看得十分清楚，他数次上疏唐玄宗，说安禄山虽然占据了河北广大地区，但手下尽是蕃将胡人，所到之地烧杀抢掠，百姓决不会归心。如果唐军坚守潼关，叛军久攻不下，一定会军心涣散，众叛亲离，到时趁势出击，大局可定。当时形势也确实向有利于唐军的方向发展，各地捷报频传。很快，李光弼与郭子仪就接连大败叛军史思明部，切断了叛军前线与范阳老巢之间的交通线，叛军东进被张巡阻于雍丘，南下又被鲁灵阻于南阳，安禄山腹背受敌，一度打算放弃洛阳，回老巢范阳固守。潼关在哥舒翰的经营下，固若金汤，叛军主力对潼关发起一次又一次的进攻，延续半年之久，都劳而无功，西进长安的目标变得十分渺茫。此时的情景，多像汉军平定七国之乱时期的梁国坚守不下、韩颓当断敌军粮、周亚夫坚守不战之事？面对唐玄宗的出战要求，哥舒翰再三劝谏不成，只好恸哭出关。仅仅四天之后，唐军即在灵宝大败，二十万大军仅剩八千人。从此之后，安禄山直入长安称帝，而唐玄宗也仓皇奔蜀，动乱一直持续了八年之久。

没有比较就没有鉴别，有人看史书，觉得周亚夫作为当世名将，深受皇帝信任，其所作所为理应如此，取胜也是理应如此，没有什么稀奇的。可是哥舒翰不一样是当世名将吗，不也是一样深受皇帝信任吗？假如当时周亚夫也像哥舒翰一样，没有顶住压力，仓促出兵，很有可能也会像后者一样兵败于叛军。那样的话，吴王刘濞就可能绕过睢阳直接入关，跟安禄山一样攻占长安了。

对于周亚夫之死，鄙人深感痛惜。当年七国之乱起，举国慌慌，心无定主。是周亚夫挺身而出，战胜了一切压力，赢得了胜利。可当他的政治人生全面溃败的时候，满朝文武竟无一人为之说情。

> 我就像一棵大树，风雨来时，所有人都到我身下避雨。可是到了雨过天晴，又都离我而去。
>
> ——莎士比亚戏剧《科里奥兰纳斯》

我不知道耶路撒冷是否理解，如果是我毁灭了他，我的出发点也是为了毁灭自己的恻隐之心。他在我眼里并不是一个人，甚至不是一个犹太人，他已经成为我灵魂中那个可憎的区域的象征。我同他一起受苦，一起死去，在某种意义上同他一起消失。因此我心如铁石，毫不容情。

——博尔赫斯《德意志安魂曲》

汉景帝后元三年正月的第一天，病重中的皇帝在太子刘彻和宫人的搀扶下，艰难地驾临未央宫前殿。在接受满朝文武的朝贺之后，汉景帝颤巍巍地接过玉玺，签发了是年第一道诏书：

"农，天下之本也。黄金、珠、玉，饥不可食，寒不可衣，以为币用，不识其终始。……其令郡国务劝农桑，益种树……吏发民若取庸采黄金、珠、玉者，坐赃为盗。二千石听者，与同罪。"（引自《汉书·景帝纪》）

这道诏书毫无新意。四十八岁的汉景帝像八十四岁的老奶奶一样絮絮叨叨，再一次强调农业在这个大国中的根本地位，告诫民众要重视农桑种植，不要舍本逐末。为了贯彻这一思想，汉景帝要求各级官吏对农民要多加劝勉，而且要从自我做起，严格执行重农政策。如有为官而经商者，一经发现严惩不贷。在此前的章节中，我们已经详细分析过汉朝尤其是汉景帝经济政策的本质，这里就不再赘述了。熟悉历史的我们知道，汉景帝的火焰已经接近熄灭，到了对他的一生进行回顾和评价的时候了。

一

中国古代有三个著名的治世，分别是西周的"成康之治"、西汉的"文景之治"、唐朝的"贞观之治"。开创这些治世的君主，也往往能以其明君的形象而流芳百世：周成王被评价为一个能够统御四方、刚柔并举的"宪圣"之主；汉文帝则被称之为"以德化民"的仁君。至于唐太宗李世民就更不用说了，这位大唐王朝的实际缔造者被各族人民尊称为"天可汗"，成为大帝级的人物。

然而这些治世时期的君主当中，有一位皇帝的形象却不那么正面，那就是汉景帝。从《史记》开始，汉景帝就饱受非议。司马迁虽然没有直接予以批评，却借批评晁错，间接批评汉景帝。后世有人说汉景帝本人没什么能耐，之所以能有"文景之治"的份儿，纯粹是因为他的父亲汉文帝开创了一个大好的局面，他跟着沾光而已。有的人则对他大加挞伐，苏东坡的弟弟苏辙就说，汉"景帝忌克少恩，无人君之量"，跟汉文帝不可同日而语。不光不是个明君，甚至连一个好的父亲和兄弟都算不上，"失道"的地方多了去了，能守住江山并且混一个"贤君"的名号，无非只是做到了"恭俭"而已。

自2000年第一次读《史记》以来，我对汉景帝也没有什么好印象。我一直觉得汉景帝太残酷、太急躁，所以会登基三年就惹出了七国之乱这样的大乱子。如果没有名将周亚夫，大汉江山甚至会毁在他手里。直到有一天，我在梳理中国历史上几次著名的叛乱的时候，被一组数据震惊得目瞪口呆：

时代	叛乱名称	发动者	延续时间	伤亡情况	最终结果	后世影响
西周	三监之乱[1]	三监、武庚	三年	不详	平定	成康之治
西汉	七国之乱	吴王刘濞等	三个月	10万	平定	文景之治、汉武盛世
西晋	八王之乱	司马亮等	十六年	50万+	叛乱胜利	西晋亡国
唐朝	安史之乱	安禄山、史思明	八年	30万	言和	唐朝由盛转衰

明朝	靖难之变	朱棣	四年	56万	叛乱胜利	永乐盛世
清朝	三藩之乱	吴三桂	八年	1亿?	平定	所谓的"康乾盛世"

注(1)：武王伐纣之后，封纣王之子武庚于商都，延续殷之祭祀。并将商的王畿分为三个封区，分别由武王弟管叔、蔡叔、霍叔统治，以监视武庚，称为三监。

从以上数据中可以看出，在上述六次中国历史上最著名的叛乱当中，完全被平定的仅仅有三监之乱、七国之乱和三藩之乱。而汉景帝时期平定的七国之乱，在全部六次叛乱中，历时最短，伤亡人数最少，后续时代不光延续了文景之治，而且还直接催生了伟大的汉武盛世！

为了方便大家理解，简单介绍一下其余几次叛乱：

三监之乱源自西周王朝建立后，周王室内部的互不信任以及商朝遗民的阴谋。这次叛乱耗时三年才被平定。三监之乱爆发时，周成王年方十五岁，尚未亲政，自然也没能力平叛。叛乱能够平定，是因为成王身边有周公、召公、姜太公等一大批老司机坐镇，周公本人甚至亲自领兵出征东方。然而在平乱之后，周朝中央竟然进一步分封了大量的诸侯王，并且丝毫没有对他们的权力加以限制。由此，周成王平定三监之乱的功绩几乎全部被冲销掉，为春秋战国的大乱埋下了肇因。

八王之乱耗时十六年，伤亡五十万人以上，最终太傅、东海王司马越辅政，掌握了朝廷大权，实际上取得了胜利。这次叛乱历时最久，人民被杀害者最多，社会经济遭到了严重破坏，国家力量消耗殆尽。社会矛盾、民族矛盾接连爆发，最终导致了近三百年的大分裂，给中华民族带来了不可想象的灾难。这是性质、规模上最像七国之乱的一次，不幸的是，叛乱的诸侯王还成功了。

安史之乱是一次最不该输的平叛，唐朝有李隆基这样的极具权威的天子，还有李光弼、郭子仪、高仙芝、封常清、哥舒翰、仆固怀恩、鱼朝恩等一大批天神一样的军事统帅，再有全国上下的支持。可就是这样的局面，还是反反复复打了八年，才在保留安禄山、史思明旧部利益的前提条件下，被勉强地"平定"。这次叛乱是中国历史上后果最严重的叛乱之一，大唐王朝经历了一次空前的浩劫，"人烟断绝，千里萧条"，伟大的唐王朝自此进入了藩镇割据、宦官专权、牛李党争的黑暗时代，直至灭亡。这次叛乱的影响极为深远，边疆重镇上的武将成为王朝中央的噩梦，不得不屡屡加以限制，以致矫枉过正。赵匡胤建立宋朝后重文抑武，宋高宗赵构杀害岳飞，都可以看作这一事件的恶果。

靖难之役打了四年，燕王朱棣以一镇之力对抗朱允炆百万大军，最后居然长驱直入占了南京。这次叛乱是一个修成正果的叛乱，朱棣成功登上了皇位，朱允炆则火烧皇宫下落不明。

三藩之乱源自康熙轻率撤藩，激起吴三桂等藩王的不满。这次叛乱自西南边境开始，席卷大半个中国，号称"千古一帝"的康熙足足打了八年才勉强平定。而这过程当中，清军烧杀平民无算。《清史稿·王骘传》中记载的一封奏疏中说"四川祸变相踵，荒烟百里，臣当年运粮行间，满目疮痍。自荡平后，休养生息，然计通省户口，仍不过一万八千余丁，不及他省一县之众"。荒烟千里，满目疮痍，史书一段文字，人间多少生死。这次叛乱平定之后，清朝全面加强了对全国的统治，民族歧视、闭关锁国、文字狱等政策，让中国进入了科学落后、民生凋敝、文化窒息的"康乾盛世"。

比较一下平定七国之乱的过程和后续手段，就可见汉景帝的厉害之处：

与平定三监之乱的周成王相比，汉景帝全靠自己调兵遣将。他谨遵汉文帝教诲，起用周亚夫为平定吴王、楚王的方面军统帅，统领三十六名将军和汉军主力平定叛军的核心力量。此外，还大胆起用窦婴、栾布等一大批将领平定齐国、赵国。他没有唐玄宗的权威和经验，却获得了举国一致的支持，汉朝贵族阶层和平民纷纷投身平叛大军。他不是所谓的"千古一帝"，可是面对同样在边疆经营数十年的大国藩王刘濞等，他却比康熙更迅速地平定了叛乱。其实他当时的身份、处境最像朱允炆，可是他却能施展灵活的手腕，以一整套令人眼花缭乱的政治操作，来笼络最多的力量，为自己争取更多的时间和空间。为此他不惜以皇位为诱惑，成功激起了梁王刘武对中央不可动摇的忠心，扩大了汉朝中央政权的安全边疆；他不惜牺牲自己的老师晁错，换来内部的团结一致。他以和谈为幌子，给平叛争取更多的时间。他比谁都有眼光和魄力，能果断抛出全部筹码，来押注大汉的明天！

汉景帝在平叛过程中的很多步骤，都受到后世的非议。可是这些步骤组合起来，却是一整套复杂而又精致的战略战术。汉景帝在极短的时间内，完成了这一整套腾挪运作，让人目不暇接，如堕云里雾里，却让汉帝国绝处逢生，并且能在三个月的极短时间内平定叛乱，把对社会和人民的伤害降到了最低。之后，汉景帝又迅速收回了太尉周亚夫等人的兵权，避免了武将势力坐大。

这次叛乱被平定之后，汉景帝趁势大力削藩，收夺各诸侯国的支郡、边郡归朝廷所有。继续推行贾谊"众建诸侯而少其力"的计划，先后分封了诸皇子为诸侯王；取消诸侯王任免封国官吏和征收赋税的权力，诸侯王不得继续治理封国，由皇帝派去官吏；改革诸侯国的官制，改丞相为相，裁去御史大夫等大部官吏，使诸侯王失去了政治权力；规定诸侯王不能自治其国，无权过问封国的政事，只能按朝廷规定的数额收取该国的租税作为俸禄，把诸侯王生生勒成了一帮穷鬼。对于七国之乱中因立下大功而急速崛起的梁国，对于兼具宗室和大功臣地位的梁王，汉景帝则施展政治手腕，谨慎而又耐心地与之周旋。经过长达十余年的运作，终于在耗死了梁王之后，将梁国一分为五。

汉朝在汉景帝的经营下，基本解决了诸侯王问题，有汉一朝，诸侯王再也不能掀起大的政治风浪。中央的权威得到了空前的加强，社会经济迅速发展，为汉武帝盛世的到来铺平了道路。

这才是最伟大的平叛，最成功的削藩。有此一事，就再也不能对汉景帝等闲视之。

二

苏辙说汉景帝"忌克少恩，无人君之量"。为此，他举了吴王濞世子、张释之、邓通、晁错、周亚夫、刘荣、梁王等人的死来证明，汉景帝"于君臣、父子、兄弟之际，背理而伤道者，一至于此"。这简直是把所有责任都推到了汉景帝身上。我并不讳言，关于吴王濞世子的死，时为太子的刘启负有不可推卸的责任。可一个巴掌拍不响，世子一方就没有过错吗？他们来到长安之后，有收敛起在吴国养成的坏习气，安安分分地尽臣子之道吗？有老老实实地遵守汉家的各种规章法纪，进退之仪吗？我想他们并没有。因为如果连刘启本人都忍无可忍的话，可想世子和他的师傅们会是何等骄横。

关于张释之，我曾经以卫绾作对比，加以论证。张释之与卫绾都得罪过时为太子的刘启，汉景帝如果真是睚眦必报的人，何以对两人一个升赏一个贬斥？因为汉景帝一眼就看出，他们当中一个是守志君子，一个是投机小人。对于卫绾，汉景帝一再予以重用，最后升为宰相。对于张释之，汉景帝酌情将其贬到地方上。至于张释之的死，也能赖到汉景帝头上吗，世上谁人不死？

关于邓通，他有什么好委屈的呢？他无尺寸功，就将齐天财富据为己有，此人不除，你叫汉景帝怎么对天下人交代？所以他的下场我一点都不觉得可怜，而是觉得这一天怎么来得这么迟。

关于晁错，我曾经仔细研究过他最后的日子。我发现他的死，有四方面的因素：首先是他因为父亲的死而举措失当，错失良机；其次是政敌袁盎、窦婴、陶青等人乘虚而入，以平叛为要挟，要汉景帝除掉晁错；再次是汉景帝对晁错感到失望，又惑于袁盎、窦婴等人的言论，产生了致命的动摇；最后是中尉程嘉在违反汉景帝旨意，在半路痛下杀手，让汉景帝追悔莫及。晁错的死，汉景帝固然有其责任，然而袁盎、窦婴、陶青、程嘉甚至背后神性隐约的周亚夫也难辞其咎。可以说，袁盎、窦婴、周亚夫等人的最终结局，在一定程度上就是为他们当年害死晁错而付出的代价。

我这么说周亚夫，一般人难以接受，其实连我自己都不愿意相信。周亚夫平定七国之乱，为文景之治的延续做出了重大贡献，是汉朝四百年数得着的名将。可是周亚夫也有私心，他要取代平阳侯成为平叛主帅。所以他才会很早就与袁盎、窦婴等人结成一党，由袁、窦二人做谜面，他来做谜底。在他那样高的位置上，进行这样的政治斗争是再正常不过的事情。可是政治斗争从来都是有输有赢，谁都不会一帆风顺。周亚夫赢了晁错、平阳侯，可是他却被自己的成功所迷惑，以为自己在哪里都可以一言九鼎。他要插手立储事宜，他要进一步排挤平阳侯，最终引起了汉景帝的警觉。汉景帝出于本能，开始一步步削弱周亚夫的势力，在将其罢相之后足足冷了他好几年，就是要他好好反省，收敛锋芒，修身养性。汉景帝晚年自觉来日无多，担心太子年幼无法驾驭朝臣，于是再一次测试了周亚夫。最后汉景帝失望地发现，周亚夫这些年来一点都没变，他不得不做出这样的结论："此怏怏者非少主臣也。"汉景帝不可能给年幼的太子留下一个他管不了的人，所以桀骜不驯的周亚夫必须死。

刘荣的死，发生在汉景帝任用酷吏痛打权贵的大背景下。在此之前，关中的权贵们可谓无法无天，什么骇人听闻的事情都做得出来。汉景帝恨得咬牙切齿，派酷吏狠整关中的风气。那时候的酷吏之所以是酷吏，就是因为他们最勇敢，最无私，谁的面子都不给。管你是什么公侯贵族，犯了法一样治罪。很多权贵被关进了监牢，王夫人的弟弟田胜就是其中之一。至于刘荣的入监，对汉景帝来说何尝不是一种考验。所以人都在看着他，想知道究竟他的整治是来真的呢，还是只做个样子，或者打着整治旗号暗地里搞政治斗争？汉景帝知道，只要他稍微一手软，那么整治关中的所有努力都将前功尽弃。所以他闭上眼睛，任由郅都将这个没出息的孩子送进了大牢。这下所有人都无话可说了。可是刘荣却想不开了，他以为自己受人陷害，他以为父亲不懂他的心，他以为自己一死即可明志。

至于梁王，我在书中用了大量篇幅去写汉景帝和他的周旋，写到我自己都有点没耐心了。我相信读者们会理解，汉景帝在对待梁王一事上，究竟有没有苏辙所说的手足之情。

以上七人的案例，有的是咎由自取，有的是错上加错；有的是仁至义尽，有的是被逼无奈。虽然这七个人都有人同情，但没有哪一个可以明确无误地证明汉景帝是一个"忌克少恩"的人。再退一万步说，就算这七个人千真万确是汉景帝杀错了，也不能就此认定汉景帝无情无义。因为这七个人没有一个人不是权贵阶层，而要想论证汉景帝如何如何，可不是这七个人说了算。

汉景帝时期，针对当时笞刑太重，"外有轻刑之名，内实杀人"的情况，一再下诏减刑。先是将笞五百变为三百，三百变为二百。后又将三百变为两百，两百变为一百。并要求大臣议定箠令，当时的丞相刘舍、御史大夫卫绾与大臣经过讨论提出建议说："箠者，墨长五尺，其本大一寸，其竹也，末薄半寸，皆平其节。当箠者笞臀。毋得更人，毕一罪乃更人。"对刑具的大小式样做出了严格的限制，并且要求在行刑中不得换人，从而减轻了受刑者的痛苦。中元二年，又下诏废除了寸磔的酷刑。

汉景帝除了注意减轻刑罚外，也十分重视法制建设。如确立夏审制，准许受审者上诉，确实受冤者给予平反等，使法制日趋完善。在中元五年，汉景帝下诏说："法令度量，所以禁暴止邪也。狱，人之大命，死者不可复生。吏或不奉法令，以货赂为市，朋党比周，以苛为察，以刻为明，令亡罪者失职，朕甚怜之。有罪者不伏罪，奸法为暴，甚亡谓也。诸狱疑，若虽文致于法而于人心不厌者，辄谳之。"也就是说，由于执法的官吏贪赃受贿，对人罗织罪名，虽然按律文定罪而犯人如果不服可上诉，有关部门应及时会审平议。后元元年，汉景帝又特别下诏对刑狱案件要求慎重处理，疑难案要复审。诏书说："狱，重事也。人有智愚，官有上下。狱疑者谳有司。有司所不能决，移廷尉。有令谳而后不当，谳者不为失。欲令治狱者务先宽。"在诏书中强调，对案件进行复审，原先审判有错误，原审判者不算过失，这表面看来是对原审判人宽宏，实际上是避免在复审时原审判人从中捣鬼、阻挠；如果审判时发现原判有错误，即对原审判人进行重惩，复审时势必遭到原审判人的阻挠和破坏。这样做可以使复审顺利进行。法制经过汉景帝改革，更适应于社会现实。后元三年，汉景帝再次下诏，要求施刑时对老年和妇孺进行照顾："高年老长，人所尊敬也；鳏寡不属逮者，人所哀怜也。其著令：年八十以上，八岁以下，及孕者未乳，师、侏儒当鞠系者，颂系之。"所谓颂系，据颜师古解释，就是"宽容之，不桎梏"。这样体现了人道主义原则的法律制度，到现在仍具有很强的指导意义。

刑罚减轻，申冤有望，更法律不再冰冷。汉景帝是否"忌克少恩"，人民应该更有发言权吧？

三

在写本书的第一章，我就发下了一个宏愿，要不偏不倚地研究一下汉景帝，看看他到底是个什么样的人。其实说实话，我在研究之前，是带着一定的成见来的，我不太赞赏汉景帝的很多作为，倒是很认同苏辙等人对他的负面看法。但是随着研究的深入，我就越发发现，汉景帝是一个了不起的人，是一个很值得尊敬的人。之前的种种误解，是因为没有放到具体环境中去，而是断章取义的结果。我为我的浅薄而感到惭愧之余，越发觉得有必要将我的研究进行下去。如前所述，汉景帝不是一个平庸的人，也不是一个无情无义的人，而是恰恰相反，他有极强的能力，又有极其温热的心。除此之外，还有很多很多的性格和侧面。我要用我并不精巧的手，为汉景帝画出一幅画像来。

汉景帝是一个不尚空谈，甚至有点不善言辞的人。他被窦太后误会杀了梁王刘武的时候，像个孩子一样委屈地说"无有"，却不加以解释。他的诏书像老太太教育儿孙一样，通篇总是"农，天下之本也"的陈词滥调。他一句"千秋万岁后传位于梁王"的话，虽然达到了一定的政治目的，却也给自己带来了很大的麻烦。然而汉景帝虽然沉默寡言，却能够看穿善言者的虚伪。七国之乱平定以后，窦太后想让窦婴出任丞相，汉景帝却否定了母亲的建议说："魏其者，沾沾自喜耳。"

他不善于表达自己，不喜欢那些单纯能说会写的人。他要求臣下们在奏事时言简意赅，"卑之无甚高论"。那些准备好了长篇大论的人无处施展，以至于汉朝的文人们如司马相如、枚乘等人不得不依附诸侯，连带着后世的文人们不大喜欢他。但是汉景帝对文人却是难得的开明之人。有一次，文人辕固生与黄生在他面前争论起学术问题，两个人的话题越说越敏感。黄生说："'冠虽敝必加于首，履虽新必贯于足。'桀、纣虽失道也是君主，汤、武虽圣明也是臣下，以臣弑君，非为受命。"辕固生反唇相讥，说了一句大逆不道的话："如果真像你说的那样，我高皇帝代秦即天子之位，是耶非耶？"这样的场景，要是发生在康熙面前，玄烨会毫不客气地将两个人都杀掉，家属流放宁古塔。可是汉景帝却微微一笑，和起了稀泥："食肉毋食马肝，未为不知味也；言学者毋言汤、武受命，不为愚。"两位不要吵了，这样的问题不值得辩论。这样的宽容，我想任何人都不应该无动于衷。

汉景帝不宠佞幸。汉朝自高祖起，代有宠臣，高祖时有籍孺，孝惠有闳孺，孝文时有邓通、赵谈、北宫伯子，孝武时有韩嫣、李延年，孝元时有弘恭、石显，孝成时有张放、淳于长，孝哀时有董贤。汉景帝比较亲近的臣下只有一个周仁，周仁是汉景帝自小玩到大的朋友，为人忠厚老实，更兼精通医术，汉景帝留他在身边可以谈心可以看病。但他很清楚宠臣最容易变成仗势欺人、祸国殃民的老虎，所以即便是这么一个周仁也不会被过分亲近，变成宠臣。除了不宠佞幸之外，汉景帝对皇子和后妃也不过分宠爱，对外戚从来都严加管教。即便是刘荣和王夫人的弟弟田胜也曾因罪入狱。

汉景帝是真的崇尚节俭的人。汉文帝因为宠溺邓通，时常燕饮其家，给臣下带了一个铺张浪费的坏头。汉景帝即位前后连年歉收，而权贵富豪们大吃大喝并未因此减少。为此，汉景帝要求，凡到地方后接受公款招待的官员，一旦被发现立即免职。虽然此法因为涉及面太广，不得不修改成餐费自理，然而这样一来，官员们倒也收敛了自己的行径，毕竟花自己的钱心疼啊。汉文帝号称节俭，一个邓通就败坏了他所有的努力。汉景帝防患于未然，根本就不宠佞臣，其节俭之功远甚于文帝。

汉景帝不信方术，不搞迷信。他以汉家太子的身份继位，不是什么解释不通的奇迹。所以他不相信这世上有什么超自然的能力，也无须用这种能力包装自己。在他身上没有任何神性可言，他就是一个有血有肉的、没有什么神秘色彩、也没有什么超人魅力的人，一个凡人而已。

汉景帝外道内法。传统的历史学观点告诉我们，文景之治是无为而治的典范，这也成为现代新自由主义者的一大招牌。可是通观文景两朝的经济社会状况我们会发现，到了文帝末年，社会经济的形态已经发生了很多不可恭维的变化。表面繁荣的背后，是越来越严重的强弱兼并、两极分化、官商勾结、黑恶横行，千百万人民失去土地后流离失所。这样的盛世，不过是达官贵人的盛世而已。汉景帝对这种局面洞若观火，所以他上台之后发大愿、下狠心，一定要重整河山。不管是什么人、什么势力，敢拦在他面前的只有一个死字。于是我们可以看到，巨富邓通被杀了，大侠剧孟被杀了，叛乱的诸侯王被杀了，为非作歹的长安权贵被拘系了，还有的皇子也自杀了……汉景帝的所为，已经完全改变了汉文帝的治国原则。虽然面上还在标榜道家，可从实质上已经悄然变成了法家，直接影响了汉武帝。

汉景帝还是一个很节制的人，尤其是在军事方面。历代君主在得到一次战争的胜利之后，往往会高估自己的能力，往往会打仗上瘾，所以一般开了头就很难停下来。直到耗尽国力，最后才不得不停下来，这样的例子在历史上数不胜数。汉景帝却不一样，他在取得了七国之乱的胜利之后，并没有陶醉于自己的武功，而是真的就此刹住，一生不再言兵。他把精力全部用在战后的治理上，把时间用在一件件的琐事上，这是很多刀口上舔过血的军事家们不屑于做的。但汉景帝就做到了，仿佛他没有领导过那样一场最伟大的平叛一样。我想我理解他，对于汉景帝来说，战争是手段而不是目的。他打仗的目的是削除这个国家的毒瘤，而不是为了什么建功立业。他深知战争对人民的创伤有多大，即便战争只进行了三个月，也会有很多人人头落地。所以他要用余生所有的时间为这个国家疗伤，重新培育元气。一生只拔一次剑，一剑封喉之后俯身为农为医。叹，斯人如彩虹，遇见方知有。

汉景帝还是一个深谋远虑的人。无论是战是和，汉景帝都不对匈奴抱有任何幻想，而是持续、耐心而又隐秘地做着准备。他首先继续同匈奴的和亲政策，通关互市，对匈奴进行战略安抚。即便在七国之乱中匈奴暗通诸侯，他也不予追究。其次他听从晁错的建议，徙民于边，建立一支兵农混一的垦戍队伍，既加强了国防，又为将来的汉匈对决培养了一批有经验的老战士。最关键的，他还大力进行马政建设，扩大设在西边、北边的马苑，鼓励各郡国及民间饲养马匹。我们知道汉匈之间的战争之所以难打，就是因为汉朝缺少骑兵，所以汉景帝要大规模地养马。除了中央政府养马之外，还鼓励地方郡国养马；除了加强官方养马的规模之外，他还创造性地倡导军民融合，大搞藏马于民。汉景帝在位十六年，马政建设一刻没有停歇，最终取得了惊人的成果。据统计，汉景帝晚年官马发展到了四十万匹，有此规模即可装备一支二十万人的骑兵，这是一个相当恐怖的数字。更不要说在官马之外，还有大量的民间马匹做储备了。汉匈之间的军事实力对比，在长年累月的和平中，一点一点地发生着逆转。汉景帝的马政建设最终引起了匈奴的忌惮，中元六年六月，匈奴再一次发动突袭，"入雁门，至武泉，入上郡，取苑马"。不顾一切地杀进来，竟然是为了一探汉朝马政建设的虚实，可见匈奴人紧张到了什么程度。只是不知道匈奴人在看到汉朝漫山遍野的官马、民马之后，会是怎样一种心理。

汉景帝也为后世悄然培养着军事人才，他让战神韩颓当的孽孙韩嫣与刘彻为友，他让公孙昆邪的儿子公孙贺做太子舍人，他让女儿嫁入平阳侯家，一切的一切都指向那个最终目的——匈奴。韩颓当归自匈奴，掌握了大量的匈奴情报，对匈奴的军事、地理、习俗等有充分的了解。他将这些知识隔代传给了韩嫣，韩嫣便成为武帝朝最早勒兵习骑射的人。虽然韩嫣因事早夭，但他却毫无疑问为武帝朝的新骑兵打下了良好的基础。公孙贺后来直接上了战场，虽然战绩不太理想，但却直接印证了汉景帝的一番苦心。至于平阳侯家，汉景帝在七国之乱后已经下决心予以复兴。其目的，就是要借助平阳侯家的实力和军事背景，为将来的对匈作战做好理论和人才准备。当然了，汉景帝对平阳侯家还是有一定防范的，所以他让他最聪明最有心计的女儿嫁到了平阳侯家。可巧老平阳侯曹奇病逝之后，小平阳侯曹寿既无能又染病，所以外来的平阳公主就成了家主，汉景帝终于可以放心使用平阳侯系了。二十年后，驰骋在对匈战场上的汉家将士们，正是由平阳侯系培养出来的卫青、霍去病所带领。他们从马邑一直打到龙城，从河朔一直打到酒泉，打到漠北，打到贝加尔湖，完成了几代人的夙愿。

汉景帝晚年的中国，是一个标准的古典主义治世：

非遇水旱之灾，民则家给人足，都鄙廪庾尽满，而府库余财。京师之钱累百巨万，贯朽而不可校。太仓之粟陈陈相因，充溢露积于外，腐败不可食。众庶街巷有马，阡陌之间成群，乘字牝者摈而不得

会聚。守闾阎者食粱肉；为吏者长子孙；居官者以为姓号。人人自爱而重犯法，先行谊而黜愧辱焉。（引自《汉书·食货志上》）

经过十六年的努力，汉文帝以来的种种危机已经基本解决：七国之乱平定后，诸侯国被削弱并且换上了自己人控制；继之而起的梁王，被汉景帝施展政治手段消耗掉全部精力和威望，王国被一分为五；邓通等不良权贵被绳之以法，重要矿山收归国有，国库因而充盈；好名务虚的张释之等官员被贬黜，为政者以卫绾等真才实学者为尚；对于罪大恶极的豪绅如济南瞷氏，汉景帝任用酷吏郅都以暴易暴，杀一儆百；对于日趋恶化的关中风气，汉景帝任用宁成果断执法，连王夫人的弟弟也不能逃脱制裁；对于百姓则不断减刑、赈济，鼓励农商，使得人民舍末就本，既安定了人心，又稳固了国家经济；随着官民养马的规模扩大，西汉帝国也在悄然之间，具备了装备一支大规模骑兵的能力，为将来的反攻做好了充足的准备。种种行之有效的政策使得中央集权进一步加强，军事力量日益强大，吏治日益清明，经济日益健康。豪绅遵法守纪，兼并得到遏制；百姓衣食足而知荣辱，社会风气日渐好转。

多年以后，班固在记载这一时期的历史时，激动地写道：

"……移风易俗，黎民醇厚，周云成康，汉言文景，美矣！"

汉景帝完成了他那个时代的历史任务。在他身后，是光芒万丈的汉武盛世，是汉朝的顶点，也是汉人王朝两大顶点中的第一个。汉景帝于默默之中，完成了汉武帝所需要的一切条件，而他自己却从不加以宣扬。此所谓功成不必在我，此所谓至人无己，神人无功，圣人无名。

四

进入后元三年，汉景帝已时日不多。在人生最后的时光里，他不断审视这个国家的运转情况，检查着这台巨大的机器上的各个部件，确保万无一失。他自信十六年来并无重大过失，也没有什么遗憾了，唯一担心的是自己快速病逝，等不到太子刘彻成年加冠的那一天。可是天命无常，担心也没用。还不如趁自己头脑清醒，发表一个对全国各族人民的告别演说，将自己最关心的问题再叮嘱一遍。

发布完这道诏书之后，汉景帝依依不舍地看着眼前的一切，默默无语，老泪纵横。现在的他，像所有老年人一样容易伤感。良久，随着太监一声长喏，汉景帝蹒跚退朝。

十余天后，汉景帝病逝，归葬阳陵。汉朝第六位皇帝，就这样熄灭了祝融的火焰。

而此时的大汉帝国，正如一轮红日，在穿越乌云后放出万丈光芒。

（全书完）

二〇一八年十月十七日 第一稿

二〇一八年十一月十八日 第二稿

二〇一八年十二月五日 第三稿

参考书目及资料：

1. 司马迁《史记》

2. 班固《汉书》

3. 司马光《资治通鉴》

4. 佚名《西京杂记》

5. 佚名《汉武故事》

6. 佚名《汉武洞冥记》

7. 李开元《秦迷》

8. 李全华《史记疑案》

9. 马亮宽《略论汉景帝》

10. 邹国慰《晁错"实边"思想论述》

11. 罗军《论西汉屯田的历史背景及社会影响》

12. 何平立《略论西汉马政与骑兵》

13. 雍际春《西汉牧苑考》

14. 林永光《晁错改革评析》

15. 康民《晁错论》

16. 雷戈《论晁错崇君主术的政治思想》

17. 周岚《略论晁错的治国之策》

18. 周虹《浅析晁错政论散文》

19. 谢春河《试析晁错的改革思想及其削藩兼论改革失败的原因及晁错之死》

20. 荀德麟《三淮城市的由来和发展》

21. 韦光汉《被愚弄的"韩信后裔"考》

22. 陈陆《从夫差到刘濞扬州二王运河始祖》

23. 霍印章《从吴楚七国之乱看国家安危之所系》

24. 顾建国《大运河名物考察》

25. 杜呈辉《代王韩信考辩（二）》

26. 沈昌琳《韩信、韩棱与邳州》

27. 毛立发《韩信出生及其少年时期生活属地考》

28. 郭人民《汉朝的七国怎样产生？吴楚七国之乱怎样形成？经过和结果怎样》

29. 许云钦《汉初分封之得失与贾谊的主张》

30. 柯志强《贾谊、晁错、主父偃削藩主张之比较》

31. 张思青《开拓韩学研究领域的广度和深度编汇》

32. 郑树民《平定七国之乱的名将周亚夫》

33. 张克兰《浅析"韩信埋母"系列传说中的民间价值观》

34. 马华祥《试探元代韩信戏的意蕴》

35. 樊丽《试析汉文帝优容诸侯王的真正原因》

36. 唐赞功《吴楚七国之乱与西汉诸侯王国》

37. 高建立《西汉梁国与七国之乱的平定》

38. 周晗《扬州史上曾有两邗沟》

39. 何为义《也评吴楚七国之乱》

40. 叶簌《从邓通墓碑说邓通》

41. 王宝宁《汉初盗铸问题浅探》

42. 毛西旁《乐山境内之铜山与邓通墓考辩》

43. 缪永舒《乐山有关邓通的传说和遗址之我见》

44. 臧知非《汉代田税及其相关问题兼与周国林同志商榷》

45. 臧知非《汉代田税征收方式与农民田税负担新探》

46. 于琨奇《两汉田租征收方法与数量探析》

47. 刘敏《论编户齐民的形成及其内涵演化》

48. 周鼎初《西汉前期"重农抑末"说之商榷》

49. 张江洪《论吴芮长沙国的建立及其影响》

50. 罗庆康《论长沙国的历史地位》

51. 程少轩《马王堆兵占书与轪侯利苍》

52. 龙沛林《梅山文化与梅镝》

53. 单先进《西汉诸侯长沙国靖王吴著靖陵文化遗存的价值》

54. 黎石生《长沙马王堆三号墓主再议》

55. 单先进《长沙象鼻嘴一号西汉墓》

56. 林永光《晁错改革评析》

57. 赵玉洁《晁错死因探析》

58. 易中天《晁错之死的迷雾和真相》

59. 王立民《古代东方肉刑论》

60. 吴国钦《汉代角抵戏〈东海黄公〉与"粤祝"》

61. 黄今言《汉代军法论略》

62. 白建钢《汉代军法内容新探——读青海省大通县上孙家寨汉墓木简札记》

63. 卫广来《汉官夫人疏证》

64. 孙海霞《汉文帝废除肉刑的原因探讨及其意义》

65. 牛秋实《贾谊、晁错与汉初思想和社会》

66. 孙亭玉《论吴王太子被杀》

67. 刘国石《七国之乱、八王之乱与安史之乱之比较》

68. 孟祥才《秦皇汉武异同论》

69. 陶麟《〈屈贾列传〉中的长沙王》

70. 谢春河、隽成军《试析晁错的改革思想及其"削藩"兼论改革失败的原因及晁错之死》

71. 施丁《司马迁写西汉官场风气》

72. 吴松庚《西汉对贾谊故居的保护》

73. 葛亮《西汉前期北方边防对策举要》

74. 刘蕴之《庸人宦达的渊薮——读〈史记·万石张叔列传〉札记》

75. 姜小川《中国古代刑讯制度及其评析》